《国际旅客联运协定》《国际旅客联运协定办事细则》条文对照解读

刘　迪　荣文竽　吴宝晖　编著
陈滋顶　主审

中国铁道出版社有限公司
CHINA RAILWAY PUBLISHING HOUSE CO., LTD.

图书在版编目(CIP)数据

《国际旅客联运协定》《国际旅客联运协定办事细则》条文对照解读/刘迪,荣文竽,吴宝晖编著. —北京:中国铁道出版社有限公司,2022.10

ISBN 978-7-113-29685-8

Ⅰ.①国… Ⅱ.①刘… ②荣… ③吴… Ⅲ.①国际联合运输-铁路运输-旅客运输-运输协定 Ⅳ.①F530.85 ②U293

中国版本图书馆 CIP 数据核字(2022)第 177102 号

书　　名:《国际旅客联运协定》《国际旅客联运协定办事细则》条文对照解读
作　　者: 刘　迪　荣文竽　吴宝晖

责任编辑: 薛丽娜　鹿金炜　　**编辑部电话:** (010)51873023
封面设计: 尚明龙
责任校对: 孙　玫
责任印制: 高春晓

出版发行: 中国铁道出版社有限公司(100054,北京市西城区右安门西街 8 号)
网　　址: http://www.tdpress.com
印　　刷: 北京铭成印刷有限公司
版　　次: 2022 年 10 月第 1 版　2022 年 10 月第 1 次印刷
开　　本: 880 mm×1 230 mm 1/32　**印张:** 9.25　**字数:** 225 千
书　　号: ISBN 978-7-113-29685-8
定　　价: 48.00 元

前　言

20世纪50年代初，为保证有关国家间旅客和行李、包裹直通联运，在华沙（1950年12月22日）、布拉格（1951年4月23日）、布达佩斯（1951年7月10日）等地举行的会议上，编制并商定了办理国际旅客运送的第一个基本法律文件——《国际铁路直通联运旅客及行李运送协定（国际客运协定）及其办事细则》，该文件自1951年11月1日起施行。

协定参加国的铁路事务局于莫斯科（1953年）、柏林（1955年）分别举行了协定定期会议。会议上对协定文本进行了根本性修改，并将协定改为两部分：第一部分是《国际旅客联运协定》（简称《国际客协》），对铁路以及旅客、行李和包裹的发送人、领收人均有约束效力；第二部分是《国际旅客联运协定办事细则》（简称《国际客协办事细则》），仅用于处理各国铁路之间的相互关系。该协定由设在波兰华沙的国际联运事务局掌管。

1956年6月，在索非亚举行的铁路部长会议上成立了铁路合作组织（简称铁组）。自1957年9月1日起，国际客协有关事务改由设在波兰华沙的铁路合作组织委员会掌管。目前，参加国际客协的铁组成员有24个国家，包括阿塞拜疆共和国、阿尔巴尼亚共和国、阿富汗伊斯兰共和国、白俄罗斯共和国、保加利亚共和国、越南社会主义共和国、格鲁吉亚、哈萨克斯坦共和国、中华人民共和国、朝鲜民主主义人民共和国、吉尔吉斯共和国、拉脱维亚共和国、立陶宛共和国、摩尔多瓦共和国、蒙古国、波兰共和国、俄罗斯联邦、斯洛伐克共和国、塔吉克斯坦共和国、土库曼斯坦、乌兹别克斯坦共和国、乌克兰、捷克共和国和爱沙尼亚共和国。

《国际客协》和《国际客协办事细则》自 1951 年 11 月 1 日起施行以来，为发展欧亚国家间国际铁路旅客联运发挥了极为重要的作用。为适应各国铁路运输设备和管理的发展变化，根据铁组部长会议成员和铁组铁路总局长（负责代表）会议成员授权代表联席会议核准，铁组运输法专门委员会每年组织召开国际客协问题会议，商定《国际客协》和《国际客协办事细则》的修改和补充事项，并于次年5 月 1 日起生效。

中国铁路一直积极参与铁组《国际客协》和《国际客协办事细则》的修订工作，并及时出版修订后版本。最近两次出版分别是 2016 版（包括截至 2016 年 5 月 1 日的修改和补充事项）和 2022 版（包括截至 2022 年 5 月 1 日的修改和补充事项）。中间各年版本未正式出版，以经铁组运输法专门委员会国际客协问题会议商定并由铁组委员会委员定期会议核准的“《国际客协》《国际客协办事细则》修改和补充事项”的形式，由国家铁路局公布。

为方便广大读者更好地理解、学习、使用《国际客协》和《国际客协办事细则》，现将已出版的 2022 版与 2016 版的条文内容进行新旧对照，并对中间各年的条文修订过程进行梳理和解读，编著了本书。

本书具有以下特点：

1. 学习指引

鉴于2022版与2016版《国际客协》和《国际客协办事细则》相比有较大的条文结构调整，本书在条文对照之前对《国际客协》和《国际客协办事细则》分别做出学习指引，概括了2022版的条文结构和主要内容，梳理了2022版与2016版的条文结构对照关系，便于读者清晰、快速地了解2022版《国际客协》和《国际客协办事细则》的内容及整体修订情况。

2. 条文对照

本书按照2022版《国际客协》和《国际客协办事细则》的条文顺序进行编写，通过左右两栏对照表的形式，将2022版与2016版进行条文新旧对照，使条文的增、删、修改内容一目了然。对照表中，针对不同情况采用了特殊标注：左栏2022版中蓝色字体部分，系新增和修改的内容；右栏2016版中蓝色字体加删除线部分，系删除的内容。限于篇幅，附件没有做对照表格，仅在2022版中用蓝色字体标注新增和修改的内容。

3. 修订解读

本书对每个主体条文进行专门解读并提炼条文要义，便于读者把握理解条文核心要点。对有修订的条文，根据2016年—2021年铁组运输法专门委员会国际客协问题会议商定并由铁组委员会委员定期会议核准的"《国际客协》《国际客协办事细则》修改和补充事项",梳理条文内容的修订过程,使读者了解条文的修订要点和脉络。

本书作者长期从事国际铁路旅客联运研究与实践,承担了国家铁路局《国际旅客联运全程跟踪调研》(TYFK 201820)、《"一带一路"沿线国家铁路旅客运输研究》(YJ 2019-42)、《2020 年国际客协问题提案论证》(TYFK 202025)和《2022 年国际旅客联运法律文件提案论证》(TYAH 202212)等课题或项目研究,圆满完成合同任务。自 2018 年起,作者连续十次以中方代表团专家身份参加铁组运输法专门委员会国际客协问题专家会议和年度例会,全程参与提案论证和解释工作,密切跟踪《国际客协》和《国际客协办事细则》的修订过程。

本书在筹备和编写过程中得到很多人的支持和帮助。国家铁路局运输监督管理司陈滋顶和张晓东、综合司尹琼瑶和洪振宇在参加铁组国际客协会议中给予了大力支持,中国铁路哈尔滨局集团有限公司于洋、中国铁路沈阳局集团有限公司魏国、中国铁路乌鲁木齐局集团有限公司张进、中国铁路呼和浩特局集团有限公司何敏红、中国铁路南宁局集团有限公司廖浪为国际客协提案论证提供了实践依据,国家铁路局市场监测评价中心崔艳萍和尹盼盼、原中国铁路总公司价格部房生修、北京交通大学魏玉光和张琦等专家多次对国际客协提案研究提出宝贵意见,铁组翻译杨凯楠、郭振、王佳奇等提供了翻译帮助,大连交通大学王宇和王志远参与了国际客协问题分析和提案论证,大连交通大学研究生银笑烽、史策、季宸、王晓南、宋文楠、孟毅美做了大量条文梳理工作。在此对上述人员一并表示感谢。

因本书编著时间仓促,不妥之处在所难免,敬请读者不吝指正。

编　者
2022 年 7 月

目 录

第一部分 《国际旅客联运协定》条文对照解读

第二部分 《国际旅客联运协定办事细则》条文对照解读

第一部分

《国际旅客联运协定》条文对照解读

铁 路 合 作 组 织

(铁 组)

《国际旅客联运协定》

学习指引

《国际客协》是铁路合作组织范围内制定的国际铁路联运基本法律文件之一，是调整协定各方在国际铁路联运中办理旅客、行李和包裹运送的重要法律文件，对承运人、旅客、发送人和领收人、车辆经营人、基础设施管理人均有约束效力。

根据铁组委员会委员 2021 年第 7 次定期会议决议通过的《国际客协》修改和补充事项，2022 版《国际客协》（包括截至 2022 年 5 月 1 日的修改和补充事项）由 9 章 52 条和 3 个附件组成，主要内容包括：

第 1 章“总则”，规定了协定目的，术语的概念，协定的适用范围，旅客、行李和包裹的运送组织一般要求，国内法规的适用，以及签订运输合同的相关事项。

第 2 章“旅客运送”，规定了乘车票据的办理事项，客票和补加费收据、卧铺票的办理要求，乘车票据的有效条件，列车中席位提供的要求，儿童乘车的条件，活动受限人士的运送办法、中途下车情况的处理办法，乘车票据的查验要求，携带品和动物的运送办法，禁止按携带品运送的物品，旅客乘车经路变更、未赶上列车或列车停运情况的处理办法，以及利用专列或包车运送的事项要求。

第 3 章“行李运送”，规定了行李运送票据的形式，行李运送标准和禁止按行李运送的物品，行李的承运条件，行李的包装和标记要求，行李价格的声明事项，行李的运到期限要求，以及行李的交付事项。

第 4 章“包裹运送”,规定了包裹运送票据的形式,准许和禁止按包裹运送的物品,包裹的承运条件,包裹的包装和标记要求,包裹价格的声明事项,包裹的运到期限要求,以及包裹的交付事项。

第 5 章“运送费用”,规定了运送费用的计算和核收办法,以及运送费用的退还情况和处理办法。

第 6 章“承运人的责任”,规定了承运人责任的一般要求,以及承运人对旅客生命或健康遭受损害的责任、对行李和包裹运到逾期的责任、对行李和包裹全部或部分灭失或毁损的责任。

第 7 章“旅客和发送人的责任”,规定了旅客和发送人对承运人和第三方造成损失的责任,旅客无乘车票据乘车的责任,以及旅客和发送人遵守海关和其他规定的责任。

第 8 章“赔偿请求”,规定了赔偿请求的提出、审查和处理的要求,以及赔偿请求的时效要求。

第 9 章“附则”,规定了本协定办事细则的适用范围,本协定、办事细则的公布、修改和补充的程序要求,举行铁组专门委员会会议的要求,掌管国际客协事务的依据,加入协定的办法,本协定的语言,以及协定生效和有效期规定。

“附件”部分包括:邮政部门专运物品一览表,审查赔偿请求的机构地址一览表,以及国际客协参加者办理国际联运活动受限人士乘车联系信息一览表。

自 2016 版《国际客协》出版以来,每年都有修改和补充,2022 版《国际客协》在条文结构和条文内容上都做出了较多修订。为便于读者清晰了解两个版本的结构变化、快速掌握整体修订情况,本书按照 2022 版《国际客协》的条文顺序,梳理出 2022 版与 2016 版《国际客协》的条文结构对照关系。

2022 版《国际客协》	2016 版《国际客协》
第 1 章　总则	**第 1 章　总则**
第 1 条　协定目的	第 1 条　协定目的
第 2 条　术语	第 2 条　基本概念
第 3 条　协定适用范围	第 3 条　协定适用范围
第 4 条　旅客、行李和包裹的运送组织	第 4 条　旅客、行李和包裹的运送组织
第 5 条　国内法规的适用	**第 9 章　一般规定** 第 46 条　国内法律的适用
第 6 条　运输合同	**第 1 章　总则** 第 5 条　运输合同
	第 2 章　旅客运送 第 19 条　未履行或变更运输合同条件的证明
第 2 章　旅客运送	**第 2 章　旅客运送**
第 7 条　乘车票据	第 6 条　乘车票据
第 8 条　客票和补加费收据	第 7 条　客票和补加费收据
第 9 条　卧铺票	第 8 条　卧铺票
第 10 条　乘车票据的有效条件	第 9 条　乘车票据的有效条件
第 11 条　列车中席位的提供	第 10 条　列车中席位的提供。改乘其他等级或其他种类的车厢
第 12 条　儿童乘车条件	第 11 条　儿童乘车条件
第 13 条　活动受限人士的运送	第 12 条　活动受限人士的运送
第 14 条　中途下车	第 13 条　中途下车
第 15 条　乘车票据的查验	第 14 条　乘车票据的查验
第 16 条　携带品和动物的运送	第 15 条　携带品和动物的运送

续上表

2022 版《国际客协》	2016 版《国际客协》
第 17 条　禁止按携带品运送的物品	第 16 条　禁止按携带品运送的物品
第 18 条　旅客乘车经路的变更、未赶上列车或列车停运	第 17 条　旅客乘车经路的变更。未赶上列车或列车停运
第 19 条　利用专列或包车运送	第 18 条　利用专列或包车运送
第 3 章　行李运送	**第 3 章　行李运送**
第 20 条　运送票据	第 20 条　运送票据
第 21 条　行李运送标准、禁止按行李运送的物品	第 21 条　行李运送标准。禁止按行李运送的物品
第 22 条　行李的承运条件	第 22 条　行李的承运条件
第 23 条　行李的包装和标记	第 23 条　行李的包装和标记
第 24 条　行李价格的声明	第 24 条　行李价格的声明
第 25 条　行李的运到期限	第 25 条　行李的运到期限
第 26 条　行李的交付	第 26 条　行李的交付
第 4 章　包裹运送	**第 4 章　包裹运送**
第 27 条　运送票据	第 27 条　运送票据
第 28 条　准许和禁止按包裹运送的物品	第 28 条　准许和禁止按包裹运送的物品
第 29 条　包裹的承运条件	第 29 条　包裹的承运条件
第 30 条　包裹的包装和标记	第 30 条　包裹的包装和标记
第 31 条　包裹价格的声明	第 31 条　包裹价格的声明

续上表

2022 版《国际客协》	2016 版《国际客协》
第 32 条　包裹的运到期限	第 32 条　包裹的运到期限
第 33 条　包裹的交付	第 33 条　包裹运送和交付的阻碍。包裹的交付
第 5 章　运送费用	**第 5 章　运送费用**
第 34 条　运送费用的计算和核收	第 34 条　运价。运送费用的计算和核收
第 35 条　运送费用的退还	第 35 条　运送费用的退还
第 6 章　承运人的责任	**第 6 章　承运人的责任**
第 36 条　承运人责任的一般规定	第 36 条　承运人责任的一般规定
第 37 条　承运人对旅客生命或健康遭受损害的责任	第 37 条　承运人对旅客生命或健康遭受损害的责任
	第 38 条　对旅客生命或健康遭受损害的赔偿
第 38 条　行李和包裹运到逾期的责任	第 39 条　行李和包裹运到逾期的责任
第 39 条　行李和包裹全部或部分灭失、毁损的责任	第 40 条　行李和包裹全部或部分灭失、毁损的责任
第 7 章　旅客和发送人的责任	**第 7 章　旅客和发送人的责任**
第 40 条　旅客和发送人对承运人和第三方造成损失的责任	第 41 条　旅客和发送人的责任
第 41 条　旅客无乘车票据乘车的责任	
第 42 条　旅客和发送人遵守海关和其他规定的责任	**第 9 章　一般规定** 第 45 条　海关和其他规定

续上表

2022版《国际客协》	2016版《国际客协》
第8章　赔偿请求	**第8章　赔偿请求**
第43条　赔偿请求	第42条　赔偿请求
第44条　根据运输合同所发生的赔偿请求时效	第43条　根据运输合同所发生的赔偿请求时效
第9章　附则	**第9章　一般规定**
第45条　本协定办事细则	第44条　本协定办事细则
第46条　本协定、办事细则的公布、修改和补充	第47条　本协定、办事细则的公布、修改和补充
第47条　铁组专门委员会会议	第48条　铁组专门委员会会议
第48条　事务的掌管	第49条　事务的掌管
第49条　协定的加入	第50条　本协定的参加方
第50条　本协定的语文	第51条　本协定的语文
第51条　生效	第52条　本协定的生效
第52条　协定的有效期	
附件	**附件**
附件第1号　邮政部门专运物品一览表	附件第1号　邮政部门专运物品一览表
附件第2号　审查赔偿请求的机构地址一览表	附件第2号　审查赔偿请求的机构地址一览表
附件第3号　国际客协参加者办理国际联运活动受限人士乘车联系信息一览	

条文对照

2022 版《国际客协》	2016 版《国际客协》
为了组织国际旅客联运，阿塞拜疆共和国、阿尔巴尼亚共和国、阿富汗伊斯兰共和国、白俄罗斯共和国、保加利亚共和国、越南社会主义共和国、格鲁吉亚、哈萨克斯坦共和国、中华人民共和国、朝鲜民主主义人民共和国、吉尔吉斯共和国、拉脱维亚共和国、立陶宛共和国、摩尔多瓦共和国、蒙古国、波兰共和国、俄罗斯联邦、斯洛伐克共和国、塔吉克斯坦共和国、土库曼斯坦、乌兹别克斯坦共和国、乌克兰、捷克共和国和爱沙尼亚共和国主管铁路运输的部、中央国家机关（以下简称协定方），通过各自的授权代表彼此间缔结协定如下：	为了组织国际旅客联运，阿塞拜疆共和国、~~阿富汗伊斯兰共和国~~、~~阿尔巴尼亚共和国~~、白俄罗斯共和国、保加利亚共和国、越南社会主义共和国、格鲁吉亚、哈萨克斯坦共和国、中华人民共和国、朝鲜民主主义人民共和国、吉尔吉斯共和国、拉脱维亚共和国、立陶宛共和国、摩尔多瓦共和国、蒙古国、波兰共和国、俄罗斯联邦、斯洛伐克共和国、塔吉克斯坦共和国、土库曼斯坦、乌兹别克斯坦共和国、乌克兰、捷克共和国和爱沙尼亚共和国主管铁路运输的部、国家中央机关（下称协定方），通过各自的授权代表彼此间缔结本协定。

修订解读

本条列明了参加《国际客协》的 24 个铁组成员国，解释了缔结协定的部门。

本条在 2016 版《国际客协》的基础上做过两次修订：

（1）在 2018 版《国际客协》中，修改了关于缔结协定的部门的中文表述，由各国主管铁路运输的部、中央国家机关，通过各自的授权代表彼此间缔结协定。

（2）在 2020 版《国际客协》中，根据国家名称的俄文字母顺序，调整了《国际客协》参加国“阿尔巴尼亚共和国”和“阿富汗伊斯兰共和国”的排列顺序。

第1章 总　　则

第1条　协定目的

条文对照

2022版《国际客协》	2016版《国际客协》
第1条　协定目的	第1条　协定目的
本协定规定国际铁路联运中旅客、行李和包裹的运送办法。	本协定规定国际铁路联运中旅客、行李和包裹的运送办法。

修订解读

本条解释了协定目的是规定国际铁路联运中旅客、行李和包裹的运送办法。本条未做过修订。

第2条　术　　语

条文对照

2022版《国际客协》	2016版《国际客协》
第2条　术语	第2条　基本概念
本协定采用下列基本概念：	本协定采用下列基本概念：
	代理人——根据与承运人签订的合同，以承运人的名义履行其某些职能的法人。

续上表

2022 版《国际客协》	2016 版《国际客协》
行李——承运人承运并用旅客列车编组中的行李车或旅客车厢中的专门安置位置(如有)运送的旅客的物品。	**行李**——承运人承运,并用旅客列车编组中的行李车运送的旅客的物品。
合同承运人——与旅客(发送人)签订运输合同,且据此负责将旅客、发送人委托的行李和包裹自发送地运至到达地,并在到达地交付行李和包裹,或将旅客、行李和包裹移交接续承运人的法人。	**合同承运人**——与旅客(发送人)签订运输合同,且据此负责将旅客、发送人委托的行李和包裹自发送地运至到达地并在到达地交付行李和包裹,或将旅客、行李和包裹移交接续承运人的法人。
铁路运输基础设施(以下简称基础设施)——技术设备综合体,包括铁路线路及其他建筑物,铁路车站,供电设备,通信网,信号、集中和闭塞系统,信息设施,行车管理系统及其他保证该综合体运行的各类房屋、建筑、工程物、设施和设备。	**铁路运输基础设施**(下称基础设施)——技术设备综合体,包括铁路线路及其他建筑物,铁路车站,供电设备,通信网,信号、集中和闭塞系统,信息设施,行车管理系统及其他保证该综合体运行的各类房屋、建筑、工程物、设施和设备。
活动受限人士——具有长期或暂时的身体、心理、智力或感官缺陷,在遇到各种障碍的情况下,不能完全并有效地与其他旅客享受同等的运输服务,或因年龄原因活动受到限制的人士。	**活动受限人士**——具有长期或暂时的身体、心理、智力或感官缺陷,在遇到不同障碍的情况下,不能完全或有效地与其他旅客享受同等的运输服务,或因年龄原因活动受到限制的人士。
车辆经营人——依据所有权或其他权利拥有客车或行李车,并根据与承运人的合同使用这些车辆参加运送过程的法人。	**车辆经营人**——依据所有权或其他权利拥有客车或行李车,并根据与承运人的合同使用这些车辆参加运送过程的法人。

续上表

2022版《国际客协》	2016版《国际客协》
发送人——托运行李、包裹并以行李、包裹发送人身份在运输单据中注明的自然人或法人。	**发送人**——根据运输合同代表本人或者行李、包裹所有者，在运送票据中注明的自然人或法人。
旅客——凭有效乘车票据乘坐列车或持有乘车票据并在上下车时位于铁路车站内或旅客站台上的自然人。	**旅客**——凭有效乘车票据乘坐列车或持有乘车票据并在上下车时位于铁路车站内或旅客站台上的自然人。
运送票据——证明签订行李或包裹运输合同的票据（行李票、包裹票）。	**运送票据**——证明签订行李或包裹运送合同的文件（行李票、包裹票）。
承运人——参加旅客、行李和包裹运送的合同承运人和所有接续承运人。	**承运人**——参加旅客、行李和包裹运送的合同承运人和所有接续承运人。
领收人——被授权领收行李、包裹的自然人或法人。	**领收人**——被授权领收行李、包裹的自然人或法人。
接续承运人——自其他承运人承接权责，继续运送旅客、行李和包裹的法人。	**接续承运人**——自合同承运人承接义务，将旅客、行李和包裹继续运送至到达地，或将旅客、行李和包裹移交接续承运人的法人。
乘车票据——证明签订旅客运输合同的票据。	**乘车票据**——证明签订旅客运输合同的票据。
携带品——旅客在车厢中免费随身携带，重量和尺寸不超过规定标准的物品。	**携带品**——旅客在车厢中免费随身携带，重量和尺寸不超过规定标准的物品。
包裹——承运人按规定办法从自然人或法人处承运，用旅客列车编组中的行李车运送的物品。	**包裹**——承运人按规定办法从自然人或法人处承运，用旅客列车中编组的行李车运送的物品。

续上表

2022 版《国际客协》	2016 版《国际客协》
基础设施管理人——向承运人提供基础设施使用服务的法人。	**基础设施管理人**——向承运人提供基础设施使用服务的人。
运送过程参加者——承运人、实际承运人、车辆经营人、基础设施管理人和被授权人。	**运送过程参加者**——承运人、实际承运人、车辆经营人、基础设施管理人和代理人。
实际承运人——未与旅客签订运输合同，但受合同承运人或接续承运人的委托，在某一区段办理铁路运送的法人。	**实际承运人**——未与旅客签订运输合同，但受合同承运人或接续承运人的委托，在某一区段办理铁路运送的法人。

修订解读

本协定采用了若干术语，包括：行李、合同承运人、铁路运输基础设施、活动受限人士、车辆经营人、发送人、旅客、运送票据、承运人、领收人、接续承运人、乘车票据、携带品、包裹、基础设施管理人、运送过程参加者、实际承运人等。本条规定了以上术语的基本概念，按照俄文字母顺序排列。

本条在 2016 版《国际客协》的基础上做过四次修订：

(1) 在 2018 版《国际客协》中，完善了"发送人"的概念，强调发送人是指托运行李、包裹并以行李、包裹发送人身份在运输单据中注明的自然人或法人。

(2) 在 2019 版《国际客协》中，将本条标题"基本概念"修改为"术语"；删除了"代理人"术语；补充了"行李"的概念，行李不仅是用旅客列车编组中的行李车运送的旅客物品，还包括用旅客车厢中的专门安置位置运送的旅客物品；精简了"接续承运人"的概念，是指自其他承运人承接权责，继续运送旅客、行李和包裹的法人；完善了"运送过程参加者"的概念，由于删除了"代理人"术语，"代理人"改用

“被授权人”表述。

(3)在2021版《国际客协》中,再次完善了“行李”的概念表述,强调旅客车厢中专门安置旅客物品的位置不是必需的,如果有专门安置位置,则承运人承运并用专门安置位置运送的旅客物品是行李。

(4)在2022版《国际客协》中,完善了关于“基础设施管理人”的概念,强调其法人身份。

此外,对“铁路运输基础设施”、“运送票据”和“包裹”的概念也做了中文表述上的完善。

第3条　协定适用范围

条文对照

2022版《国际客协》	2016版《国际客协》
第3条　协定适用范围	**第3条　协定适用范围**
第1项　本协定对承运人、旅客、发送人和领收人、车辆经营人、基础设施管理人均有约束效力。	**第1项**　本协定对承运人、旅客、行李和包裹的发送人和领收人、车辆经营人、基础设施管理人均有约束效力。
第2项　本协定适用于下列情况下的旅客、行李和包裹运送: 1. 发站和到站位于两个不同国家; 2. 发站和到站位于同一国家,但运输合同在其他国家签订; 3. 发站和到站位于同一国家,但运送需要过境其他国家。	**第2项**　本协定适用于下列情况下的旅客、行李和包裹运送: 1. 发站和到站位于两个不同国家; 2. 发站和到站位于同一国家,但运输合同在其他国家签订; 3. 发站和到站位于同一国家,但运送需要过境其他国家。
第3项　协定方有权彼此间缔结调整国际旅客运送的双边和多边协议,但不得触及其他协定方的利益。	**第3项**　协定方有权彼此间缔结调整国际旅客运送的双边和多边协议,但不得触及其他协定方的利益。

续上表

2022 版《国际客协》	2016 版《国际客协》
第 4 项 在通知参加运输合同的其他承运人后，承运人可根据运输合同承担额外义务，但本协定规定的旅客、行李和包裹运送条件不得因此而降低。	**第 4 项** ~~承运人可根据运输合同承担其他额外义务，并将此通报参加运输合同的其他承运人，~~但本协定规定的旅客、行李和包裹运送条件不得因此而降低。

修订解读

本条规定了《国际客协》的适用范围，包括：协定对各方的约束效力，协定的适用情况，以及协定方的权利和义务。

本条在 2016 版《国际客协》的基础上做过两次修订：

(1) 在 2018 版《国际客协》中，对第 4 项表述做了中文翻译的完善。

(2) 在 2020 版《国际客协》中，简化了第 1 项中关于发送人和领收人的表述。

第 4 条 旅客、行李和包裹的运送组织

条文对照

2022 版《国际客协》	2016 版《国际客协》
第 4 条 旅客、行李和包裹的运送组织	**第 4 条 旅客、行李和包裹的运送组织**
第 1 项 国际联运旅客、行李和包裹的运送应利用现行旅客列车时刻表中规定的列车和车厢办理，或利用专列和包车办理。 承运人应向旅客提供根据本协定所乘列车和车厢的必要信息。	**第 1 项** 国际联运旅客、行李和包裹的运送应利用现行旅客列车时刻表中规定的列车和车厢办理，或利用专列和包车办理。 承运人应向旅客提供根据本协定所乘列车和车厢的必要信息。

续上表

2022版《国际客协》	2016版《国际客协》
第2项 根据有关国家机关指示，运送过程参加者有权： 1. 暂时全部或部分停运； 2. 暂时停止或准许按一定的条件承运行李或包裹。	**第2项** 根据有关国家机关指示，运送过程参加者有权： 1. 暂时全部或部分停运； 2. 暂时停止或准许按一定的条件承运行李或包裹。
第3项 在出现运送过程参加者不能预防也无力消除的情况时，如有必要，运送过程参加者有权采取第2项所述措施。 如承运人所在国采取或取消上述措施，承运人必须立即将此通知其他有关承运人。	**第3项** 在出现运送过程参加者不能预防也无力消除的情况时，如有必要，运送过程参加者有权采取第2项所列措施。 如承运人所在国采取或取消上述措施，承运人必须立即将此通知其他有关承运人。

修订解读

本条规定了国际联运旅客、行李和包裹的运送组织要求，包括：旅客、行李和包裹运送的办理要求，以及运送过程参加者的权利和义务。

本条未做过条文内容上的修订。

第5条　国内法规的适用

条文对照

2022版《国际客协》	2016版《国际客协》
第5条　国内法规的适用	**第46条　国内法律的适用**
凡本协定、办事细则内未规定的必要事项，适用国内法规的规定。	凡本协定、办事细则内未规定的必要事项，适用国内法律的规定。

修订解读

本条规定了国内法规的适用情况，凡本协定、办事细则内未规定的必要事项，适用国内法规的规定。

本条在2016版《国际客协》的基础上做过一次修订：

在2021版《国际客协》中，将原第9章"附则"中第46条"国内法律的适用"调整至第1章"总则"中，成为新的第5条，并将"国内法律"规范为"国内法规"表述。

第6条 运输合同

条文对照

2022版《国际客协》	2016版《国际客协》
第6条 运输合同	**第5条 运输合同**
第1项 根据运输合同，承运人有义务将旅客、行李和包裹运送至目的地，并将行李和包裹交付发送人、领收人，而旅客、发送人应支付规定的费用。	**第1项** 根据运输合同，承运人有义务将旅客、行李和包裹运送至目的地，并将行李和包裹交付发送人、领收人，而旅客、发送人应支付规定的费用。
第2项 运输合同应由一份或几份乘车票据或运送票据予以确定。	**第2项** 运输合同应由一份或几份乘车或运送票据予以确定。
第3项 在下列情况下，承运人有权不签订运输合同： 1. 本协定的规定妨碍运输合同的签订； 2. 发站、到站和运行经路未列入适用的运价规程； 3. 在期望的出发日期，车厢内没有运送旅客的空闲席位； 4. 在运送行李和包裹的情况下，在运行经路上未开行行李车，或行李车中没有放置行李和包裹的空闲位置。	**第3项** 在下列情况下，承运人有权不签订运输合同： 1. 本协定的标准妨碍运输合同的签订； 2. 发站、到站和运行经路未列入所适用的运价规程； 3. 在期望的出发日期，车厢内没有用于运送旅客的空闲席位； 4. 运送行李和包裹的情况下，在运行经路上未开行行李车，或行李车中没有放置行李和包裹的空闲位置。

续上表

2022 版《国际客协》	2016 版《国际客协》
第 4 项 在下列情况下,承运人有权解除运输合同: 1. 旅客,行李、包裹发送人未履行本协定的要求; 2. 旅客的行为或状态危及行车安全或其他旅客安全,或降低了其他旅客的乘车条件; 3. 承运人或运送过程参加者不能预防也无力消除的情况妨碍了运输合同的履行。	**第 4 项** 在下列情况下,承运人有权解除运输合同: 1. 旅客、行李发送人未履行本协定的要求; ~~2. 旅客未遵守规定的携带品运送条件;~~ 3. 旅客的行为或状态降低了其他旅客的乘车条件~~或危及其他旅客的安全~~; ~~4. 旅客的行为或状态危及行车安全;~~ 5. 承运人或~~其授权的~~运送过程参加者不能预防也无力消除的情况阻碍了运输合同的履行。
第 5 项 承运人须保证向旅客、发送人、领收人提供有关旅客乘车条件、行李和包裹运送条件和承运人提供的服务的信息,以及本协定规定的旅客、发送人、领收人权利和义务的有关信息。	**第 5 项** 承运人须保证向旅客提供有关旅客乘车条件、行李运送条件和承运人提供的服务的信息,以及本协定规定的旅客权利和义务的有关信息。
第 6 项 承运人对旅客根据旅客乘车条件、发送人根据行李和包裹运送条件提出的请求进行审查时,应按照国内有关确定其审查办法的法律所规定的办法和期限予以办理。	**第 6 项** 承运人对旅客根据旅客乘车条件、行李和包裹运送条件提出的请求进行审查时,应按照国内有关确定其审查办法的法律所规定的办法和期限予以办理。
第 7 项 在一方未履行或变更运输合同条件的任何情况下,旅客、发送人或领收人向承运人或其被授权人出示乘车票据、行李票或包裹票,以便做相应记载或对电子乘车票据给出相应证明。	**第 19 条** ~~**未履行或变更运输合同条件的证明**~~ **第 1 项** 在一方未履行或变更运输合同条件的任何情况下,旅客、发送人或领收人向承运人或其~~授权人~~出示乘车票据、行李票或包裹票,以便做相应记载或对电子乘车票据给出相应证明。

续上表

2022 版《国际客协》	2016 版《国际客协》
第 8 项 承运人或其被授权人须按照旅客/发送人的要求，通过在乘车/运送票据上做出相应记载的方式或其他方式，对未履行或变更运输合同条件的情况进行确认。	**第 7 项** 承运人或其~~授权的运送过程参加者~~须按照旅客/发送人的要求，通过在乘车/运送票据上做出相应记载的方式或其他方式，对未履行或变更运输合同条件的情况进行确认。 **第 19 条** ~~**未履行或变更运输合同条件的证明**~~ ~~**第 2 项** 承运人或其授权人应在乘车票据、行李票或包裹票上做相应记载，或给予相应证明。~~
第 9 项 记载事项应包含填写时的地点、日期和时间，并由承运人或其被授权人签认。	**第 19 条** ~~**未履行或变更运输合同条件的证明**~~ **第 3 项** 记载事项应包含填写时的地点、日期和时间，并由承运人或其~~授权人~~签认。

修订解读

本条规定了国际旅客联运运输合同的相关事项，包括：承运人、旅客和发送人的义务，运输合同的确定形式，承运人不签订运输合同和解除运输合同的权利，承运人提供服务信息和审查请求的义务，以及对未履行或变更运输合同条件的处理要求。

本条在 2016 版《国际客协》的基础上做过四次修订：

(1) 在 2018 版《国际客协》中，完善了运输合同相关事项中关于"旅客""发送人""领收人"的使用表述。

(2) 在 2019 版《国际客协》中，规范了有关"被授权人"的使用表述。

(3) 在 2020 版《国际客协》中，修订了第 4 项承运人有权解除运输合同的情况的表述,将原来的 5 种情况整合为 3 种情况。

(4)在 2021 版《国际客协》中,再次完善了有关行李和包裹“发送人”的使用表述;将原第 2 章“旅客运送”中第 19 条“未履行或变更运输合同条件的证明”的条文内容调整至本条,与本条相关内容整合后,分别形成新的第 7 项、第 8 项、第 9 项表述,用以规定未履行或变更运输合同条件的处理要求。

此外,对第 2 项和第 3 项的部分表述做了中文翻译上的完善。

第2章 旅客运送

第7条 乘车票据

条文对照

2022版《国际客协》	2016版《国际客协》
第7条 乘车票据	**第6条 乘车票据**
第1项 旅客凭乘车票据所确定的运输合同乘车,乘车票据可用规定样式的空白票据办理,也可用电子方式办理。 用规定样式的空白票据和电子方式办理的乘车票据,对旅客乘车具有同等法律效力。	**第1项** 旅客凭乘车票据所确定的运输合同办理乘车,乘车票据可采用规定样式的格式纸办理,也可采用电子方式办理。 采用规定样式的格式纸和电子方式办理的乘车票据,对旅客乘车具有同等的法律效力。
第2项 乘车票据由客票以及下列情况时的卧铺票和/或补加费收据组成。 客票可按运送经路全程办理,也可按某一区段办理。卧铺票用于乘坐卧车、座卧车,以及规定预留席位的座席车。对一张客票可办理旅客运行的每一不换乘区段的多张卧铺票。运输合同条件的变更由补加费收据予以证明。 客票和卧铺票可用一张空白乘车票据办理。	**第2项** 乘车票据由客票以及下列情况时的卧铺票和/或补加费收据组成。 客票可按运送经路全程办理,也可按某一区段办理。卧铺票用于乘坐卧车、座卧车、以及规定须预留席位的座席车。运输合同条件的变更由补加费收据予以证明。 客票和卧铺票可用一张空白乘车票据办理。

续上表

2022 版《国际客协》	2016 版《国际客协》
第 3 项 旅客应在乘车前购买本条规定的必要乘车票据,并检查其中所载事项是否正确。	**第 3 项** 旅客应在乘车前购买本条规定的必要乘车票据,并检查其中所载事项是否正确。
第 4 项 在存在技术可能性的情况下,根据办理乘车票据国家的国内法规,承运人可在车内为乘客办理乘车票据。	**第 4 项** ~~如在列车(直通车厢)运行经路上未实行自动化席位预留,旅客可在列车上购买卧铺票。~~
第 5 项 乘车票据用合同承运人所在国文字和/或英文、中文、德文、俄文之一填制。	**第 5 项** 乘车票据~~用发送国~~文字和/或中文、德文、俄文之一填制。
第 6 项 根据技术可能性,并依据承运人之间签订的合同,承运人向旅客提供通过互联网购买乘车票据(包括电子乘车票据)的服务。 完成支付并在乘车票据发售系统中获得订单号或电子乘车票据识别码后,即认为旅客与合同承运人之间的运输合同已签订。 是否持有电子乘车票据,按以下办法确定: ——打印的购买乘车票据的订单证明,订单证明上须载有乘车和旅客基本信息。 ——在电子载体上显示的、载有乘车和旅客基本信息的购买乘车票据的订单证明。 旅客凭电子乘车票据上车时,承运人应对旅客身份证件信息与承运人所掌握的信息进行核对,如信息不符,则不允许旅客上车。	**第 6 项** 根据技术可能性,并依据承运人之间签订的合同,承运人可向旅客提供通过~~网上支付~~购买乘车票据(包括电子乘车票据)的服务。 是否持有电子乘车票据,按以下办法确定: ——打印的购买乘车票据的订单证明,证明上须载有乘车要项和旅客信息; ——在电子载体上显示的、载有乘车要项和旅客信息的订单证明。 ~~完成支付并在乘车票据发售系统中获得订单号或电子乘车票据识别码后,即认为旅客与合同承运人之间的运输合同已签订。~~ 旅客凭电子乘车票据上车时,承运人代表应对旅客身份证件信息与承运人所掌握的信息进行核对,如信息不符,则不允许旅客上车。

续上表

2022 版《国际客协》	2016 版《国际客协》
第 7 项 通过互联网购买乘车票据的办法和规则由国内法规规定。 电子乘车票据的使用特点由参加运送的承运人商定。 发售电子乘车票据的承运人应在互联网上公布办理（乘车票据）和乘车的条件。	**第 7 项** 网上购买乘车票据及支付办法和规则由国内法律规定。 电子乘车票据的使用特点由参与运送的承运人商定。 发售电子乘车票据的承运人应在互联网上公布办理（乘车票据）和乘车的条件。
第 8 项 丢失和损毁的乘车票据不予补办。 当承运人有技术条件时，根据办理乘车票据国家的国内法规，承运人可在规定格式的空白票上为旅客办理乘车票据（副本）用以代替丢失或损毁的载有旅客个人信息的乘车票据。	**第 8 项** 丢失和损毁的乘车票据不予补办。

修订解读

本条规定了国际旅客联运乘车票据的相关要求，包括：乘车票据的办理方式，乘车票据的组成，乘车票据的办理规定，填制乘车票据的文字要求，电子乘车票据的办理及使用办法，以及丢失和损毁乘车票据的处理办法。

本条在 2016 版《国际客协》的基础上做过五次修订：

（1）在 2018 版《国际客协》中，对第 2 项删除了卧铺票用于乘坐卧车、座卧车，以及规定预留席位的座席车的表述，同时补充了对一张客票可办理旅客运行的每一不换乘区段的多张卧铺票的情况；明确了第 5 项中乘车票据的填制文字，用合同承运人所在国文字和/或英文、中文、德文、俄文之一填制；明确了第 6 项中旅客凭电子乘车票据上车时核对旅客信息的人，将“承运人代表”修改为“承运人”。

（2）在 2019 版《国际客协》中，对第 1 项中“空白票据”等表述做了中文翻译上的完善；对第 2 项又恢复了 2018 年版《国际客协》删除的有关卧铺票的表述，明确卧铺票用于乘坐卧车、座卧车，以及规定预留席位的座席车；规范了第 6 项和第 7 项中关于“通过互联网”购买乘车票据的表述；对第 8 项补充了关于丢失和损毁乘车票据的处理办法。

（3）在 2020 版《国际客协》中，完善了第 6 项第一段表述，删除“可”字，明确规定承运人向旅客提供通过互联网购买乘车票据的服务要求。

（4）在 2021 版《国际客协》中，修改了第 4 项中关于承运人在车内为乘客办理乘车票据的要求；将第 6 项中关于通过互联网购买乘车票据时旅客与承运人之间签订运输合同证明的内容调整至本项第二段表述。

（5）在 2022 版《国际客协》中，完善了第 6 项中对电子乘车票据订单证明上应载明信息的表述，订单证明上须载有乘车和旅客基本信息。

第 8 条　客票和补加费收据

条文对照

2022 版《国际客协》	2016 版《国际客协》
第 8 条　客票和补加费收据	**第 7 条　客票和补加费收据**
第 1 项　客票和补加费收据赋予乘坐相应等级车厢的权利。	**第 1 项**　客票和补加费收据~~用以乘坐以下车厢：~~ ~~1. 一等车厢；~~ ~~2. 二等车厢。~~
第 2 项　客票和补加费收据应载有下列主要事项： 1. 发站和到站名称； 2. 运输合同规定的运行经路及接续承运人代号； 3. 车厢等级； 4. 人数； 5. 乘车票价；	**第 2 项**　客票和补加费收据应载有下列主要事项： 1. 发站和到站名称； 2. 运输合同规定的运行经路及接续承运人代号； 3. 车厢等级； 4. 人数； 5. 乘车票价；

续上表

2022 版《国际客协》	2016 版《国际客协》
6. 有效期; 7. 客票、补加费收据办理日期和地点; 8. 合同承运人(填发客票或补加费收据的承运人)代号。	6. 有效期; 7. 客票、补加费收据办理日期和地点; 8. 合同承运人(填发补加费收据的承运人)代号。
第 3 项 根据乘车票据办理国国内法律的要求,可在客票上注明其他信息,包括与其身份证件相符的旅客个人信息。	
第 4 项 对于团体旅客乘车,可发售一张客票、一张补加费收据或多张客票、多张补加费收据。 如多名旅客支付了适用运价规程规定的最少成人旅客人数乘车票价且沿同一经路乘坐同一列车(不论车厢类型和席位等级),则属团体乘车。 席位预留和团体乘车票据应按承运人规定的办法办理。	**第 3 项** 对于团体旅客乘车,可发售一张客票、一张补加费收据或多张客票、多张补加费收据。 如数名旅客支付了所适用运价规程中规定的最少数量成人旅客乘车票价,且沿同一经路乘坐同一列车,不论车厢类型和席位等级,均属团体乘车。 席位预留和团体乘车票据应按承运人规定的办法办理。

修订解读

本条规定了客票和补加费收据的相关要求,包括:客票和补加费收据用以乘坐的车厢,客票和补加费收据应载的主要事项,在客票上注明其他相关信息的要求,以及向团体旅客发售客票和补加费收据的办理办法。

本条在 2016 版《国际客协》的基础上做过两次修订:

(1)在 2018 版《国际客协》中,明确了第 1 项中客票和补加费收据赋予乘坐相应等级车厢的权利;规范了第 2 项客票和补加费收据应载事项中有关合同承运人的解释;对第 4 项中有关团体乘车情况的表述做了中文翻译上的完善。

(2)在2022版《国际客协》中,补充了新的第3项,规定了在客票上注明其他相关信息的依据和内容。

第9条 卧铺票

条文对照

2022版《国际客协》	2016版《国际客协》
第9条 卧铺票	**第8条 卧铺票**
第1项 卧铺票应载有下列主要事项: 1. 承运人代号; 2. 发站和到站名称; 3. 运输合同规定的运行经路; 4. 发车日期和时分、车次、车厢号和铺位号; 5. 车厢等级和铺位种类; 6. 人数; 7. 卧铺票票价; 8. 卧铺票发售日期和地点; 9. 客车经营人代号。	**第1项** 卧铺票应载有下列主要事项: 1. 承运人代号; 2. 发站和到站名称; 3. 运行经路; 4. 发车日期和时分、车次、车厢号和铺位号; 5. 车厢等级和铺位种类; 6. 人数; 7. 卧铺票票价; 8. 卧铺票发售日期和地点; 9. 客车经营人代号。
第2项 在有空闲铺位的条件下,旅客(团体旅客)在客票有效期内有权将已办理的卧铺票更换成同一经路的新卧铺票,但应不迟于卧铺票所载列车开车6小时前向售票点提出更换乘车票据,应不迟于卧铺票所载列车开车5天前(立陶宛共和国和爱沙尼亚共和国的承运人为1天)向售票点提出更换团体乘车票据。 更换卧铺票不得超过1次,承运人未履行运输合同条件的情况除外。	**第2项** 在有空闲铺位的条件下,旅客(团体旅客)在客票有效期内有权将已办理的卧铺票更换成同一经路的新卧铺票,但应不迟于卧铺票所载列车开车6小时前向售票点提出乘车票据,应不迟于卧铺票所载列车开车5天前(立陶宛共和国和爱沙尼亚共和国的承运人为1天)向售票点提出团体乘车票据。 更换卧铺票不得超过1次,承运人未履行运输合同条件情况除外。

2022 版《国际客协》	2016 版《国际客协》
第 3 项 全套卧具使用费包含在卧铺票价中。对乘坐卧车和座卧车的旅客提供卧具，每套卧具使用 5 天。	**第 3 项** 全套卧具使用费包含在卧铺票价中。对乘坐卧车和座卧车的旅客提供卧具，每套卧具使用 5 天。

修订解读

本条规定了卧铺票的相关要求，包括：卧铺票应载有的主要事项，团体旅客办理更换卧铺票的规定，以及有关卧具使用的要求。

本条在 2016 版《国际客协》的基础上做过一次修订：

在 2018 版《国际客协》中，修改了第 1 项卧铺票应载事项中有关运行经路的表述，明确是运输合同规定的运行经路。

第 10 条 乘车票据的有效条件

条文对照

2022 版《国际客协》	2016 版《国际客协》
第 10 条 乘车票据的有效条件	**第 9 条 乘车票据的有效条件**
第 1 项 客票有效期为 2 个月，除非适用的运价规程另有规定。 承运人可通过双边或多边协定缩短或延长有效期。 客票有效期起算日期规定如下： ——如无卧铺票或针孔（戳记），自旅客表明并由合同承运人（售票处）在客票上注明之日起算。办理客票日期与客票有效期起算日期之间的间隔天数不得超出承运人规定的乘车票据预售期限。	**第 1 项** 客票有效期为 2 个月。 客票有效期起算日期规定如下： ~~1.~~ 如无卧铺票或针孔（戳记），自旅客表明并由合同承运人（售票处）在客票上注明之日起算。办理客票日期与客票有效期起算日期之间的间隔天数不得超出承运人规定的乘车票据预售期限。 ~~2. 如册页票本中订有~~卧铺票或客票上有针孔（戳记），自发送旅客当日起算。

续上表

2022 版《国际客协》	2016 版《国际客协》
——如有卧铺票或客票上有针孔(戳记),自发送旅客当日起算。 客票有效期截止日期规定如下: ——无卧铺票或针孔(戳记)时,截至由适用的运价规定或者由双边或多边协定确定的客票有效期最后一日的 24 时; ——有卧铺票或针孔(戳记)时,根据所载的旅客到站日期和时间的信息。	
第 2 项 在下列情况下,延长乘车票据的有效期: 1. 如由于运送过程参加者过错导致延误,则延长被延误的运送时间; 2. 如车上未向旅客提供席位,则延长向旅客提供席位的下一趟列车发车之时的时间。	**第 2 项** 在下列情况下,可延长乘车票据的有效期: 1. 如由于运送过程参加者过错导致延误,则延长被延误的运送时间; 2. 如车上未向旅客提供席位,则延长到向旅客提供席位的下一趟列车发车之时; ~~3. 如中途下车,根据本协定第 13 条办理。~~
第 3 项 如旅客由于不得已的原因不能在规定的客票有效期内结束乘车,在客票有效期终了前并提出相应文件的条件下,有权向承运人申请延长客票的有效期。 客票有效期延长不得超过 2 次,每次延长的期限不得超过 2 个月。 接到旅客延长客票有效期请求的承运人,在认可必须延长的理由确属正当后,应予延长客票有效期。	**第 3 项** 如旅客由于不得已的原因不能在规定的客票有效期内结束乘车,在客票有效期终了前并提出相应文件的条件下,有权向承运人申请延长客票的有效期。 客票有效期延长不得超过 2 次,每次延长期限不得超过 2 个月。 接到旅客延长客票有效期请求的承运人,在认可必须延长的理由确属正当后,应予延长客票有效期。

续上表

2022 版《国际客协》	2016 版《国际客协》
第 4 项 如乘车票据上记载的本协定第 8 条第 2 项和第 9 条第 1 项规定的信息无法辨认或存在本协定未规定的修改和标记,则认为乘车票据乘车无效。	**第 4 项** 如乘车票据上记载的~~第 7 条~~第 2 项和~~第 8 条~~第 1 项规定的信息无法辨认或存在本协定未规定的修改和标记,则认为乘车票据乘车无效。
第 5 项 载有旅客出发、抵达日期和时间信息的乘车票据(用一张空白票据办理的客票和卧铺票),在旅客乘坐的列车或车厢运行至到站的时间内有效。	**第 5 项** 载有旅客出发、抵达日期和时间信息的乘车票据(~~在同一~~空白票据~~上~~办理的客票和卧铺票),在旅客乘坐的列车或车厢运行至~~目的车站~~的时间内有效。

修订解读

本条规定了乘车票据的有效条件,包括:客票有效期的规定,延长乘车票据有效期的情况及要求,以及乘车票据乘车无效和有效的情况。

本条在 2016 版《国际客协》的基础上做过四次修订:

(1)在 2018 版《国际客协》中,对第 1 项补充了承运人可通过双边或多边协定缩短或延长有效期的情况,修改了客票有效期起算日期和截止日期的规定。

(2)在 2019 版《国际客协》中,更新了第 4 项中关于乘车票据乘车无效情况的引用条款表述。

(3)在 2020 版《国际客协》中,修改了第 2 项中关于延长乘车票据有效期情况的表述,删除了中途下车的情况。

(4)在2021版《国际客协》中,完善了第1项第一段关于客票有效期的规定,补充了客票有效期为2个月的除外情况。

此外,对第5项的部分表述做了中文翻译上的完善。

第11条　列车中席位的提供

条文对照

2022版《国际客协》	2016版《国际客协》
第11条　列车中席位的提供	**第10条　列车中席位的提供。改乘其他等级或其他种类的车厢**
第1项　车内席位的提供,根据旅客所持乘车票据办理。 每名旅客有权占用1个席位。根据旅客请求且有空闲席位时,承运人可为旅客提供单独包房。此时,旅客应按包房中实际铺位数支付乘车票据费。	**第1项**　车内席位的提供,根据旅客所持客票办理,乘坐卧车、座卧车及规定必须预留席位的座席车时,还应根据卧铺票办理。 每名旅客有权占用1个席位。根据旅客请求且有空闲席位时,承运人可为旅客提供单独包房。此时,旅客应按包房中实际铺位数支付客票费和卧铺费,而乘坐双人和3人包房时,旅客可购买1张1等客票和1张"单人"(1/1等级)卧铺票。2名旅客乘坐3人包房时,他们可支付2张1等客票费和2张"1/2"(双人)等级卧铺费。
第2项　当有空闲席位并根据适用运价规程补交票价差额后,旅客可改乘高于其乘车票据所载等级或种类的席位或车厢。	**第2项**　当有空闲席位并根据适用运价规程补交票价差额后,旅客可改乘高于其乘车票据所载等级或种类的席位或车厢。

续上表

2022 版《国际客协》	2016 版《国际客协》
第 3 项 如由于承运人的过错不能为旅客提供与其乘车票据相符等级和种类车厢的席位时,旅客可拒绝乘车或占用该列车其他车厢的席位。在有空闲席位的情况下,承运人须向旅客提供其他车厢的席位。在提供较高等级和种类车厢中的席位时,不核收客票和卧铺票的票价差额。在提供较低等级和种类车厢中的席位时,按本协定第 35 条第 2 项第 4 款的规定退还票价差额。 如列车中不能为旅客提供席位,则承运人须将旅客安置到按同一经路或其他经路开往同一到站的另一列车,而不核收票价差额,并协助旅客尽可能及时抵达到站。	**第 3 项** 如由于承运人的过错不能为旅客提供与其乘车票据相符等级和种类车厢的席位时,旅客可拒绝乘车或占用该列车其他车厢的席位。在有空闲席位的情况下,承运人须向旅客提供其他车厢的席位。在提供较高等级和种类车厢中的席位时,不核收客票和卧铺票的票价差额。在提供较低等级和种类车厢中的席位时,按本协定第 35 条第 2 项第 4 款的规定退还票价差额。 如列车中不能为旅客提供席位,则承运人须将旅客安置到按同一经路或其他经路开往同一到站的另一列车,而不核收票价差额,并协助旅客尽可能及时抵达到站。

修订解读

本条规定了承运人为旅客提供列车中席位的相关要求,包括:承运人为旅客办理席位的规定,以及由于承运人过错不能为旅客提供与其乘车票据相符等级和种类车厢的席位时的旅客权利和提供其他席位的要求。

本条在 2016 版《国际客协》的基础上做过一次修订:

在 2017 版《国际客协》中,将本条的标题修改为“列车中席位的提供”;修改了第 1 项中承运人为旅客提供席位的办理依据,删除了旅客支付乘车票据费的具体规定。

第 12 条　儿童乘车条件

条文对照

2022 版《国际客协》	2016 版《国际客协》
第 12 条　儿童乘车条件	**第 11 条　儿童乘车条件**
第 1 项　在乘坐非必须预留席位的车厢时，每名旅客有权免费携带不超过 4 周岁且不单独占用席位的儿童 1 名。单独占用席位的儿童必须购买儿童客票。如果旅客携带不超过 4 周岁的儿童超过 1 名时，除 1 名儿童外，其他儿童均应购买儿童客票。1 名或数名 4 ~ 12 周岁的儿童乘车时，每名儿童必须购买儿童客票。	**第 1 项**　~~在座席车厢中，~~每名旅客有权免费携带不超过 4 周岁且不单独占用席位的儿童 1 名。单独占用席位的儿童必须购买儿童客票。如果旅客携带不超过 4 周岁的儿童超过 1 名时，除 1 名儿童外，其他儿童均应购买儿童客票。1 名或数名 4 ~ 12 周岁的儿童乘车时，每名儿童必须购买儿童客票。
第 2 项　乘坐规定必须预留席位的车厢时，每名旅客有权免费携带不超过 4 周岁且不单独占用席位的儿童 1 名。单独占用席位的不超过 4 周岁的儿童必须购买卧铺票和儿童客票。如果旅客携带不超过 4 周岁的儿童超过 1 名时，除 1 名儿童外，其他儿童均必须购买卧铺票和儿童客票。 1 名或数名 4 ~ 12 周岁的儿童乘车时，每名儿童必须购买卧铺票和儿童客票。	**第 2 项**　~~乘坐卧车和座卧车时，~~每名旅客有权免费携带不超过 4 周岁且不单独占用铺位的儿童 1 名。占用卧铺席位的不超过 4 周岁的儿童必须购买卧铺票和儿童客票。如果旅客携带不超过 4 周岁的儿童超过 1 名时，除 1 名儿童外，其他儿童均必须购买儿童客票。~~儿童占用的每一个卧铺席位均应办理一张卧铺票。~~ 4 ~ 12 周岁的儿童~~凭儿童票乘车。若占用单独席位，则必须办理卧铺票。~~

续上表

2022 版《国际客协》	2016 版《国际客协》
第 3 项 根据办理乘车票据国家的国内法规，对不满 4 周岁且不单独占用席位的儿童乘车可办理免费儿童客票。	
第 4 项 12 周岁以下的儿童在没有陪同的情况下不允许乘车。	**第 3 项** 12 周岁以下的儿童在没有陪同的情况下不允许乘车。
第 5 项 在确定儿童乘车运费时，以乘车开始之日的儿童年龄为准。	**第 4 项** 在确定儿童乘车运费时，以乘车开始之日的儿童年龄为准。

修订解读

本条规定了儿童乘车的条件，包括：每名旅客免费携带儿童和购买儿童客票的要求，儿童乘车的要求，以及儿童乘车运费的计算标准。

本条在 2016 版《国际客协》的基础上做过三次修订：

(1)在 2017 版《国际客协》中，强调了第 1 项乘坐非必须预留席位的车厢和第 2 项乘坐规定必须预留席位的车厢两种情况；对第 2 项完善了儿童乘车时购买儿童客票、卧铺票的要求。

(2)在 2018 版《国际客协》中，完善了第 2 项中关于儿童占用的席位的表述，将儿童占用的“铺位”和“卧铺席位”统一修改为“席位”。

(3)在 2021 版《国际客协》中，补充了新的第 3 项，根据办理乘车票据国家的国内法规，不满 4 周岁且不单独占用席位的儿童可以办理免费儿童客票。

第 13 条　活动受限人士的运送

条文对照

2022 版《国际客协》	2016 版《国际客协》
第 13 条　活动受限人士的运送	**第 12 条　活动受限人士的运送**
第 1 项　承运人通过互联网和/或其他方式通知关于向活动受限人士提供服务的信息。根据活动受限人士的请求，承运人以最便于上述人士获知的形式应提供以下信息：能提供哪些服务，完成乘车以及进入铁路车站、旅客站台和车厢的可能性。上述信息以承运人本国语言及英文、中文或俄文之一提供。国际客协参加者办理国际联运活动受限人士乘车联系信息一览表载见附件第 3 号。	**第 1 项**　根据活动受限人士的请求，承运人应告知以下信息：能提供哪些服务，完成乘车、进入铁路车站、客站站台和车厢的可能性。
第 2 项　承运人或其被授权人，在有可能的情况下，应保证活动受限人士进入铁路车站、旅客站台和车厢。这些服务不收取额外费用。	**第 2 项**　承运人或其授权人，在有能力的情况下，应保证活动受限人士进入铁路车站、客站站台和车厢。这些服务不收取额外费用。
第 3 项　承运人在非歧视性的条件下向活动受限人士提供预订和出售乘车票据方面的服务。	**第 3 项**　承运人在非歧视性的条件下向活动受限人士提供预订和出售乘车票据方面的服务。
第 4 项　如活动受限人士在进入铁路车站、旅客站台和车厢时需要帮助，应不晚于乘车 48 小时前将自己乘车的意愿告知承运人。如有必要使用用于运送活动受限人士的专用车厢，则递交申请的期限由提供该服务的承运人规定。	**第 4 项**　如活动受限人士在进入铁路车站、客站站台和车厢时需要帮助，应不晚于乘车前 48 小时将自己完成乘车的意愿告知承运人。如未遵守该条件，承运人应采取一切可能的措施组织活动受限旅客的运送。

续上表

2022 版《国际客协》	2016 版《国际客协》
如未遵守该条件,承运人应采取一切可能的措施组织活动受限人士的运送。 承运人向活动受限人士提供以下帮助: ——在承运人指定地点组织会面; ——自承运人指定的会面地点护送至站台或自站台护送至承运人指定的会面地点; ——帮助安置携带品; ——帮助上(下)车。	
第 5 项 承运人或其被授权人应确定方式,使活动受限人士可通过这些方式告知其已抵达发站并提出所需服务。	**第 5 项** 承运人或其授权人应确定办法,使活动受限人士可通过这些方法告知其已抵达发站并提出所需服务。
第 6 项 提供帮助需满足下列条件,即活动受限人士应在提供帮助的承运人或其委托人指定的时间抵达指定的地点。	**第 6 项** 提供帮助需满足下列条件,即活动受限人士应在提供帮助的承运人或其委托人指定的时间抵达指定的地点。
第 7 项 活动受限人士有权免费随行运送超出携带品规定标准的辅助其行动的必要设备。	**第 7 项** 活动受限人士有权免费随行运送超出携带品规定标准的辅助其行动的必要设备。

修订解读

本条规定了运送活动受限人士的相关要求,包括:承运人向活动受限人士提供服务的内容和信息通知要求,以及活动受限人士免费携带辅助其行动的必要设备的权利。

本条在 2016 版《国际客协》的基础上做过两次修订:

（1）在 2020 版《国际客协》中，明确了第 1 项中承运人向活动受限人士提供服务的信息通知方式。

（2）在 2021 版《国际客协》中，对第 1 项补充了承运人向活动受限人士提供服务信息的语言要求；补充了引用新增附件第 3 号“国际客协参加者办理国际联运活动受限人士乘车联系信息一览表”的表述；完善了第 4 项中关于活动受限人士向承运人告知乘车意愿的规定，补充了要使用运送活动受限人士专用车厢时递交申请的要求；对第 4 项补充了承运人向活动受限人士提供服务的内容。

此外，对第 2 项、第 4 项和第 5 项的部分表述做了中文翻译上的完善。

第 14 条　中途下车

条文对照

2022 版《国际客协》	2016 版《国际客协》
第 14 条　中途下车	**第 13 条　中途下车**
第 1 项　如护照行政规定许可，旅客有权在客票有效期内在中途站下车，不限次数和时间。中途下车不延长客票的有效期。旅客应在列车到达时起 3 小时内向承运人或其被授权人提出乘车票据，以便做关于中途下车的记载。	**第 1 项**　如护照行政规定许可，旅客有权在客票有效期内在中途站下车，不限次数和时间。中途下车不延长客票的有效期。旅客应在列车到达时起 3 小时内提出乘车票据，以便做关于中途下车的记载。
第 2 项　旅客在客票有效期内向售票处提出客票并办理手续后可再继续乘车。继续乘车时，旅客须根据适用的运价规程购买卧铺票。	**第 2 项**　旅客在客票有效期内向售票处提出客票并办理手续后可再继续乘车。继续乘车时，旅客须根据适用的运价规程购买卧铺票。
第 3 项　如旅客从未列入适用的运价规程的车站继续乘车，则应自列入运价规程的前一站起支付卧铺费。	**第 3 项**　如旅客从未列入适用的运价规程的车站继续乘车，则应自列入运价规程的前一站起支付卧铺费。

修订解读

本条规定了旅客中途下车的权利，以及中途下车后继续乘车的要求。

本条在2016版《国际客协》的基础上做过两次修订：

(1)在2018版《国际客协》中，完善了第1项中关于旅客中途下车提出乘车票据的要求，补充了旅客应在列车到达时起3小时内向“承运人或其授权的运送过程参加者”提出乘车票据。

(2)在2019版《国际客协》中，再次完善了第1项的表述，将“授权的运送过程参加者”规范表述为“被授权人”。

第15条 乘车票据的查验

条文对照

2022版《国际客协》	2016版《国际客协》
第15条 乘车票据的查验	**第14条 乘车票据的查验**
第1项 旅客应依照车厢乘务人员或有关检查机关代表的要求出示乘车票据。当乘车票据上载有旅客的个人信息时，旅客还应出示其身份证件，凭优惠乘车票据乘车的旅客，还应出示证明其有权享受优惠的文件。 在国际联运卧车和座卧车内，旅客的所有乘车票据均应在发车后交给车厢乘务人员，在旅客乘车期间由车厢乘务人员保管。 在运行途中，承运人的检查人员在检查乘车票据时应尽量少打扰旅客。	**第1项** 旅客应依照~~列车员~~或有关检查机关代表的要求出示乘车票据~~，~~凭优惠乘车票据乘车的旅客，还应出示证明其有权享受优惠的文件。 在国际联运卧车和座卧车内，旅客的所有乘车票据均应在~~开车时~~交给~~列车员~~，在旅客乘车期间由~~列车员~~保管。 在运行途中，承运人的检查人员在检查乘车票据时应尽量少打扰旅客。

续上表

2022版《国际客协》	2016版《国际客协》
第2项 未能出示用于乘坐该列车和车厢有效乘车票据的旅客，以及凭优惠乘车票据乘车的旅客，未能同时出示证明其有权优惠的证件原件时，应承担本协定第41条规定的责任。	**第2项** 未能出示乘车票据的旅客，以及凭优惠乘车票据乘车的旅客，未能同时出示证明其有权优惠乘坐该列车和车厢的证件时，应承担第41条“旅客和发送人的责任”第2项规定的责任。
第3项 车厢乘务人员应在乘车结束前30分钟内将乘车票据发还给旅客。	**第3项** 列车员应在乘车结束前30分钟将乘车票据发还给旅客。

修订解读

本条规定了查验乘车票据的相关要求，包括：旅客出示乘车票据和优惠证明文件的义务，旅客未能出示乘车票据和优惠证明文件时应承担的责任，以及车厢乘务员人查验和发还旅客乘车票据的要求。

本条在2016版《国际客协》的基础上做过两次修订：

(1)在2018版《国际客协》中，对第2项中旅客未能出示的乘车票据做出明确表述，是指用于乘坐该列车和车厢有效乘车票据，同时完善了关于旅客未能出示乘车票据和优惠证明文件时应承担的责任的表述。

(2)在2022版《国际客协》中，对第1项补充了当乘车票据上载有旅客个人信息时，旅客还应出示其身份证件的要求；将“列车员”表述修改为“车厢乘务人员”。

第 16 条 携带品和动物的运送

条文对照

2022 版《国际客协》	2016 版《国际客协》
第 16 条 携带品和动物的运送	第 15 条 携带品和动物的运送
第 1 项 如不违反本协定第 17 条第 1 项的规定，旅客有权随身携带携带品。 旅客可利用车厢内规定地方放置自己的携带品。	**第 1 项** 如不违反本协定第 16 条第 1 项的规定，旅客有权随身携带携带品。 客车可利用车厢内规定地方放置自己的携带品。
第 2 项 免费运送的携带品总重量，对每个办理的席位，成人旅客不得超过 36 千克，未满 12 周岁的儿童不得超过 15 千克。	**第 2 项** 免费运送携带品的总重量，对每张办理的客票，成人旅客不得超过 36 千克，未满 12 周岁的儿童不得超过 15 千克。
第 3 项 如果沿运行经路开行行李车或带有行李运送专门安置位置的客车，且其中有空位，超出规定标准运送的携带品，旅客应作为行李托运。 超出携带品规定标准的童车（如该童车属于乘车儿童），以及本协定第 13 条第 7 项所述设备，允许旅客免费随身运送。	**第 3 项** ~~如超出携带品规定标准的童车属于乘车儿童，则允许免费运送。~~ ~~多出的携带品，旅客应作为行李托运。~~
第 4 项 旅客有权使用专门的容器随身携带动物（狗、猫、鸟），应计入携带品标准，且将其放在专门放置携带品的位置，而无需购买包房内所有席位。不允许运送未放置在容器中的动物。	**第 4 项** 旅客有权使用专门的容器随身携带动物（狗、猫、鸟），应计入携带品标准，且将其放在专门放置携带品的位置。不允许运送未放置在容器中的动物。

续上表

2022 版《国际客协》	2016 版《国际客协》
只有戴嘴套和狗襻的狗，才可不装入专门容器运送。此类狗应由旅客占用包房式车厢的单独包房运送（一个包房内不得超过两只狗），以及在承运人同意的情况下占用更高等级的车厢包房运送。为此，旅客须按全价支付包房内未占用席位的乘车票据费。 如承运人不能为运送狗提供单独包房，则不准运送。 运送导盲犬可不戴嘴套，但应用短狗襻，且无需购买包房内所有席位。 可根据适用的运价规程核收运送动物的费用。	~~未装入专门容器、但~~戴嘴套和狗襻的狗，~~应占用车厢的单独包房~~（一个包房内不得超过两只）~~运送~~。为此，旅客须~~按照包房内未占用的席位数，按运价全额支付乘车票据的费用。~~ 如承运人不能为运送狗提供单独包房，则不准运送。 运送导盲犬可不戴嘴套，但应用短狗襻，且无需购买包房内所有席位。
第 5 项 在外交信使占用的单独包房内，允许运送 200 千克以内的外交邮件和行李。在这种情况下，应按包房内的铺位数支付乘车票价。同时，超过免费运送携带品标准的外交邮件，应按适用的运价规程规定的费率支付行李运费，并作为手提行李办理。	**第 5 项** 在外交信使占用的单独包房内，允许运送 200 千克以内的外交邮件和行李。在这种情况下，应按包房内的铺位数支付~~客票票价和卧铺费~~。同时，超过免费运送携带品标准的外交邮件，应按适用的运价规程规定的费率交付行李运费，并作为手提行李办理。
第 6 项 旅客自己应注意携带品的完整和完好，并照看好随身携带的动物。 旅客对自己随身携带的动物违反卫生要求负全部责任，并须保证车厢应有的清洁。	**第 6 项** 旅客自己应注意携带品的完整和完好，并照看好随身携带的动物。 旅客对自己随身携带的动物违反卫生要求负全部责任，并须保证~~相应车厢~~的清洁。

修订解读

本条规定了运送携带品和动物的相关要求，包括：旅客携带携带品的权利，免费运送携带品的标准，超出规定标准的携带品运送要求，携带动物的要求，外交信使携带外交邮件的要求，以及旅客对自己随身携带品应负的责任。

本条在2016版《国际客协》的基础上做过四次修订：

(1)在2017版《国际客协》中，对第3项补充了允许旅客免费运送的超出规定标准的携带品，除了属于乘车儿童的童车之外，还包括本协定第13条第7项所述活动受限人士所需的设备；对第4项中旅客使用专门容器随身携带动物的要求补充了无需购买包房内所有席位。

(2)在2018版《国际客协》中，修改了第3项中关于超出规定标准的携带品作为行李托运的要求；对第4项补充了可根据适用的运价规程核收运送动物费用的要求；完善了第5项中外交信使占用单独包房运送外交邮件和行李应支付费用的表述，规范为"乘车票价"。

(3)在2021版《国际客协》中，调整了第3项的两段表述顺序，并完善了超出规定标准的携带品作为行李托运的条件，强调了沿运行经路开行行李车或带有行李运送专门安置位置的客车。

(4)在2022版《国际客协》中，对第2项明确了免费运送携带品的标准是针对"每个办理的席位"；完善了第4项中戴嘴套和狗襻的狗占用包房运送的要求。

此外，对第1项和第6项的部分表述做了中文翻译上的完善，以及引用条款号的更新。

第 17 条　禁止按携带品运送的物品

条文对照

2022 版《国际客协》	2016 版《国际客协》
第 17 条　禁止按携带品运送的物品	**第 16 条　禁止按携带品运送的物品**
第 1 项　下列物品禁止按携带品运送： 1. 能损坏或弄脏车厢、给其他旅客或其物品造成损害的物品； 2. 易燃品、易起火品、自燃品、爆炸品、放射性、毒害性和腐蚀性物质； 3. 装有弹药的武器； 4. 能造成感染或具有恶臭气味的物品； 5. 海关和其他规定禁止运送的物品； 6. 三个方向长度总和超过 200 厘米的大件物品。	**第 1 项**　下列物品禁止按携带品运送： 1. 能损坏或弄脏车厢、给其他旅客或其携带品造成损害的物品； 2. 易燃品、易发火品、自燃品、爆炸品、放射性物质、毒害性和腐蚀性物品； 3. 装有弹药的武器； 4. 能造成感染或具有恶臭气味的物品； 5. 海关和其他规定禁止运送的物品； 6. 三个方向长度总和超过 200 厘米的大件物品。
第 2 项　如承运人有理由认为本条第 1 项(第 5 款除外)规定被违反，则有权检查携带品的内容。 应当在旅客在场时检查。	**第 2 项**　如承运人有理由怀疑违反本条第 1 项(第 5 款除外)规定，有权检查携带品的内容。 ~~检查时旅客应当在场~~。

修订解读

本条规定了禁止按携带品运送的物品，包括：禁止按携带品运送的物品种类，以及承运人检查携带品的权利。

本条仅做了中文翻译上的完善，未做过条文内容上的修订。

第 18 条 旅客乘车经路的变更、未赶上列车或列车停运

条文对照

2022 版《国际客协》	2016 版《国际客协》
第 18 条 旅客乘车经路的变更、未赶上列车或列车停运	**第 17 条 旅客乘车经路的变更。未赶上列车或列车停运**
第 1 项 旅客有权在乘车开始前或在运行途中变更乘车经路。 如变更乘车经路，旅客应向铁路售票窗口或售票处提出乘车票据，必要时，还应补交乘车费用。	**第 1 项** 旅客有权在乘车开始前或在运行途中变更乘车经路。 如变更乘车经路，旅客应向铁路售票窗口或售票处提出乘车票据，必要时，还应补交乘车票价。
第 2 项 如因运送过程参加者的过错旅客未赶上乘车票据所载列车，以及列车全程或部分区段停运，而旅客仍希望继续乘车时，则在有空闲席位时，承运人应将旅客及其行李随同最近一次列车发送至到站，并根据本协定第 11 条第 3 项规定的办法向旅客提供席位。	**第 2 项** 如因运送过程参加者的过错旅客未赶上乘车票据所载列车，以及列车全程或部分区段停运，而旅客仍希望继续乘车时，则在有空闲席位时，承运人应将旅客及其行李随同最近一次列车发送至到站，~~不核收补加费。~~

修订解读

本条规定了旅客变更乘车经路的要求，以及因运送过程参加者过错导致旅客未赶上列车或列车停运时，承运人为旅客办理继续乘车的要求。

本条在 2016 版《国际客协》的基础上做过一次修订：

在 2021 版《国际客协》中，对第 2 项增加了因运送过程参加者过错导致旅客未赶上列车或列车停运时承运人办理旅客继续乘车的条款引用，要求根据本协定第 11 条第 3 项规定的办法向旅客提供席位。

第 19 条　利用专列或包车运送

条文对照

2022 版《国际客协》	2016 版《国际客协》
第 19 条　利用专列或包车运送	**第 18 条　利用专列或包车运送**
第 1 项　在运送过程各参加者商定运送条件的情况下,可根据所提交申请在指定的经路上利用专列或包车办理旅客运送。	**第 1 项**　在运送过程各参加者商定运送条件的情况下,可根据所提交申请在指定的经路上利用专列或包车办理旅客运送。
第 2 项　自然人或法人均有权提出利用专列或包车运送的申请。申请提出办法由合同承运人规定。	**第 2 项**　自然人或法人均有权提出利用专列或包车运送的申请。申请提出办法由合同承运人规定。
第 3 项　承运人可以拒绝利用专列或包车办理运送。	**第 3 项**　承运人可以拒绝利用专列或包车办理运送。

修订解读

本条规定了利用专列或包车办理旅客运送的要求,以及旅客和承运人的权利。

本条未做过条文内容上的修订。

第3章 行李运送

第20条 运送票据

条文对照

<table>
<tr><th>2022版《国际客协》</th><th>2016版《国际客协》</th></tr>
<tr><td>第20条 运送票据</td><td>第20条 运送票据</td></tr>
<tr><td>第1项 承运行李时，应以行李票的形式向发送人出具运送票据。</td><td rowspan="2">第1项 承运行李时，应以行李票的形式向旅客出具运送票据。
行李票应包含下列基本运送信息：
1. 承运人名称；
2. 车次；
3. 发站；
4. 到站；
5. 运行经路；
6. 运费；
7. 乘车票据号；
8. 件数；
9. 重量；
10. 关于行李承运和包装缺陷或行李状态的记载。</td></tr>
<tr><td>第2项 行李票应包含下列基本运送信息：
1. 承运人名称；
2. 车次和发送日期；
3. 发站；
4. 到站；
5. 运行经路；
6. 运费；
7. 乘车票据号；
8. 件数；
9. 重量；
10. 关于行李承运和包装缺陷或行李状态的记载。</td></tr>
<tr><td></td><td>~~第2项 空白行李票使用发送国文字和中文、德文或俄文之一共两种文字印制。~~
~~行李票用发送国文字填写。~~</td></tr>
</table>

续上表

2022 版《国际客协》	2016 版《国际客协》
第 3 项 发送人在收到行李票时，应检查票面记载内容是否正确。	

修订解读

本条规定了行李运送票据的相关要求，包括：向发送人出具行李运送票据的形式，行李票应包含的基本信息，以及发送人在收到行李票时的责任要求。

本条在 2016 版《国际客协》的基础上做过三次修订：

（1）在 2018 版《国际客协》中，规范了第 1 项中"发送人"的使用表述，强调承运行李时应向发送人出具运送票据；完善了印制和填写空白行李票的使用文字要求。

（2）在 2020 版《国际客协》中，删除了关于印制和填写空白行李票使用文字要求的表述。

（3）在 2021 版《国际客协》中，将向发送人出具行李运送票据的形式和行李票应包含的基本信息分别独立成新的第 1 项和第 2 项表述；补充了新的第 3 项关于发送人在收到行李票时应检查票面记载内容的责任要求，该项表述来源于 2020 版《国际客协》第 22 条"行李的承运条件"第 4 项内容。

第 21 条　行李运送标准、禁止按行李运送的物品

条文对照

2022 版《国际客协》	2016 版《国际客协》
第 21 条　行李运送标准、禁止按行李运送的物品	**第 21 条　行李运送标准。禁止按行李运送的物品**
第 1 项　凭一张乘车票据托运的行李，总重量不得超过 100 千克。多名旅客凭一张乘车票据乘车时，该标准按团体人数相应提高。承运外交行李，无重量限制。 一件行李的重量不得少于 5 千克且不得超过 75 千克，并应能迅速和毫无困难地装入旅客列车的行李车内。	**第 1 项**　凭一张乘车票据托运的行李，总重量标准不得超过 100 千克。多名旅客凭一张客票乘车时，该标准按团体人数相应提高。承运外交行李，无重量限制。 一件行李的重量不得少于 5 千克且不得超过 75 千克，并应能迅速和毫无困难地装入旅客列车的行李车内。
第 2 项　下列物品禁止按行李运送： 1. 易燃品、易发火品、自燃品、爆炸品、放射性、腐蚀性和毒害性物质、枪炮、弹药及能使其他发送人的行李或运送过程参加者受到损害的物品； 2. 能造成感染或具有恶臭气味的物品； 3. 动物； 4. 属于参加运送承运人的任何一国邮政专运的物品，此类物品的一览表载于本协定附件第 1 号； 5. 易腐产品。	**第 2 项**　下列物品禁止按行李运送： 1. 易燃品、易发火品、自燃品、爆炸品、放射性物质、腐蚀性和毒害性物品、枪炮、弹药和能使其他旅客的行李或运送过程参加者受到损害的物品； 2. 能造成感染或具有恶臭气味的物品； 3. 动物； 4. 属于参加运送的承运人所在的任何一国邮政专运的物品。此类物品的一览表载于本协定附件第 1 号； 5. 易腐产品。
第 3 项　如承运人有理由认为本条第 2 项规定被违反，则有权检查行李的内容。 应当在发送人在场时检查行李。	**第 3 项**　如承运人有理由怀疑违反本条第 2 项规定，有权检查行李的内容。 ~~检查行李时，发送人应当在场。~~

修订解读

本条规定了有关行李运送标准和禁止按行李运送的物品要求，包括：行李运送的重量标准，禁止按行李运送的物品种类，以及承运人检查行李的权力和要求。

本条在2016版《国际客协》的基础上做过一次修订：

在2018版《国际客协》中，规范了第1项中"乘车票据"的使用表述，明确多名旅客凭一张乘车票据乘车时，行李运送标准按团体人数相应提高；规范了第2项第1款中"发送人"的使用表述，明确使其他发送人的行李或运送过程参加者受到损害的物品禁止按行李运送。

此外，对第2项和第3项的部分表述做了中文翻译上的完善。

第22条　行李的承运条件

条文对照

2022版《国际客协》	2016版《国际客协》
第22条　行李的承运条件	**第22条　行李的承运条件**
第1项　行李的承运在开办国际联运行李业务的车站办理。	**第1项**　行李的承运在开办国际联运行李业务的车站办理。
第2项　行李根据提出的乘车票据承运，其发站和到站须是适用的运价规程所载的车站，并且必须位于乘车票据所载旅客乘车经路以内。	**第2项**　行李根据提出的乘车票据承运，其发站和到站须是适用的运价规程所载的车站，并且必须位于乘车票据所载的旅客乘车经路以内。
第3项　行李应预先托运。 承运的行李应随旅客所乘列车发送。如无此可能，则行李应随最近一次办理行李运送的列车发送。承运人应于旅客乘车前将此事通知旅客。	**第3项**　行李应提前托运。 承运的行李应随旅客所乘列车发送。如无此可能，则行李应随最近一次办理行李运送的列车发送。

续上表

2022 版《国际客协》	2016 版《国际客协》
第 4 项 行李的承运日,以发站在行李票上加盖的日期戳为准。	**第 4 项** ~~收到行李票时,旅客应检查票面记载内容是否正确。~~ 行李的承运日,以发站在行李票上所盖的日期戳为准。
第 5 项 装有尸体的棺材和骨灰盒的运送,各承运人相互商定后,用行李车办理。	**第 5 项** 装有尸体的棺材和骨灰盒的运送,各承运人相互商定后,用行李车办理。

修订解读

本条规定了行李的承运条件,包括:行李承运的办理地点和发到站要求,行李的发送和承运日要求,以及特殊行李的运送要求。

本条在 2016 版《国际客协》的基础上做过两次修订:

(1)在 2018 版《国际客协》中,对第 3 项补充了关于承运人应于旅客乘车前将行李随最近一次列车运送的情况通知旅客的要求;规范了第 4 项中"发送人"的使用表述,明确发送人应在收到行李票时检查票面记载内容。

(2)在 2021 版《国际客协》中,删除了第 4 项中关于收到行李票时发送人应检查票面记载内容的表述,将该要求调整至第 20 条"运送票据"新补充的第 3 项表述。

第 23 条　行李的包装和标记

条文对照

2022 版《国际客协》	2016 版《国际客协》
第 23 条　行李的包装和标记	**第 23 条　行李的包装和标记**
第 1 项　行李在托运时应有相应的包装，能保证行李在运送全程直至交付发送人前完整无损，能防止损坏车辆和其他发送人的行李或包裹，并保证工作人员作业安全。	**第 1 项**　行李在托运时应有相应的包装，能保证行李在运送全程直至交付领收人前完整无损，能防止损坏车辆和其他发送人的行李，并保证工作人员作业安全。
第 2 项　对每件托运的行李，应当由发送人或依照其请求并单独付费后由承运人用发送国文字注明以下信息，并附英文或中文或德文或俄文译文： 1. 行李所属人（姓名）； 2. 发站； 3. 到站； 4. 发送人/领收人地址； 5. 发送人/领收人联系电话。 运往越南社会主义共和国、中华人民共和国、朝鲜民主主义人民共和国和蒙古国或相反方向运送的行李，上述记载应用发送国文字和俄文注明。 发送人应将行李上的旧标签除掉，并将所有旧地址和其他标记划去。	**第 2 项**　对每件托运的行李，应当由旅客或依照旅客请求并单独付费后由承运人用发送国文字注明以下信息，并附中文或德文或俄文的译文： 行李所属人（姓名）________， 发　站________， 到　站________， 旅客地址________。 运往越南社会主义共和国、中华人民共和国、朝鲜民主主义人民共和国和蒙古国或相反方向运送的行李，上述记载应用发送国文字和俄文注明。 旅客应将行李上的旧标签除掉，并将所有旧地址和其他标记划去。

修订解读

本条规定了行李的包装和标记要求，包括：对行李包装的要求，以及对行李标记注明信息的文字和内容要求。

本条在2016版《国际客协》的基础上做过两次修订：

（1）在2017版《国际客协》中，完善了第1项关于行李包装要求的表述；对第2项修改了行李标记信息的内容，补充了旅客联系电话。

（2）在2018版《国际客协》中，对第2项完善了行李标记信息的译文要求，补充了英文；规范了关于“发送人”和“领收人”的使用表述。

第24条 行李价格的声明

条文对照

2022版《国际客协》	2016版《国际客协》
第24条 行李价格的声明	**第24条 行李价格的声明**
第1项 发送人托运行李时，可声明行李的价格。	**第1项** 旅客托运行李时，可声明行李的价格。
第2项 如托运数件行李，发送人可按每件声明价格，或按照全部件数声明总价格。声明价格的款额由发送人口述。	**第2项** 如托运数件行李，旅客可按每件声明价格，或按照全部件数声明总价格。声明价格的款额由旅客口述。
第3项 声明价格的款额应由发送人按发送国货币提出。	**第3项** 声明价格的款额应由旅客按发送国货币提出。
第4项 承运行李时，承运人有权检查声明价格的款额是否与行李价值相符。此时，发送人应提供证明行李价值的文件。	**第5项** 承运行李时，承运人有权检查声明价格的款额是否与行李价值相符。此时，发送人应提交证明行李价值的文件。
第5项 根据提供的文件，声明价格的款额经承运人和发送人协商后确定。	**第6项** 根据提交的文件，声明价格的款额经承运人和发送人协商后确定。
第6项 如承运人与发送人未达成一致意见，则承运行李时不声明价格。	**第7项** 如承运人与发送人未达成一致意见，则承运行李时不声明价格。

续上表

2022 版《国际客协》	2016 版《国际客协》
第 7 项 按适用的运价规程规定对声明行李价格核收杂费。	**第 4 项** 按适用的运价规程规定对声明行李价格核收杂费。

修订解读

本条规定了行李价格声明的要求，包括：发送人声明行李价格的权利，行李声明价格的标准，声明价格款额的提出，核实声明价格是否与行李价值相符的要求，声明价格款额的协商确定，以及对声明行李价格核收杂费的要求。

本条在 2016 版《国际客协》的基础上做过两次修订：

（1）在 2018 版《国际客协》中，规范了第 1 项、第 2 项和第 3 项中关于“发送人”的使用表述。

（2）在 2021 版《国际客协》中，调整了本条各款项的顺序，将 2020 版《国际客协》第 4 项关于对声明行李价格核收杂费的要求调整至本条最后一项。

此外，对第 4 项和第 5 项的部分表述做了中文翻译上的完善。

第 25 条 行李的运到期限

条文对照

2022 版《国际客协》	2016 版《国际客协》
第 25 条 行李的运到期限	**第 25 条 行李的运到期限**
第 1 项 行李的运到期限，根据时刻表规定的列车运行情况，并考虑按本协定第 26 条第 1 项办理行李交付手续所必需的时间，按运送全程确定。	**第 1 项** 行李的运到期限，根据时刻表规定的列车运行情况，并考虑按本协定第 26 条第 1 项办理行李交付手续所必需的时间，按运送全程确定。

续上表

2022 版《国际客协》	2016 版《国际客协》
第 2 项 在下列情况下延长行李的运到期限: 1. 运行途中每换装一次行李,延长1昼夜; 2. 为履行海关和其他规定手续发生意外滞留时,延长此滞留时间; 3. 非因运送过程参加者过错致使不能开始或继续运送时,延长停运时间; 4. 如检查行李的结果判明是违反了第 21 条第 2 项的规定,延长同此项检查有关的时间; 5. 遇有本协定第 26 条第 5 项第 1、2、3 款的情况时,延长转发送行李所必需的时间。该时间从提出转发送申请的次日起算。 运送滞留时间和导致延长运到期限的原因,必须在行李运行报单背面"其他记载"栏内注明。	**第 2 项** 在下列情况下延长行李的运到期限: 1. 运行途中每换装一次行李,延长1昼夜; 2. 为履行海关和其他规定手续发生意外滞留时,延长此滞留时间; 3. 非因运送过程参加者过错致使不能开始或继续运送时,延长停运时间; 4. 如检查行李的结果判明是违反了第 21 条第 2 项的规定,延长同此项检查有关的时间; 5. 遇有本协定第 26 条第 5 项第 1、2、3 款的情况时,延长转发送行李所必需的时间。该时间从提出转发送申请的次日起算。 运送滞留时间和导致延长运到期限的原因,必须在行李运行报单背面"其他记载"栏内注明。
第 3 项 如行李在运到期限结束前到达到站并已提出交付,即为遵守运到期限。根据本协定第 26 条第 1 项第 2 段办理行李交付时,也同样适用此规定。	**第 3 项** 如行李在运到期限结束前到达到站并已提出交付,即为遵守运到期限。根据本协定第 26 条第 1 项第 2 段办理行李交付时,也同样适用此规定。

修订解读

本条规定了行李的运到期限要求,包括:行李运到期限的确定标准,延长行李运到期限的情况,以及遵守运到期限的条件。

本条未做过文本内容上的修订。

第 26 条　行李的交付

条文对照

2022 版《国际客协》	2016 版《国际客协》
第 26 条　行李的交付	**第 26 条　行李的交付**
第 1 项　行李在行李票所载到站交付。行李的交付，应在运送行李的列车抵达后，并经过卸车和完成海关及其他规定手续所需时间之后办理。 行李票提出人有权要求在发站或运行经路上某中途站交付行李。如这项要求属预先提出，且列车停车时间、车内行李的放置情况及海关和其他规定都允许时，承运人应满足这一要求。	**第 1 项**　行李在行李票所载到站交付。行李的交付，应在运送行李的列车抵达后，并经过卸车和完成海关及其他规定手续所需时间之后办理。 行李票提出人有权要求在发站或运行经路上某中途站交付行李。如这项要求属预先提出，且列车停车时间、车内行李的放置情况及海关和其他规定都允许时，承运人应满足这一要求。
第 2 项　行李应交付行李票提出人。交付行李时收回行李票。	**第 2 项**　行李应交付行李票提出人。交付行李时收回行李票。
第 3 项　在不能提出行李票的情况下，承运人仅在要求领取行李的人能证明其对行李的所有权时，方可向其交付行李。	**第 3 项**　在不能提出行李票的情况下，承运人仅在要求领取行李的人能证明其对行李的所有权时，方可向其交付行李。
第 4 项　领取行李时，发送人(领收人)须支付在运行途中和该站所发生的一切费用，如有违反本协定第 21 条第 2 项规定的情况，还应赔偿本协定第 40 条规定的损失。核收上述款额应用单独的票据办理。	**第 4 项**　领取行李时，~~旅客~~须支付在运行途中和该站所发生的一切费用，如有违反本协定第 21 条第 2 项规定的情况，还应赔偿本协定~~第 41 条~~规定的损失。核收上述款额应用单独的票据办理。

续上表

2022版《国际客协》	2016版《国际客协》
第5项 如因承运人的过错,行李未在规定的运到期限内运至到站,而领收人又不能等待行李到达,则领收人可提出下列内容的声明: 1. 免费将行李返回发站; 2. 将行李转发送至同一国家的另一到站; 3. 将行李转发送到适用的运价规程规定的另一国家的新到站。 车站应将上述声明的内容记入行李票。 行李自应随的列车到达到站之日起,因承运人过错经过10天还未交付领收人时,如行李的滞留同完成海关和其他规定的手续无关,即认为行李已经灭失。	**第5项** 如因承运人的过错,行李未在规定的运到期限内运至到站,而旅客又不能等待行李到达,则旅客可提出下列内容的声明: 1. 免费将行李返回发站; 2. 将行李转发送至另一到站; 3. 将行李转发送到适用的运价规程规定的另一国家的新到站。 车站应将上述声明的内容记入行李票。 行李自应随的列车到达到站之日起,因承运人过错经过10天还未交付旅客时,如行李的滞留同完成海关和其他规定的手续无关,即认为行李已经灭失。
第6项 如果已视为灭失的行李,从应运至到站之日起一年之内被发现,承运人如知晓或能确定发送人的住址,应将此事通知发送人。	**第6项** 如果已视为灭失的行李,从应运至到站之日起一年之内被发现,承运人如知晓或能确定旅客的住址,应将此事通知旅客。
第7项 发出本条第6项所述通知后30天内,发送人可要求将行李免费为其运至行李票所载经路中的某一车站,并须退还其以前所领取的赔款。 发送人希望将行李发往乘车经路以外的车站时,应按相应的运价规程支付运送费用。	**第7项** 发出本条第6项所述通知后30天内,旅客可要求将行李免费为其运至行李票所载经路中的某一车站,并须退还其以前所领取的赔款。 旅客希望将行李发往乘车经路以外的车站时,应按相应的运价规程支付运送费用。

续上表

2022版《国际客协》	2016版《国际客协》
第8项 如发现的行李在本条第7项规定的30天内未被要求交付，或者灭失的行李从应运至到站之日起满1年后才被发现，承运人有权按照本国法规对其做出处理。	**第8项** 如发现的行李在本条第7项规定的30天内未被要求交付，或者灭失的行李从应运至到站之日起满1年后才被发现，承运人有权按照本国法规对其做出处理。
第9项 如在运送中或交付时发现行李有毁损或部分灭失的迹象，则承运人应检查行李的内容，并就检查结果编制商务记录。商务记录由承运人被授权人和发送人（领收人）（如编制商务记录时发送人（领收人）在场）签字。商务记录签字后当即交发送人（领收人）一份。 如发送人（领收人）不认可商务记录中确定的事实，有权要求对行李状态、损坏的原因和程度进行鉴定，具体事宜按进行鉴定的国家法规办理。 签署商务记录时，如发送人（领收人）不在场，承运人可邀请证明人（如国内法规有此规定）。在这种情况下，商务记录由证明人签字，并在交付行李时交给发送人（领收人）一份。	**第9项** 如在运送中或交付时发现行李有毁损或部分灭失的迹象，则承运人应检查行李的内容，并就检查结果编制商务记录。商务记录由承运人~~代表和旅客~~（如编制商务记录时旅客在场）签字。商务记录签字后当即交旅客一份。 如旅客不认可商务记录中确定的事实，有权要求对行李状态、损坏的原因和程度进行鉴定，具体事宜按进行鉴定的国家法规办理。 签署商务记录时，如旅客不在场，承运人可邀请证明人（如国内法规有此规定）。在这种情况下，商务记录由证明人签字，并在交付行李时交给旅客一份。
第10项 根据需要，发送人（领收人）有权要求承运人对其支付行李运送费用及行李的发送和交付日期开具书面证明。上述证明按承运人所在地国内法规规定的格式发给。	**第10项** 根据需要，旅客有权要求承运人对其支付行李运送费用及行李的发送和交付日期开具书面证明。上述证明按承运人所在地国内法规规定的格式发给。

续上表

2022 版《国际客协》	2016 版《国际客协》
第 11 项 如行李自到达到站之日或自发出根据海关部门指令在中间站滞留的通知之时起 3 个月内无人领取,承运人可将其变卖。如因长期保管而使行李贬值或保管费超过行李本身价值,则承运人有权提前变卖。如能查明发送人的所在地,则承运人应将行李将要变卖一事通知发送人。承运人应将变卖行李所得款额,扣除尚未支付的保管费及其他费用后,退还发送人。	**第 11 项** 如行李自到达到站之日或自发出根据海关部门指令在中间站滞留的通知之时起 3 个月内无人领取,承运人可将其变卖。如因长期保管而使行李贬值或保管费超过行李本身价值,则承运人有权提前变卖。如能查明旅客的所在地,则承运人应将行李将要变卖一事通知旅客。承运人应将变卖行李所得款额,扣除尚未支付的保管费及其他费用后,退还旅客。
第 12 项 发送人关于将行李转发送到适用的运价规程中列载的某一车站的申请,在海关和其他规定不禁止的情况下,应予满足。行李转发送申请书,应向保管该行李的车站提出,并须添附原行李票。如发送人只提出转发送行李申请书而无行李票,则仅在行李毫无疑问确属该发送人的情况下,方可满足发送人的申请。当旅客(发送人)持有到终点站的客票时,物品按行李办理运送。如旅客(发送人)未持有按新经路运送行李的有效乘车票据,则运费应按包裹核收。行李转发送的费用,以及与行李运送有关的其他费用,均在到站交付。	**第 12 项** 旅客关于将行李转发送到适用的运价规程中列载的某一车站的申请,在海关和其他规定不禁止的情况下,应予满足。行李转发送申请书,应向保管该行李的车站提出,并须添附原行李票。如旅客只提出转发送行李申请书而无行李票,则仅在行李毫无疑问确属该旅客的情况下,方可满足旅客的申请。当旅客持有到终点站的客票时,物品按行李办理运送。如旅客未持有按新经路运送行李的有效客票,则运费应按包裹核收。行李转发送的费用,以及与行李运送有关的其他费用,均在到站交付。

续上表

2022 版《国际客协》	2016 版《国际客协》
第 13 项 发送人可以要求将其托运的行李从到站或中途站运回原发站。只有在海关及其他规定允许时，这项要求方能办理。 这项要求的申请书应连同行李票一起向发站或到站提出。返还运送应填制行李票。 根据适用的运价规程算出的运送费用及因返还而产生的其他费用，向行李领收人核收。	**第 13 项** 旅客可以要求将其托运的行李从到站或中途站运回原发站。只有在海关及其他规定允许时，这项要求方能办理。 这项要求的申请书应连同行李票一起向发站或到站提出。返还运送应填制行李票。 根据适用的运价规程算出的运送费用及因返还而产生的其他费用，向行李领收人核收。

修订解读

本条规定了行李交付的相关要求，包括：行李交付地点和对象的要求，领取行李时发送人（领收人）支付费用的要求，因承运人过错未在运到期限内交付时领收人提出声明的权利，认定行李灭失的标准，视为灭失行李后再被发现的处理办法，行李有毁损或部分灭失时编制和签署商务记录的要求，发送人（领收人）要求开具书面证明的权利，无人领取行李的认定和处理办法，以及办理行李转发送和运回原发站的要求。

本条在 2016 版《国际客协》的基础上做过三次修订：

（1）在 2018 版《国际客协》中，规范了本条各款项中关于“发送人”和“领收人”的使用表述。

（2）在 2019 版《国际客协》中，规范了第 9 项中关于承运人“被授权人”的使用表述。

（3）在 2020 版《国际客协》中，完善了第 5 项关于因承运人过错未在运到期限内交付时领收人提出声明的内容，明确了第 2 款声明内容是将行李转发送至同一国家的另一到站。

第4章 包裹运送

第27条 运送票据

条文对照

2022版《国际客协》	2016版《国际客协》
第27条 运送票据	**第27条 运送票据**
第1项 承运包裹时,应以包裹票的形式向发送人出具运送票据。	**第1项** 承运包裹时,应以包裹票的形式向发送人出具运送票据。
第2项 包裹票应包含下列基本运送信息: 1. 承运人名称; 2. 车次和发送日期; 3. 发站; 4. 到站; 5. 运行经路; 6. 发送人和领收人名称及其地址和联系电话; 7. 声明价格; 8. 运费; 9. 发送件数、包装种类和重量; 10. 关于包裹承运和包装缺陷或包裹状态的记载。	包裹票应包含下列基本运送信息: 1. 承运人名称; 2. 车次和发送日期; 3. 运行经路; 4. 发送人和领收人名称及其地址; 5. 声明价格; 6. 运费; 7. 发送件数、包装种类和重量; 8. 关于包裹承运和包装缺陷或包裹状态的记载。
	~~**第2项** 空白包裹票使用发送国文字和中文、德文或俄文之一共两种文字印制。~~ ~~包裹票用发送国文字填写。~~

续上表

2022 版《国际客协》	2016 版《国际客协》
第 3 项 发送人在收到包裹票时，应检查票面记载内容是否正确。	

修订解读

本条规定了包裹运送票据的相关要求，包括：向发送人出具包裹运送票据的形式，包裹票应包含的基本信息，以及发送人在收到包裹票时的责任要求。

本条在 2016 版《国际客协》的基础上做过五次修订：

(1) 在 2017 版《国际客协》中，对包裹票应包含的基本信息补充了发站和到站。

(2) 在 2018 版《国际客协》中，完善了印制和填写空白包裹票的使用文字要求。

(3) 在 2019 版《国际客协》中，对包裹票应包含的基本信息补充了发送人和领收人联系电话。

(4) 在 2020 版《国际客协》中，删除了关于印制和填写空白包裹票所使用文字要求的表述。

(5) 在 2021 版《国际客协》中，将向发送人出具包裹运送票据的形式和包裹票应包含的基本信息分别独立成新的第 1 项和第 2 项表述；补充了新的第 3 项关于发送人在收到包裹票时应检查票面记载内容的责任要求，该项表述来源于 2020 版《国际客协》第 29 条“包裹的承运条件”第 5 项内容。

第 28 条 准许和禁止按包裹运送的物品

条文对照

2022 版《国际客协》	2016 版《国际客协》
第 28 条 准许和禁止按包裹运送的物品	**第 28 条 准许和禁止按包裹运送的物品**
第 1 项 在行李车中有空闲地方且对行李和包裹的运送不会产生损害的情况下,能迅速容易地装入并放置在行李车中的物品准许按包裹承运。	**第 1 项** 在行李车中有空闲地方且对行李和包裹的运送不会产生损害的情况下,能迅速容易地装入并放置在行李车中的物品准许按包裹承运。
第 2 项 下列物品禁止按包裹运送: 1. 易燃品、易发火品、自燃品、爆炸品、放射性、腐蚀性和毒害性物质、枪炮、弹药及能使其他发送人的行李、包裹或运送过程参加者受到损害的物品; 2. 能造成感染或具有恶臭气味的物品; 3. 动物; 4. 属于参加运送承运人的任何一国邮政专运的物品,此类物品的一览表载于本协定附件第 1 号; 5. 易腐产品。	**第 2 项** 下列物品禁止按包裹运送: 1. 易燃品、易发火品、自燃品、爆炸品、放射性物质、腐蚀性和毒害性物品、枪炮、弹药和能使其他旅客的行李或运送过程参加者受到损害的物品; 2. 能造成感染或具有恶臭气味的物品; 3. 动物; 4. 属于参加运送的承运人所在国的任何一国邮政专运的物品。此类物品的一览表载于本协定附件第 1 号; 5. 易腐产品。

续上表

2022 版《国际客协》	2016 版《国际客协》
第 3 项　必要时,承运人有权检查包裹的内容。在发站检查时,发送人应在场。在到站检查时,领收人应在场。在途中或者发送人或领收人不到场时,可以在没有他们参加的情况下进行检查。	**第 3 项**　必要时,承运人有权检查包裹的内容。在发站检查时,发送人应在场。在到站检查时,领收人应在场。在途中或者发送人或领收人不到场时,可以在没有他们参加的情况下进行检查。 ~~如在包裹发送人或领收人不在场的情况下进行检查,必须要有承运人代表在场。~~

修订解读

本条规定了准许和禁止按包裹运送物品的相关要求,包括:准许按包裹运送物品的条件,禁止按包裹运送的物品种类,以及承运人检查包裹的权力和要求。

本条在 2016 版《国际客协》的基础上做过两次修订:

(1)在 2018 版《国际客协》中,规范了第 2 项中关于“发送人”的使用表述;对第 3 项明确了如在包裹发送人或领收人不在场的情况下进行检查,必须要有承运人在场。

(2)在 2019 版《国际客协》中,对第 3 项删除了关于包裹发送人或领收人不在场的情况下进行检查要求承运人必须在场的表述。

此外,对第 2 项的部分表述做了中文翻译上的完善。

第 29 条　包裹的承运条件

条文对照

2022 版《国际客协》	2016 版《国际客协》
第 29 条　包裹的承运条件	**第 29 条　包裹的承运条件**
第 1 项　开办国际联运包裹业务的车站承运包裹无需提出乘车票据。	**第 1 项**　承运包裹无需提出乘车票据。
第 2 项　物品所有者如希望将准许按包裹运送的物品按包裹托运，应向承运人提出书面申请书，在申请书上应记载： 1. 发站和到站名称； 2. 发送人和领收人名称及其地址和联系电话； 3. 运送经路（包裹应经由哪些国境站）； 4. 包裹名称、件数、每件的重量和包装种类； 5. 包裹出口许可证号码和填发日期，并注明许可证已在何时寄往哪一国境海关，如出口许可证在发送人手中，发送人应将该证附在申请书上； 6. 声明价格的款额。 承运人认为能够运送时，在申请书内注明包裹从发送人处承运的时间。 一件包裹的重量不得少于 5 千克且不得超过 165 千克。 如一件包裹的重量不少于 5 千克且不超过 75 千克时，既可在开办行李业务的车站之间运送，也可在开办包裹业务的车站之间运送； 如以包裹运送的不可分割物品重量超过 75 千克且不超过 165 千克时，仅能在开办包裹业务的车站之间运送。	**第 2 项**　物品所有者如希望将准许按包裹运送的物品按包裹托运，应向承运人代表提出书面申请书，在申请书上应记载： 1. 发站和到站名称； 2. 发送人和领收人名称及其住址； 3. 运送经路（包裹应经由哪些国境站）； 4. 包裹名称、件数、每件的重量和包装种类； 5. 包裹出口许可证号码和填发日期，并注明许可证已在何时寄往哪一国境海关。如出口许可证在发送人手中，发送人应将该证附在申请书上； 6. 声明价格的款额。 承运人认为能够运送时，在申请书内注明包裹从发送人处承运的时间。 ~~在开办行李业务的车站之间承运包裹时，~~一件包裹的重量不得少于 5 千克且不得超过 75 千克。 ~~重量为 75～165 千克的不可分割的物品，在开办包裹业务的车站之间按包裹承运。~~

续上表

2022 版《国际客协》	2016 版《国际客协》
第 3 项 发送人除附出口许可证外，还应将履行海关和其他规定手续所必需的其他添附文件附在申请书上并提交发站。这些文件可只与发送人按该票作为包裹托运的物品有关。 如发送人未提出包裹出口许可证，或未指明该许可证已寄往哪一海关，发站应拒绝承运该包裹。 发站应要求发送人在申请书中填写与出口许可证中记载相同的国境站。	**第 3 项** 发送人除附出口许可证外，还应将履行海关和其他规定手续所必需的其他添附文件附在申请书上并提交发站。这些文件可只与发送人按该票作为包裹托运的物品有关。 如发送人未提出包裹出口许可证，或未指明该许可证已寄往哪一海关，发站应拒绝承运该包裹。 发站应要求发送人在申请书中填写与出口许可证中记载相同的国境站。
第 4 项 承运人无义务检查发送人提交的随同包裹的各项添附文件是否正确和完备。	**第 4 项** 承运人无义务检查发送人提交的随同包裹的各项添附文件是否正确和完备。
第 5 项 包裹的承运日，以发站在包裹票上加盖的日期戳为准。包裹票中应注明添附文件。	**第 5 项** ~~发送人在收到包裹票时，应检查票面记载内容是否正确无误。~~ 包裹的承运日，以发站在包裹票上加盖的日期戳为准。包裹票中应注明添附文件。

修订解读

本条规定了包裹的承运条件，包括：开办国际联运包裹业务的车站承运包裹的要求，办理包裹托运申请的要求和包裹重量要求，以及包裹的检查和承运日要求。

本条在 2016 版《国际客协》的基础上做过四次修订：

(1) 在 2018 版《国际客协》中，对第 1 项明确了开办国际联运包裹业务的车站承运包裹无需提出乘车票据。

(2) 在 2019 版《国际客协》中，对第 2 项完善了包裹托运申请书应记载的信息，补充了发送人和领收人的联系电话。

(3)在2020版《国际客协》中，修改了物品按包裹办理托运的重量要求，将一件包裹的重量上限明确为165千克，并分别规定了5～75千克包裹和75～165千克包裹的办理要求。

(4)在2021版《国际客协》中，删除了第5项里关于收到包裹票时发送人应检查票面记载内容的表述，将该要求调整至第27条"运送票据"新补充的第3项表述。

第30条 包裹的包装和标记

条文对照

2022版《国际客协》	2016版《国际客协》
第30条 包裹的包装和标记	**第30条 包裹的包装和标记**
第1项 包裹在托运时应有结实、良好的包装，能保证包裹在运送全程直至交付领收人前完整无损，能防止损坏车辆和其他发送人的行李或包裹，并保证工作人员作业安全。	**第1项** 包裹在托运时应有结实、良好的包装，能保证包裹在运送全程直至交付领收人前完整无损，能防止损坏车辆和其他发送人的行李或包裹，并保证工作人员作业安全。
第2项 发送人对于托运的每件包裹均应做上标记：在包装或标签(飞子)上用发送国文字清楚书写下列事项，并附英文或中文或德文或俄文译文： 1. 发送人，其地址和联系电话； 2. 领收人，其地址和联系电话； 3. 发站和到站。 往越南社会主义共和国、中华人民共和国、朝鲜民主主义人民共和国和蒙古国或相反方向运送包裹时，包装或标签(飞子)上的上述记载应用发送国文字和俄文书写。 发送人应将包裹包装上的旧标签除掉，并将所有旧地址和其他标记划去。	**第2项** 发送人对于托运的每件包裹均应作上标记：在包装或标签(飞子)上用发送国文字清楚书写下列事项，并附中文或德文或俄文译文： 1. 发送人及其地址； 2. 领收人及其地址； 3. 发站和到站。 往越南社会主义共和国、中华人民共和国、朝鲜民主主义人民共和国和蒙古国或相反方向运送包裹时，包装或标签(飞子)上的上述记载应用发送国文字和俄文书写。 发送人应将包裹上的一切旧标签、旧地址和其他标记除掉。

修订解读

本条规定了包裹的包装和标记要求,包括对包裹包装的要求,以及对包裹标记注明信息的文字和内容要求。

本条在 2016 版《国际客协》的基础上做过两次修订:

(1)在 2017 版《国际客协》中,对第 2 项完善了关于发送人应除掉包裹包装上旧标签、划去旧地址和其他标记的表述。

(2)在 2018 版《国际客协》中,对第 2 项中包裹标记内容的译文补充了英文;修改了包裹标记内容,补充了发送人和领收人的联系电话。

第 31 条 包裹价格的声明

条文对照

2022 版《国际客协》	2016 版《国际客协》
第 31 条 包裹价格的声明	第 31 条 包裹价格的声明
第 1 项 发送人在托运包裹时必须声明包裹价格。如发送人不声明包裹价格,发站应拒绝承运。	发送人在托运包裹时必须声明包裹价格。如发送人不声明包裹价格,发站应拒绝承运。
第 2 项 如托运数件包裹,发送人可按每件声明价格,或按照全部件数声明总价格。发送人声明价格的款额在其声明中注明。	
第 3 项 声明价格的款额应由发送人按发送国货币提出。	
第 4 项 按适用的运价规程规定对声明包裹价格核收杂费。	
第 5 项 承运包裹时,承运人有权检查声明价格的款额是否与包裹价值相符。此时,发送人应提交证明包裹价值的文件。	

续上表

2022 版《国际客协》	2016 版《国际客协》
第 6 项　当发送人和承运人间对声明价格的金额有分歧时，包裹不予承运。	

修订解读

本条规定了包裹价格声明的要求，包括：发送人声明包裹价格的义务，包裹声明价格的标准，声明价格款额的提出，对声明价格核收杂费的要求，核实声明价格是否与包裹价值相符的要求，以及声明价格款额有分歧时的处理。

本条在 2016 版《国际客协》的基础上做过一次修订：

在 2018 版《国际客协》中，参照第 24 条“行李价格的声明”条文内容，对本条补充了包裹声明价格的标准、款额的提出、核收杂费的要求、核实声明价格是否与包裹价值相符的要求、款额有分歧时的处理，并分列第 2 ~ 6 项进行表述。

第 32 条　包裹的运到期限

条文对照

2022 版《国际客协》	2016 版《国际客协》
第 32 条　包裹的运到期限	**第 32 条　包裹的运到期限**
第 1 项　包裹运到期限根据下列标准确定： 1. 发送——1 昼夜； 2. 每起始 400 运价公里——1 昼夜。 运到期限自包裹承运日（发站在包裹单上加盖日期戳的日期）的次日零点起计算。	**第 1 项**　包裹运到期限根据下列标准确定： 1. 发送——1 昼夜。 2. 每起始 ~~300~~ 运价公里——1 昼夜。 运到期限自包裹承运日（在包裹单上加盖发站日期戳的日期）的次日零点起计算。

续上表

2022 版《国际客协》	2016 版《国际客协》
第 2 项 在下列情况下延长包裹的运到期限： 1. 运行途中每换装一次包裹，延长 1 昼夜； 2. 为履行海关和其他规定手续发生意外滞留时，延长此滞留时间； 3. 非因运送过程参加者过错致使不能开始或继续运送时，延长停运时间； 4. 如检查包裹的结果判明是违反了本协定第 28 条第 2 项的规定，延长同此项检查有关的时间； 5. 遇有本协定第 33 条第 7 项情况时，延长转发送包裹所必需的时间。该时间从提出转发送申请的次日起算。 运送滞留时间和导致延长运到期限的原因，必须在包裹运行报单背面“其他记载”栏内注明。	**第 2 项** ~~遇有第 25 条第 2 项所载的情况，以及由于领收人和发送人的过错造成滞留时，包裹运到期限相应延长。~~
第 3 项 运到期限按发站至到站的运价里程计算。	**第 3 项** 运到期限按发站至到站的运价里程计算。
第 4 项 如包裹于运到期限结束前运至到站，并向领收人发出通知，而且此时即可将包裹交由领收人支配，则认为是按期运达。	**第 4 项** 如包裹于运到期限结束前运至到站，并向领收人发出通知，而且此时即可将包裹交由领收人支配，则认为是按期运达。

修订解读

本条规定了包裹的运到期限要求，包括：包裹运到期限的确定标准，延长包裹运到期限的情况，运到期限计算依据，以及按期运达的标准。

本条在2016版《国际客协》的基础上做过一次修订：

在2019版《国际客协》中，修改了第1项包裹运到期限的确定标准，1昼夜的标准从每起始300运价公里修改为每起始400运价公里；修改了第2项延长包裹运到期限的情况，参照第25条“行李的运到期限”第2项内容，对延长包裹运到期限的各种情况进行具体表述。

第33条　包裹的交付

条文对照

2022版《国际客协》	2016版《国际客协》
第33条　包裹的交付	**第33条　~~包裹运送和交付的阻碍。~~包裹的交付**
第1项　如包裹的运送或交付发生阻碍，则承运人应通过电报或其他确认收到信息的事实及日期的方式，将此事通知发送人，征求发送人的指示。	**第1项**　如包裹的运送或交付~~遇到~~阻碍，则承运人应发电报~~将阻碍情况~~通知发送人，征求发送人的指示。
第2项　发送人应在包裹交付阻碍通知书背面注明应对包裹作何处理，并将通知书退还车站，同时提出包裹票，以便在包裹票上记入有关指示。如不提出包裹票，发送人的指示视为无效。	**第2项**　发送人应在通知书背面注明应对包裹作何处理，并将通知书退还车站，同时提出包裹票，以便在包裹票上记入有关指示。如不提出包裹票，发送人的指示视为无效。
第3项　如果向发送人发出关于包裹运送或交付阻碍的通知后10天内，获知此通知的发送人未给予任何指示或给予的指示无法执行，则按承运人所在地的国内法规对包裹进行处理。	**第3项**　如果向发送人发出关于包裹运送或交付阻碍的通知后10天内，获知此通知的发送人未给予任何指示或给予的指示无法执行，则按承运人所在地的国内法规对包裹进行处理。

续上表

2022 版《国际客协》	2016 版《国际客协》
第 4 项 发送人(领收人)应支付因其指示发生的附加运送费用,但因承运人过错发生阻碍的情况除外。证明承运人过错的证据由包裹发送人提出。	**第 4 项** 发送人(领收人)应支付因其指示发生的附加运送费用,但因承运人过错发生阻碍的情况除外。证明承运人过错的证据由包裹发送人提出。
第 5 项 包裹应在包裹票所载的到站交付。包裹运到后,到站应按照领收人所在国国内法规规定的办法立即通知领收人,但最晚不得迟于 16 小时。 包裹交付包裹运行报单所载的领收人,无需提出包裹票。 包裹也可交付持有领收人委托书的其他人,但委托书应符合领收人所在国国内法规规定。 在上述两种情况下,领取包裹的人均须出示本人身份证件。领取人在包裹运行报单背面签字作为领取包裹的凭证。 如有需要,领收人可向到站获取载有必要事项并且核证无误的包裹运行报单摘录。	**第 5 项** 包裹应在包裹票所载的到站交付。包裹运到后,到站应按照领收人所在国国内法规规定的办法立即通知领收人,但最晚不得迟于 16 小时。 包裹交付包裹运行报单所载的领收人,无需提出包裹票。 包裹也可交付持有领收人委托书的其他人,但委托书应符合领收人所在国国内法规规定。 在上述两种情况下,领取包裹的人均须出示本人身份证件。领取人在包裹运行报单背面签字作为领取包裹的凭证。 如有需要,包裹领收人可向到站获取载有必要事项并且核证无误的包裹运行报单摘录。
第 6 项 如已将包裹到达之事通知领收人,而领收人在 5 日内未来领取,包裹即认为无人领取,并按领收人所在国国内法规予以变卖。 但按包裹托运的家庭用品,如领收人不在或未来领取包裹,应自到达之日起 30 日后方可变卖。 将包裹变卖一事通知发送人。	**第 6 项** 如已将包裹到达之事通知领收人,而领收人在 5 日内未来领取,包裹即认为无人领取,并按领收人所在国国内法规予以变卖。 但按包裹托运的家庭用品,如领收人不在或未来领取包裹,应自到达之日起 30 日后方可变卖。 将包裹变卖一事通知发送人。

续上表

2022 版《国际客协》	2016 版《国际客协》
第 7 项　如包裹发送人同时也是其领收人，则在由于承运人的过错使包裹未在规定运到期限内运到的情况下，他有权要求到站凭包裹票将包裹返回发站。到站应将发送人声明的内容记入包裹票内。	**第 7 项**　如包裹发送人同时也是其领收人，则在由于承运人的过错使包裹未在规定运到期限内运到的情况下，~~发送人~~有权要求到站凭包裹票将包裹返回发站。到站应将发送人声明的内容记入包裹票内。

修订解读

本条规定了包裹交付的相关要求，包括：包裹的运送或交付发生阻碍时承运人和发送人的责任和处理办法，发送人（领收人）支付附加运送费用的要求，包裹交付和领取的要求，无人领取包裹的认定和处理办法，以及因承运人过错未在运到期限内交付时发送人要求将包裹返回发站的权利。

本条在 2016 版《国际客协》的基础上做过两次修订：

（1）在 2017 版《国际客协》中，修改了本条的标题，简化为“包裹的交付”；修改了第 1 项关于包裹的运送或交付发生阻碍时承运人的通知责任，承运人应通过电报或其他确认收到信息的事实及日期的方式，将此事通知发送人。

（2）在 2020 版《国际客协》中，对第 5 项规范了“领收人”的使用表述。

第5章 运送费用

第34条 运送费用的计算和核收

条文对照

2022版《国际客协》	2016版《国际客协》
第34条 运送费用的计算和核收	**第34条 运价。运送费用的计算和核收**
第1项 国际联运旅客、行李和包裹的运送费用（客票票价、卧铺费、行李和包裹运费），按适用的运价规程或依据双边或多边协定计算。 除运送费用外，可向旅客、发送人或领收人核收乘车票据/运送票据办理国国内法规规定的手续费及其他费用。 在适用的运价规程中所载的每一车站和国际联运乘车票据发售点，均应使旅客能够了解运价规程的内容。	**第1项** 国际联运旅客、行李和包裹的运送费用（客票票价、卧铺费、行李和包裹运费），按适用的运价规程规定的费率计算。 除运送费用外，可向旅客或发送人核收承运人所在国国内规章规定的手续费及其他费用。 在适用的运价规程中所载的每一车站和国际联运客票发售地点，均应使旅客能够了解运价规程的内容。
第2项 旅客的运送费用，按照购买乘车票据当日的费率计算；行李、包裹的运送费用，按照承运当日的费率计算。	**第2项** 运送费用，按照购买乘车票据当日的费率计算；行李、包裹的运送费用，按照承运当日的费率计算。
第3项 在发售乘车票据或填发行李票或包裹票时，核收由发站至到站的全程运送费用。	**第3项** 在发售乘车票据或填发行李票或包裹票时，核收由发站至到站的全程运送费用。

续上表

2022 版《国际客协》	2016 版《国际客协》
第 4 项 承运人在使用运价规程时，对所有旅客、发送人（领收人）应一视同仁。	**第 4 项** 承运人在使用运价规程时，对所有旅客、包裹发送人（领收人）应一视同仁。
第 5 项 确定运送费用时，如运价使用不当、确定行李（包裹）重量出错或发现计算有误，多收的款额应退还原付款人，少收的款额按下列办法补收： 1. 少收旅客的费用——由造成少收的合同承运人向旅客补收，不必向接续承运人提出核收少收款额的要求； 2. 少收发送人的费用——由合同承运人向发送人补收； 3. 少收领收人的费用——由接续承运人只向领收人补收运行途中和到站发生的费用。 多收的款额，由多收这项款额的承运人退还。	**第 5 项** 确定运送费用时，如运价使用不当、确定行李（包裹）重量出错或发现计算有误，多收的款额应退还原付款人，少收的款额按下列办法补收： 1. 少收旅客的费用——由造成少收的合同承运人向旅客补收，不必向接续承运人提出核收少收款额的要求； 2. 少收包裹发送人的费用——由合同承运人向包裹发送人补收； 3. 少收包裹领收人的费用——由接续承运人只向包裹领收人补收运行途中和到站发生的费用。 多收的款额，由多收这项款额的承运人退还。

修订解读

本条规定了计算和核收运送费用的一般要求，包括：旅客、行李和包裹运送费用的计算依据和方法，核收运送费用的要求，以及运送费用计算有误时对多收和少收款额的处理办法。

本条在 2016 版《国际客协》的基础上做过四次修订：

（1）在 2017 版《国际客协》中，修改了本条的标题，简化为“运送费用的计算和核收”；规范了第 1 项中关于“乘车票据”的使用表述。

（2）在 2018 版《国际客协》中，对第 1 项完善了旅客、行李和包裹运送费用的计算依据，补充了依据双边或多边协定计算的依据。

(3)在2020版《国际客协》中,完善了第2项关于运送费用计算方法的表述,明确区分了旅客运送费用和行李、包裹运送费用的费率计算;规范了第4项和第5项中有关"发送人"和"领收人"的使用表述。

(4)在2021版《国际客协》中,对第1项完善了向旅客、发送人或领收人核收手续费及其他费用的规定,强调是乘车票据/运送票据办理国国内法规规定的。

第35条　运送费用的退还

条文对照

2022版《国际客协》	2016版《国际客协》
第35条　运送费用的退还	**第35条　运送费用的退还**
第1项　旅客或发送人可领回有关的运送费用。 退还费用的要求,应由运送过程某一参加者证明。 关于退还费用的赔偿请求,承运人在本协定第44条规定的期限内受理。	**第1项**　旅客或发送人可领回有关的运送费用。 退还费用的要求,应由运送过程某一参加者证明。 关于退还费用的赔偿请求,承运人在本协定第43条规定的期限内受理。
第2项　如果运输合同条件的变更系承运人过错所致,则退还按适用的运价规程计算的下列费用: 1. 如果旅客没有开始乘车,退还单人客票票价和卧铺费、手续费及其他费用; 2. 如果团体旅客出发时不是全体团员,退还团体中没有开始乘车旅客的团体客票票价和卧铺费、手续费及其他费用; 3. 如果旅客在某一中途站不再继续乘车,退还未乘车里程的客票(单人或团体)票价和卧铺费; 4. 旅客乘坐了比乘车票据所载等级和种类低的车厢,退还乘坐里程两种等级客票(单人或团体)票价和卧铺费间的差额; 5. 未运送里程的行李和包裹运费。	**第2项**　如果运输合同条件的变更系承运人过错所致,则退还按适用的运价规程计算的下列费用: 1. 如果旅客没有开始乘车,退还单人客票票价和卧铺费、手续费及其他费用; 2. 如果团体旅客出发时不是全体团员,退还团体中没有开始乘车旅客的团体客票票价和卧铺费、手续费及其他费用; 3. 如果旅客在某一中途站不再继续乘车,退还未乘车里程的客票(单人或团体)票价和卧铺费; 4. 旅客乘坐了比乘车票据所载等级和种类低的车厢,退还乘坐里程两种等级客票(单人或团体)票价和卧铺费间的差额; 5. 未运送里程的行李和包裹运费。

续上表

2022版《国际客协》	2016版《国际客协》
第3项 如由于旅客、发送人不得已原因(因死亡、疾病,发生不幸事故时)变更了运输合同条件,退还按适用的运价规程计算的下列票价: 1. 根据本条第2项退还乘车票据和运送票据票价,但手续费除外。 2. 对下列情况,对单人或团体客票,在扣除已使用客票的全价票款后,再办理退还: ——按旅客往返乘车享受减成办理的客票,单程未使用; ——团体票,但实际乘车的成年旅客人数少于适用的运价规程中规定的享受减成标准。 3. 对按旅客往返乘车享受减成办理的单人或团体客票,在某些国家境内往返方向部分未使用时,不扣除全价票款,退还相应票价。 不得已原因的举证由旅客、发送人负责。如果旅客、发送人无法证明系不得已原因,承运人按照本条第4项退还运送费用。	**第3项** 如由于旅客、发送人不得已原因(疾病、不幸事故)变更了运输合同条件: 1. 根据本条第2项退还~~按适用的运价规程计算的~~乘车票据和运送票据票价,但手续费除外。 2. 对下列情况,对单人或团体客票,在扣除已使用客票的全价票款后,再办理退还: ——按旅客往返乘车享受减成办理的客票,单程未使用; ——团体票,但实际乘车的成年旅客人数少于适用的运价规程中规定的享受减成标准。 3. 对按旅客往返乘车享受减成办理的单人或团体客票,在某些国家境内往返方向部分未使用时,不扣除全价票款,退还相应票价。 不得已原因的举证由旅客、发送人负责。如果旅客、发送人无法证明系不得已原因,承运人按照本条第4项退还运送费用。
第4项 如果由于旅客或发送人个人原因变更运输合同条件,则退还按适用的运价规程计算的下列费用: 1. 如果旅客没有开始乘车并在列车出发6小时前(团体票为5天前,对立陶宛共和国和爱沙尼亚共和国的承运人为1天前)提出乘车票据以便加以记载,退还客票(个人或团体)票价和卧铺费。未遵守上述期限时,在客票有效期内并做有记载的情况下,退还客票(个人或团体)票价,卧铺费不予退还。	**第4项** 如果由于旅客或发送人个人原因变更运输合同条件,则退还按适用的运价规程计算的下列费用: 1. 如果旅客没有开始乘车并在列车出发6小时前(团体票为5天前,对立陶宛共和国和爱沙尼亚共和国的承运人为1天前)提出乘车票据以便加以记载,退还客票(个人或团体)票价和卧铺费。未遵守上述期限时,在客票有效期内并做有记载的情况下,退还客票(个人或团体)票价,卧铺费不予退还。

续上表

2022版《国际客协》	2016版《国际客协》
2. 如果旅客在某一中途站不再继续乘车，并在其所乘列车到达后3小时内提出自己的客票以便加以记载，退还未乘车里程的客票票价。 3. 如果发送人在行李或包裹装车前领回，则退还行李或包裹运费。 4. 如果退还了未乘车里程的客票票价，则退还该里程的行李运费。	2. 如果旅客在某一中途站不再继续乘车，并在其所乘列车到达后3小时内提出自己的客票以便加以记载，退还未乘车里程的客票票价。 3. 如果发送人在行李或包裹装车前领回，则退还行李或包裹运费。 4. 如果退还了未乘车里程的客票票价，则退还该里程的行李运费。
第5项 对遗失的乘车票据，已付款额不予退还。 凭用以代替丢失或损毁乘车票据的乘车票据副本退还已付款额，根据补办乘车票据的合同承运人所在国的国内法规办理。	**第5项** 对遗失的乘车票据，已付款额不予退还。
第6项 退还旅客乘车费用或行李或包裹运送费用时，可向旅客或发送人扣除同退款有关的费用，但根据本条第2项退还运送费用时除外。	**第6项** 退还旅客乘车费用或行李或包裹运送费用时，可向旅客或发送人扣除同退款有关的费用，但根据本条第2项退还运送费用时除外。
第7项 在本条第4项第1款和第3款所述情况下，在提出请求时办理已付款额的退还。 在其他情况下，根据旅客或发送人的书面申请按赔偿请求办法办理退还。	**第7项** 在本条第2项所述情况下，~~以及如果~~在~~本条规定期限内~~提出~~不乘车或不托运行李、包裹，应立即~~办理已付款额的退还。 在其他情况下，根据旅客或发送人的书面申请按赔偿请求办法办理退还。
第8项 运送费用的退还，只由合同承运人办理。	**第8项** 运送费用的退还，只由合同承运人办理。
第9项 通过互联网办理的乘车票据的退还，按承运人规定的办法办理。	**第9项** 通过~~网上支付~~办理的乘车票据的退还，按承运人规定的办法办理。

修订解读

本条规定了退还运送费用的相关要求，包括：退还运送费用的条件，因承运人过错导致变更运输合同条件、因旅客、发送人不得已原因变更运输合同条件、因旅客或发送人个人原因变更运输合同条件时退还运送费用的内容和要求，遗失乘车票据时退还运送费用的要求，以及退还运送费用的具体办理要求。

本条在2016版《国际客协》的基础上做过五次修订：

(1)在2017版《国际客协》中，对第7项修改了办理退还已付款额的条件，明确在本条第4项第1款和第3款所述情况下，在提出请求时办理已付款额的退还。

(2)在2018版《国际客协》中，对第3项简化了对旅客、发送人的不得已原因的表述。

(3)在2019版《国际客协》中，对第5项补充了凭补办的乘车票据退还已付款额的办理规定；完善了第9项关于通过互联网办理的乘车票据的表述。

(4)在2020版《国际客协》中，进一步完善了第5项表述，修改为凭用以代替丢失或损毁乘车票据的乘车票据副本退还已付款额的办理规定。

(5)在2021版《国际客协》中，对第3项明确了对旅客、发送人的不得已原因的解释，不得已原因主要包括死亡、疾病和发生不幸事故；明确了退还的乘车票据和运送票据票价是按适用的运价规程计算的。

第6章 承运人的责任

第36条 承运人责任的一般规定

条文对照

2022版《国际客协》	2016版《国际客协》
第36条 承运人责任的一般规定	**第36条 承运人责任的一般规定**
第1项 合同承运人就未履行或未适当履行自方的运输合同义务,按本协定规定的办法和范围,对旅客、发送人或领收人承担责任。	**第1项** 合同承运人就未按运输合同履行或未合理履行己方义务,按本协定规定的办法和范围,对旅客、发送人或领收人承担责任。
第2项 每个接续承运人加入运输合同并按照合同承运人与旅客、发送人所签订合同的条件承担相应义务。	**第2项** ~~根据合同承运人与旅客、发送人签订的合同中的条件,~~每个接续承运人加入运输合同并~~按运输合同~~承担相应的义务。
第3项 在下列情况下,承运人未履行或未适当履行自方义务时,不承担责任: 1. 发生承运人不能预防也无力消除的情况; 2. 因旅客、发送人或领收人行为造成损失; 3. 尽管承运人采取了各种预防措施,但仍未能避免或防止其后果的第三方行为; 4. 旅客、发送人或领收人违反在国际铁路联运乘车时应遵循的护照管理、海关、卫生、检验检疫及其他规定。	**第3项** 在下列情况下,承运人未按合同履行或未合理履行己方义务时,不承担责任: 1. 出现承运人不能预防也无力消除的情况; 2. 因旅客、发送人或领收人行为造成损失; 3. 尽管承运人采取了所有预防措施,但仍未能避免或防止其后果的第三方行为。 4. 旅客、发送人或领收人违反在国际铁路联运乘车时应遵循的护照管理、海关、卫生、检疫及其他规章。

续上表

2022 版《国际客协》	2016 版《国际客协》
第 4 项 承运人可相互缔结单独的双边或多边协议,用以规定因耽误换乘或取消列车及直通车厢时对旅客承担的责任。	

修订解读

本条规定了承运人责任的一般规定,包括:合同承运人未履行运输合同义务时承担的责任,接续承运人承担的义务,承运人未履行自方义务的免责情况,以及承运人之间缔结双边或多边协议用以规定责任的要求。

本条在 2016 版《国际客协》的基础上做过一次修订:

在 2021 版《国际客协》中,补充了新的第 4 项,规定承运人之间可缔结单独的双边或多边协议,用以规定因耽误换乘或取消列车及直通车厢时对旅客承担的责任。

其他 3 项条文仅做了中文翻译上的修改完善,未做过条文内容上的修订。

第 37 条 承运人对旅客生命或健康遭受损害的责任

条文对照

2022 版《国际客协》	2016 版《国际客协》
第 37 条 承运人对旅客生命或健康遭受损害的责任	**第 37 条 承运人对旅客生命或健康遭受损害的责任**
第 1 项 承运人对旅客乘车和上下车期间生命或健康遭受的损害承担责任。	**第 1 项** 承运人在旅客乘车和上下车期间对其生命或健康所遭受的损害负责。

续上表

2022 版《国际客协》	2016 版《国际客协》
第 2 项 旅客生命或健康遭受损害的责任，由发生损害时办理运输的承运人承担。	**第 2 项** 旅客生命或健康所遭受损害的责任，由发生损害时办理运输的承运人承担。
第 3 项 如果在旅客生命或健康遭受损害时办理运送的为实际承运人，则其与合同承运人或与部分或全部委托其办理运输的接续承运人共同对旅客承担责任。	
第 4 项 对旅客生命或健康造成损害的赔偿办法和额度，由发生损害时所在国的国内法规确定。	~~**第 38 条 对旅客生命或健康遭受损害的赔偿**~~ 对旅客生命或健康造成损害的赔偿办法和额度，由发生损害时所在国的国内~~法律予以~~确定。

修订解读

本条规定了承运人对旅客生命或健康遭受损害的责任，包括各类承运人对旅客生命或健康遭受损害时承担的责任，以及关于赔偿办法和额度的规定。

本条在 2016 版《国际客协》的基础上做过两次修订：

(1)在 2019 版《国际客协》中，补充了新的第 3 项，如果在旅客生命或健康遭受损害时办理运送的为实际承运人，则其与合同承运人或与部分或全部委托其办理运输的接续承运人共同对旅客承担责任。

(2)在 2021 版《国际客协》中，将 2020 版《国际客协》第 38 条“对旅客生命或健康遭受损害的赔偿”条文内容列入本条作为新的第 4 项，并完善了表述。

此外，对第 1 项的部分表述做了中文翻译上的完善。

第 38 条 行李和包裹运到逾期的责任

条文对照

2022 版《国际客协》	2016 版《国际客协》
第 38 条 行李和包裹运到逾期的责任	**第 39 条 行李和包裹运到逾期的责任**
第 1 项 承运人就未遵守本协定第 25 条和第 32 条规定的行李和包裹运到期限，对旅客、发送人或领收人承担责任。	**第 1 项** 承运人因未遵守本协定第 25 条和第 32 条所规定的行李和包裹运到期限，对旅客、发送人或领收人承担责任。
第 2 项 对于行李和包裹的运到期限，每逾期 1 日，承运人按如下标准向发送人赔偿： 1. 行李，为运费的 5%，但赔款不得超过运费的 50%； 2. 包裹，为运费的 1.5%，但赔款不得超过运费的 30%。 行李和包裹运到逾期赔偿只限在未遵守总运到期限的情况下支付。	**第 2 项** 对于行李和包裹的运到期限，每逾期 1 日，承运人按如下标准向发送人赔偿： 1. 行李，为运费的 5%，但赔款不得超过运费的 50%； 2. 包裹，为运费的 1.5%，但赔款不得超过运费的 30%。 行李和包裹运到逾期赔偿只限在未遵守总运到期限的情况下支付。
第 3 项 如已对行李或包裹全部灭失予以赔偿，本条第 2 项规定的赔偿款不予支付。 如行李或包裹部分灭失且又运到逾期，只对行李或包裹未灭失部分支付逾期赔偿。 如行李或包裹毁损且又运到逾期，除本协定第 39 条规定的赔偿外，还应加上运到逾期赔偿。	**第 3 项** 如已对行李或包裹全部灭失予以赔偿，本条第 2 项规定的赔偿不予支付。 如行李或包裹部分灭失且又运到逾期，只对行李或包裹的未灭失部分支付逾期赔偿。 如行李或包裹毁损且又运到逾期，除本协定第 40 条规定的赔偿外，还应加上运到逾期赔偿。
第 4 项 本条第 2 项规定的赔偿总额，不得超过行李和/或包裹全部灭失时应赔偿的总额。	**第 4 项** 本条第 2 项规定的赔偿总额，不得超过行李和/或包裹全部灭失时应赔偿的总额。

续上表

2022 版《国际客协》	2016 版《国际客协》
第 5 项 如由于以下原因导致未遵守行李和/或包裹运到期限，则承运人不承担责任： 1. 暴雪、水灾、塌方和其他自然现象——期限至恢复运行时，但不得超过 30 天； 2. 发生其他不取决于承运人的、导致行车中断或延误的情况。	**第 5 项** 如由于以下原因导致未遵守行李和/或包裹运到期限，则承运人不承担责任： 1. 暴雪、水灾、塌方和其他自然现象——期限至 ~~15~~ 天； 2. 发生其他不取决于承运人的、导致行车中断或延误的情况。

修订解读

本条规定了承运人对行李和包裹运到逾期的责任，包括：对行李和包裹运到逾期赔偿的标准，对行李和包裹部分灭失或损毁且又运到逾期的赔偿要求，对赔偿总额的规定，以及承运人免责的情况。

本条在 2016 版《国际客协》的基础上做过一次修订：

在 2019 版《国际客协》中，修改了第 5 项承运人未遵守运到期限免责的情况，将第 1 款暴雪、水灾、塌方和其他自然现象情况的期限延长至恢复运行时，但不得超过 30 天。

第 39 条　行李和包裹全部或部分灭失、毁损的责任

条文对照

2022 版《国际客协》	2016 版《国际客协》
第 39 条　行李和包裹全部或部分灭失、毁损的责任	**第 40 条　行李和包裹全部或部分灭失、毁损的责任**
第 1 项 承运人对行李或包裹全部或部分灭失、毁损承担责任。	**第 1 项** 承运人对行李或包裹全部或部分灭失、毁损承担责任。

续上表

2022 版《国际客协》	2016 版《国际客协》
第 2 项 行李或包裹的全部或部分灭失、毁损,如系由于下列任何一种原因造成,则免除承运人的责任: 1. 由于运送过程参加者不能预防也无力消除的情况; 2. 由于行李或包裹的特殊自然性质,导致损坏、生锈、内部腐坏和类似后果; 3. 由于行李或包裹的容器或包装存在缺陷,而这些缺陷在承运时无法从外表发现; 4. 由于发送人用不正确、不确切或不完全的品名托运本协定第 21 条第 2 项和第 28 条第 2 项载明的禁止运送的物品。	**第 2 项** 行李或包裹的全部或部分灭失、毁损,如系由于下列任何一种原因造成,则免除承运人的责任: 1. 由于运送过程参加者不能预防也无力消除的情况; 2. 由于行李或包裹的特殊自然性质,导致损坏、生锈、内部腐坏和类似后果; 3. 由于行李或包裹的容器或包装存在缺陷,而这些缺陷在承运时无法从外表发现; 4. 由于包裹发送人用不正确、不确切或不完全的品名托运违禁品。
第 3 项 因本条第 2 项第 1、2 款所述原因造成行李或包裹灭失、腐坏或毁损,由承运人负责举证。	**第 3 项** 因本条第 2 项第 1、2 款所述原因造成行李或包裹灭失、腐坏或毁损,由承运人负责举证。
第 4 项 如根据情况判断,行李或包裹的灭失或毁损可能由本条第 2 项第 3、4 款所述原因所致,在发送人或领收人相应情况下未提出其他证据以前,即认为损失确由这些原因造成。	**第 4 项** 如根据情况判断,行李或包裹的灭失或毁损可能由本条第 2 项第 3、4 款所述原因所致,在包裹发送人或领收人相应情况下未提出其他证据以前,即认为损失确由这些原因造成。
第 5 项 对于运送中因本身自然特性发生减量的包裹,不论其运送里程的远近,承运人只对超出下列标准的减量部分负责: 1. 对在液体或潮湿状态下托运的包裹,为其重量的 2%;	**第 5 项** 对于运送中因本身自然特性发生减量的包裹,不论其运送里程的远近,承运人只对超出下列标准的减量部分负责: 1. 对在液体或潮湿状态下托运的包裹,为其重量的 2%;

续上表

2022 版《国际客协》	2016 版《国际客协》
2. 对在运送中发生减量的其他干燥性包裹,为其重量的 1%。 如发送人或领收人能够证明减量非包裹自然特性所致,则不适用上述责任范围的限制。 按一张包裹票运送数件包裹时,如承运包裹时每件重量均已注明,则容许的减量标准应按每件分别计算。 如包裹全部灭失或个别件灭失,在计算赔偿时,对于灭失件不扣除任何减量。	2. 对在运送中发生减量的其他干燥性包裹,为其重量的 1%。 如发送人或领收人能够证明减量非包裹自然特性所致,则不适用上述责任范围的限制。 按一张包裹票运送数件包裹时,如承运包裹时每件重量均已注明,则容许的减量标准应按每件分别计算。 如包裹全部灭失或个别件灭失,在计算赔偿时,对于灭失件不扣除任何减量。
第 6 项 当未声明价格的托运行李全部或部分灭失时,承运人向发送人赔偿灭失部分的实际价值,但赔偿额不超过每短少 1 千克总重按 2 瑞士法郎算出的款额。	**第 6 项** 当未声明价格的托运行李全部或部分灭失时,承运人向发送人赔偿灭失部分的实际价值,但赔偿额不超过每短少 1 千克总重按 2 瑞士法郎算出的款额。
第 7 项 当声明价格的行李或包裹灭失时,承运人应按短少的每一千克数赔偿相应部分的声明价格。	**第 7 项** 当声明价格的行李或包裹灭失时,承运人应按~~每一短少的~~千克数赔偿相应部分的声明价格。
第 8 项 如未声明价格的行李毁损,承运人应赔偿相当于行李价值减少的款额,不赔偿其他损失。	**第 8 项** 如未声明价格的行李毁损,承运人应赔偿相当于行李价值减低的款额,不赔偿其他损失。
第 9 项 声明价格的行李或包裹毁损时,承运人应按照行李或包裹价值由于毁损而降低的百分比,赔偿相应部分的声明价格。	**第 9 项** 声明价格的行李或包裹毁损时,承运人应按照行李或包裹价值由于毁损而降低的百分比,赔偿相应部分的声明价格。

续上表

2022 版《国际客协》	2016 版《国际客协》
第 10 项 本条第 8 项和第 9 项中规定的赔偿额,不应超过下列款额: 1. 因毁损致使行李或包裹全部贬值时,不应超过全部灭失时的赔偿额; 2. 因毁损致使行李或包裹仅部分贬值时,不应超过贬值部分灭失时的赔偿额。	**第 10 项** 本条第 8 项和第 9 项中规定的赔偿额,不应超过下列款额: 1. 因毁损致使行李或包裹全部贬值时,不应超过全部灭失时的赔偿额; 2. 因毁损致使行李或包裹仅部分贬值时,不应超过贬值部分灭失时的赔偿额。

修订解读

本条规定了承运人对行李和包裹全部或部分灭失、毁损的责任,包括:行李或包裹全部或部分灭失、毁损时承运人的免责情况,承运人免责情况的举证认定要求,承运人对发生减量的包裹的责任范围和赔偿标准,以及有无声明价格时的赔偿额标准。

本条在 2016 版《国际客协》的基础上做过一次修订:

在 2022 版《国际客协》中,完善了第 2 项关于行李或包裹全部或部分灭失、毁损时承运人的免责情况的表述,明确了违禁品是指本协定第 21 条第 2 项和第 28 条第 2 项载明的禁止运送的物品;对第 4 项完善了“发送人或领收人”的使用表述。

此外,对第 7 项和第 8 项的部分表述做了中文翻译上的完善。

第7章 旅客和发送人的责任

第40条 旅客和发送人对承运人和第三方造成损失的责任

条文对照

2022版《国际客协》	2016版《国际客协》
第40条 旅客和发送人对承运人和第三方造成损失的责任	**第41条 旅客和发送人的责任**
第1项 在国际铁路联运中乘车和/或运送行李、包裹时，旅客或发送人因未遵守本协定规定的义务使承运人受损，或因所运物品或动物造成损害，旅客或发送人应对此承担责任，并应补偿承运人所受的损失，其中包括对车辆经营人和(或)第三方造成的损失。	**第1项** 在国际铁路联运中乘车和/或运送行李、包裹时，旅客或发送人因未遵守本协定规定的义务使承运人受损，或因所运物品或动物造成损害，旅客或发送人应对此承担责任，并应补偿承运人所受的损失，其中包括对车辆经营人和(或)第三方的损失。
第2项 如能证明损失是由于旅客或发送人无法避免的情况造成的，且尽管旅客或发送人意识到其责任并按要求采取了所有防范措施仍未能防范其后果，可免除旅客和发送人的责任。	**第3项** 如能证明损失是由于旅客或发送人无法避免的情况造成的，且尽管旅客或发送人意识到其责任并按要求采取了所有防范措施仍未能防范其后果，可免除旅客和发送人的责任。

修订解读

本条规定了旅客和发送人对承运人和第三方造成损失的责任，包括旅客和发送人对承运人和第三方造成损失承担责任的情况和补偿损失的内容,以及旅客和发送人免责的认定要求。

本条在2016版《国际客协》的基础上做过一次修订:

在2021版《国际客协》中,将2020版《国际客协》第41条"旅客和发送人的责任"的第1项和第3项内容独立出来,形成新的第40条,并将标题修改为"旅客和发送人对承运人和第三方造成损失的责任"。

第41条 旅客无乘车票据乘车的责任

条文对照

2022版《国际客协》	2016版《国际客协》
第41条 旅客无乘车票据乘车的责任	**第41条 旅客~~和发送人~~的责任**
未出示乘车票据的旅客,对发现该乘车情形时所在国境内已乘坐的里程,应根据适用的运价向承运人支付乘车费用和罚金。 凭优惠乘车票据乘车的旅客,未同时出示有权享受优惠的证明文件,对发现该乘车情形时所在国境内已乘坐的里程,应向承运人支付与全价票款的差额和罚金。 支付乘车费用和罚金的办法,根据发现该乘车情形时所在国的国内法律确定。	~~第2项~~ 未出示乘车票据的旅客,以及凭优惠乘车票据乘车的旅客未同时出示其有权享受优惠的证明时,对发现该乘车情形时所在国境内已乘坐的里程,~~按全价票款向承运人支付乘车费用~~和罚金。 支付乘车费用和罚金的办法,根据发现该乘车情形时所在国的国内法律确定。

修订解读

本条规定了旅客无乘车票据乘车的责任,包括未出示乘车票据的旅客和未出示有权享有优惠证明的旅客应支付费用和罚金的相关规定。

本条在2016版《国际客协》的基础上做过两次修订:

(1)在2018版《国际客协》中,完善了2017版《国际客协》第41条第2项的表述,对未出示乘车票据的旅客和凭优惠乘车票据乘车但未出示有权享受优惠证明的旅客,分别规定了支付费用和罚金的要求。

(2)在2021版《国际客协》中,将2020版《国际客协》第41条“旅客和发送人的责任”的第2项内容独立出来,形成新的第41条,并将标题修改为“旅客无乘车票据乘车的责任”。

第42条 旅客和发送人遵守海关和其他规定的责任

条文对照

2022版《国际客协》	2016版《国际客协》
第42条 旅客和发送人遵守海关和其他规定的责任	第45条 海关和其他规定
在国际铁路联运运送期间,旅客、发送人和领收人必须遵守对本人及其携带品、行李和包裹方面制定的护照(包括签证)、海关和其他规定。承运人无权监督上述规定的执行情况(铁路运输方面国际协定规定的情况除外),也不对旅客、发送人和领收人不执行上述规定承担责任。	在国际铁路联运运送期间,旅客、行李或包裹的发送人和领收人必须遵守对本人及其携带品、行李和包裹方面制定的护照(包括签证)、海关和其他规定。承运人无权监督上述规定的执行情况(铁路运输方面国际协定规定的情况除外),也不对旅客、行李或包裹的发送人和领收人不执行上述规定承担责任。

修订解读

本条规定了旅客和发送人遵守海关和其他规定的责任。

本条在2016版《国际客协》的基础上做过一次修订:

在2021版《国际客协》中,将2020版《国际客协》第45条“海关和其他规定”内容调整至新的第42条,并将标题修改为“旅客和发送人遵守海关和其他规定的责任”;同时,完善了有关“发送人和领收人”的使用表述。

第8章　赔偿请求

第43条　赔偿请求

条文对照

2022版《国际客协》	2016版《国际客协》
第43条　赔偿请求	**第42条　赔偿请求**
第1项　根据运输合同提出赔偿请求的权利，属于旅客、发送人、领收人或其授权人。 如一张乘车票据或一批行李或包裹的赔偿请求款额少于与1.5瑞士法郎等值的款项，则不应提出赔偿请求。	**第1项**　根据运输合同提出赔偿请求的权利，属于旅客、发送人、领收人或其授权人。 如一张乘车票据或一批行李或包裹的赔偿请求款额少于与1.5瑞士法郎等值的款项，则不应提出赔偿请求。
第2项　旅客根据乘车票据提出的赔偿请求应向合同承运人提出。 关于旅客生命或健康遭受损害的赔偿请求，可向根据运输合同参加运送过程的任一承运人或实际承运人提出。 关于行李和包裹运送的赔偿请求向合同承运人提出，或者向交付行李和包裹的承运人提出。	**第2项**　旅客根据乘车票据提出的赔偿请求应向合同承运人提出。 关于旅客生命或健康遭受损害的赔偿请求，可根据运输合同~~向参与~~运送过程的任一承运人提出。 关于行李和包裹运送的赔偿请求向合同承运人提出，或者向交付行李和包裹的承运人提出。
第3项　只有关于旅客生命或健康遭受损害的赔偿可向实际承运人提出。	

续上表

2022 版《国际客协》	2016 版《国际客协》
第 4 项　关于退还按运输合同所付款额的赔偿请求,可由原付款人或其被授权人提出。	**第 3 项**　关于退还按运输合同所付款额的赔偿请求,可由原付款人或其~~授权人~~提出。
第 5 项　以旅客、发送人或领收人名义提出赔偿请求的权利,须有委托书为凭证。	**第 4 项**　以旅客、发送人或领收人名义提出赔偿请求的权利,须有委托书为凭证。
第 6 项　赔偿请求由附件第 2 号列载的机关审查。	**第 5 项**　赔偿请求由附件第 2 号列载的机关审查。
第 7 项　申请人提出赔偿请求时,应附加下列文件的正本,作为赔偿请求的依据: 1. 请求赔偿对旅客生命或健康造成的损害时——乘车票据和不幸事故记录,以及证明实际费用额度的文件; 2. 请求赔偿乘车费用或卧铺费时——乘车票据; 3. 请求赔偿行李或包裹运费时——行李票或包裹票; 4. 行李或包裹全部或部分灭失、毁损时——行李票或包裹票及商务记录; 5. 行李或包裹运到逾期时——行李票或包裹票; 6. 确定运送费用时运价使用不当,确定重量出错、计算有误造成多收款额时——乘车票据、行李票或包裹票。 由承运人发给旅客、发送人和领收人的文件,应附正本。	**第 6 项**　申请人提出赔偿请求时,应附加下列文件的正本,作为赔偿请求的依据: 1. 请求赔偿对旅客生命或健康造成的损害时——乘车票据和不幸事故记录,以及证明实际费用额度的文件; 2. 请求赔偿乘车费用和卧铺费时——乘车票据; 3. 请求赔偿行李或包裹运费时——行李票或包裹票; 4. 行李或包裹全部或部分灭失、毁损时——行李票或包裹票及商务记录; 5. 行李或包裹运到逾期时——行李票或包裹票; 6. 确定运送费用时运价使用不当,确定重量出错、计算有误造成多收款额——乘车票据、行李票或包裹票。 承运人发给旅客、发送人和领收人的文件,应附正本。

续上表

2022 版《国际客协》	2016 版《国际客协》
第 8 项 承运人应在自赔偿请求书提出之日(该日期以邮戳或赔偿请求书的签收日期为凭)起 180 天期限内审查赔偿请求,答复赔偿申请人,并在全部或部分承认赔偿的情况下向其支付应付的赔款。	**第 7 项** 承运人应在自赔偿请求书提出之日(该日以邮戳或赔偿请求书的签收日期为凭)起 180 天期限内审查赔偿请求,答复赔偿申请人,并在全部或部分承认赔偿的情况下向其支付应付的赔偿。
第 9 项 在全部或部分拒绝赔偿请求时,承运人应以书面形式向赔偿申请人告知拒绝赔偿请求的理由,同时退还赔偿请求书所附的文件。	**第 8 项** 在赔偿请求~~被全部或部分~~拒绝时,承运人应以书面形式向赔偿申请人告知拒绝赔偿请求的理由,同时退还赔偿请求书所附的文件。
第 10 项 如赔偿请求书违反了本条第 6 项的规定,则承运人不予审查,并应在收到赔偿请求书之日起 15 天内,将其退还赔偿申请人,并注明退还原因。承运人向赔偿申请人退还此种赔偿请求书并不表示拒绝赔偿请求。	**第 9 项** 如赔偿请求书违反了本条第 6 项的规定,则承运人不予审查,并应在收到赔偿请求书之日起 15 天内,将其退还赔偿申请人,并注明退还原因。承运人向赔偿申请人退还此种赔偿请求书并不表示拒绝赔偿请求。

修订解读

本条规定了赔偿请求的相关事项,包括:提出赔偿请求的权利,各类赔偿请求的提出人和对象,旅客提出赔偿请求的依据,承运人审查赔偿请求的要求,以及承运人拒绝赔偿请求的规定。

本条在 2016 版《国际客协》的基础上做过一次修订:

在 2019 版《国际客协》中,对第 2 项完善了关于旅客生命或健康遭受损害赔偿请求的提出对象,明确可向根据运输合同参加运送过程的任一承运人或实际承运人提出;补充了新的第 3 项,规定只有关于旅客生命或健康遭受损害的赔偿可向实际承运人提出。

此外,对第 8 项和第 9 项的部分表述做了中文翻译上的完善。

第 44 条 根据运输合同所发生的赔偿请求时效

条文对照

2022 版《国际客协》	2016 版《国际客协》
第 44 条 根据运输合同所发生的赔偿请求时效	**第 43 条 根据运输合同所发生的赔偿请求时效**
第 1 项 赔偿请求由承运人在 9 个月期限内受理，但行李或包裹运到逾期的赔偿请求除外，该赔偿请求规定在 30 日内提出。 受理造成旅客生命和健康损害情况的赔偿请求，没有时效期限。	**第 1 项** 赔偿请求由承运人在 9 个月期限内受理，但行李或包裹运到逾期的赔偿请求除外，该赔偿请求规定在 30 日内提出。 受理造成旅客生命和健康损害情况的赔偿请求，没有时效期限。
第 2 项 本条第 1 项中所述期限按下列规定计算： 1. 关于退还运送费用或多收款额的请求，自乘车票据、行李票或包裹票有效期截止后计算； 2. 关于行李或包裹毁损或部分灭失，以及运到逾期的赔偿，自行李或包裹交付之日起计算； 3. 关于行李和包裹全部灭失的赔偿，分别按照第 25 条和第 32 条算出的运到期限期满后 10 日和 20 日起计算； 4. 关于变卖行李或包裹后剩余款额的支付，自其变卖之日起计算。 时效开始日一概不计入时效期限。	**第 2 项** 本条第 1 项中所述期限按下列规定计算： 1. 关于退还运送费用或多收款额的请求，自乘车票据发售、行李票或包裹票~~填发之日起~~计算； 2. 关于行李或包裹毁损或部分灭失及运到逾期的赔偿，自行李或包裹交付之日起计算； 3. 关于行李和包裹全部灭失的赔偿，分别按照第 25 条和第 32 条算出的运到期限期满后 10 日和 20 日起计算； 4. 关于变卖行李或包裹后剩余款额的支付，自其变卖之日起计算。 时效开始日一概不计入时效期限。

修订解读

本条规定了根据运输合同所发生的赔偿请求时效，包括承运人受理赔偿请求的期限，以及各种赔偿请求时效期限的计算方法。

本条在2016版《国际客协》的基础上做过一次修订：

在2017版《国际客协》中，修改了关于退还费用或多收款额请求的时效期限计算方法，明确自乘车票据、行李票或包裹票有效期截止后计算。

第9章 附　　则

第45条　本协定办事细则

条文对照

2022版《国际客协》	2016版《国际客协》
第45条　本协定办事细则	第44条　本协定办事细则
承运人关系由国际旅客联运协定办事细则(国际客协办事细则)调节。 办事细则不能用于调整旅客、发送人和领收人(为一方)同承运人(为另一方)之间的法律关系。	承运人~~采用《国际旅客联运协定办事细则》(本协定办事细则)~~。办事细则不能用于调整旅客、包裹发送人和领收人(为一方)同承运人(为另一方)~~在法权上的相互~~关系。

修订解读

本条规定了《国际客协办事细则》的法律地位和作用。

本条在2016版《国际客协》的基础上做过两次修订:

(1)在2018版《国际客协》中,规范了对"发送人和领收人"的使用表述。

(2)在2021版《国际客协》中,明确了承运人关系由国际旅客联运协定办事细则(国际客协办事细则)调节。

第46条 本协定、办事细则的公布、修改和补充

条文对照

2022版《国际客协》	2016版《国际客协》
第46条 本协定、办事细则的公布、修改和补充	**第47条 本协定、办事细则的公布、修改和补充**
第1项 协定和办事细则及其修改和补充事项，按协定方国内法规予以公布。公布本协定、办事细则及其修改和补充事项时，应注明生效日期。修改和补充事项应在其生效15日前公布。	**第1项** 协定和办事细则及其修改和补充事项，按协定方国内法规予以公布。公布本协定、办事细则及其修改和补充事项时，应注明生效日期。修改和补充事项应在其生效15日前公布。
第2项 协定和办事细则可由协定方相互商定，进行修改或补充，其方式可以通过铁路合作组织（铁组）委员会书面商定，或在铁组有关专门委员会内通过谈判商定，然后由铁组委员会核准其决议草案。 协定和办事细则的修改应遵守下列条件： 1. 如有不少于1/3的协定方要求修改，该修改提案可予以审查； 2. 有关专门委员会拟定的修改事项先由铁组委员会核准，然后提交部长会议备案； 3. 将通过的修改和补充事项寄给协定各方后，如在2个月内未收到异议，则这些修改补充事项按照本条第4项的规定生效。	**第2项** 协定和办事细则可由协定方相互协议，进行修改或补充，其方式可以通过铁路合作组织（铁组）委员会书面商定，或在铁组有关专门委员会内通过谈判商定，然后由铁组委员会核准其决议草案。 协定和办事细则的修改应遵守下列条件： 1. 如有不少于1/3的协定方要求修改，该修改提案可予以审查； 2. 有关专门委员会拟定的修改事项先由铁组委员会核准，然后提交部长会议备案； 3. 将通过的修改和补充事项寄给协定各方后，如在2个月内未提出异议，则这些修改补充事项按照本条第4项的规定生效。

续上表

2022 版《国际客协》	2016 版《国际客协》
第 3 项 协定方关于修改和补充协定、办事细则的提案,应在各有关专门委员会召开会议 3 个月以前提交铁组委员会,并同时寄给协定各方。 铁组委员会提交专门委员会审查的提案,应在各有关专门委员会召开会议 2 个月前寄给协定方。	**第 3 项** 协定方关于修改和补充协定、办事细则的提案,应在各有关专门委员会召开会议 3 个月以前提交铁组委员会,并同时寄给协定各方。 提交专门委员会审查的铁组委员会的提案,应在各有关专门委员会召开会议 2 个月以前寄给协定方。
第 4 项 修改和补充事项的生效日期由铁组委员会确定。	**第 4 项** 修改和补充事项的生效日期由铁组委员会确定。
第 5 项 铁组委员会在寄发关于本协定和办事细则修改和补充事项的通知时,应使此通知能在上述修改和补充事项生效的 45 日前寄到协定各方。	**第 5 项** 铁组委员会在寄发关于本协定和办事细则修改和补充事项的通知时,应使此通知能在上述修改和补充事项生效的 45 日以前寄到协定各方。
第 6 项 关于重新出版本协定和办事细则的决议,由铁组有关专门委员会通过。	**第 6 项** 关于重新出版本协定和办事细则的决议,由铁组有关专门委员会通过。

修订解读

本条规定了《国际客协》《国际客协办事细则》的公布、修改和补充的要求,包括:协定和办事细则修改和补充事项的公布程序、商定程序、提案寄送要求、生效日期、通知寄发要求和重新出版要求。

本条仅对第 2 项和第 3 项做了中文翻译上的完善,未做过条文内容上的修订。

第 47 条 铁组专门委员会会议

条文对照

2022 版《国际客协》	2016 版《国际客协》
第 47 条 铁组专门委员会会议	**第 48 条 铁组专门委员会会议**
为了解决本协定和办事细则在采用中产生的问题，对其进行修改和补充，以及商定客运车厢运行经路和时刻表，召开铁组有关专门委员会会议。各专门委员会举行会议的时间、地点和日期，由铁组委员会确定。 有关专门委员会开会前问题的准备，以及这些会议的决议和建议的施行事宜，根据《铁组委员会办事细则》办理。	为了解决本协定和办事细则在采用中产生的问题，对其进行修改和补充，以及商定客运车厢运行经路和时刻表，召开铁组有关专门委员会会议。各专门委员会举行会议的时间、地点和日期，由铁组委员会确定。 有关专门委员会开会前问题的准备，以及这些会议的决议和建议的施行事宜，根据《铁组委员会办事细则》办理。

修订解读

本条规定了召开铁组专门委员会会议的相关事项，根据《铁组委员会办事细则》办理。

本条未做过条文内容上的修订。

第 48 条 事务的掌管

条文对照

2022 版《国际客协》	2016 版《国际客协》
第 48 条 事务的掌管	**第 49 条 事务的掌管**
有关本协定和办事细则的事务管理由铁组委员会承担。铁组委员会根据《铁路合作组织章程》《铁组部长会议议事规则》和《铁组委员会办事细则》开展工作。	有关本协定、办事细则的事务管理~~和执行情况监督，~~由铁组委员会承担。铁组委员会根据《铁路合作组织章程》、《铁组部长会议议事规则》和《铁组委员会办事细则》开展工作。

修订解读

本条规定了管理《国际客协》和《国际客协办事细则》事务的事项，相关事务管理工作由铁组委员会承担。

本条在2016版《国际客协》的基础上做过一次修订：

在2021版《国际客协》中，删除了铁组委员会对本协定和办事细则的执行情况监督的职责。

第49条　协定的加入

条文对照

2022版《国际客协》	2016版《国际客协》
第49条　协定的加入	第50条　本协定的参加方
接收本协定的新参加方以及退出本协定的事宜，按《铁路合作组织章程》和《铁组委员会办事细则》规定的办法办理。	接收本协定的新参加方以及退出本协定的事宜，按《铁路合作组织章程》和《铁组委员会办事细则》规定的办法办理。

修订解读

本条规定了加入和退出《国际客协》的要求，按《铁路合作组织章程》和《铁组委员会办事细则》规定的办法办理。

本条在2016版《国际客协》的基础上做过一次修订：

在2021版《国际客协》中，将本条的标题修改为“协定的加入”。

第 50 条 本协定的语文

条文对照

2022 版《国际客协》	2016 版《国际客协》
第 50 条 本协定的语文	**第 51 条 本协定的语文**
本协定用中文和俄文写成。这些文本具有同等效力。在条文解释发生分歧时，以俄文文本为准。	本协定用中文和俄文写成。这些文本具有同等效力。在条文解释发生分歧时，以俄文本为准。

修订解读

本条规定了《国际客协》的语言，中文和俄文文本具有同等效力，在条文解释发生分歧时以俄文文本为准。

本条未做过条文内容上的修订。

第 51 条 生 效

条文对照

2022 版《国际客协》	2016 版《国际客协》
第 51 条 生效	**第 52 条 本协定的生效**
本协定于 1951 年 11 月 1 日生效。	自 1951 年 11 月 1 日~~起施行的本协定，连同 1953 年 7 月 31 日莫斯科代表大会、1955 年 7 月 30 日柏林代表大会、1956 年 7 月 5 日埃尔富特专家会议、1957 年 5 月 25 日北京代表大会通过的修改和补充事项，以及 1959 年 1 月 14 日、1961 年 10 月 21 日、1963 年 1 月 31 日、1964 年 1 月 30 日、1965 年 11 月 4 日、1966 年 12 月 21 日、1970 年 12 月 17 日、1972 年 12 月 14 日、~~

续上表

2022 版《国际客协》	2016 版《国际客协》
本协定于1951年11月1日生效。	~~1974年10月23日、1975年9月8日、1976年9月22日、1977年6月17日、1978年10月26日、1979年12月20日、1980年10月23日、1981年6月29日、1982年5月28日、1983年9月1日、1984年9月10日、1985年9月19日、1986年9月8日、1988年10月1日、1990年7月1日、1991年7月1日、1992年9月30日、1993年12月29日、1995年1月1日、1995年12月14日、1996年11月12日、1997年11月6日、1998年11月6日、1999年12月15日、2000年11月2日、2001年10月5日、2002年10月11日、2003年10月10日、2004年10月8日2005年11月17日、2006年11月17日、2007年11月23日、2008年10月2日、2009年11月27日、2011年12月14日、2012年12月12日、2013年11月18日、2014年12月17日、2015年12月16日铁组委员会核准的修改和补充事项，自2016年5月1日起生效。~~ ~~本协定的缔结，不固定期限。~~

修订解读

本条规定了《国际旅客联运协定》的生效时间，于1951年11月1日生效。

本条在2016版《国际客协》的基础上做过五次修订：

(1)在2017、2018、2019、2020版《国际客协》中，都增加了最近一年铁组委员会核准修改和补充事项的时间，并更新生效日期。

（2）在2021版《国际客协》中，删除了关于历年通过和核准修改和补充事项时间的表述，并将协定生效时间和协定缔结期限拆分表述，仅保留协定生效时间作为新的第51条，标题修改为“生效”。

第52条 协定的有效期

条文对照

2022版《国际客协》	2016版《国际客协》
第52条 协定的有效期	**第52条 本协定的生效**
本协定的缔结不固定期限。	~~自1951年11月1日起施行的本协定，连同1953年7月31日莫斯科代表大会、1955年7月30日柏林代表大会、1956年7月5日埃尔富特专家会议、1957年5月25日北京代表大会通过的修改和补充事项，以及1959年1月14日、1961年10月21日、1963年1月31日、1964年1月30日、1965年11月4日、1966年12月21日、1970年12月17日、1972年12月14日、1974年10月23日、1975年9月8日、1976年9月22日、1977年6月17日、1978年10月26日、1979年12月20日、1980年10月23日、1981年6月29日、1982年5月28日、1983年9月1日、1984年9月10日、1985年9月19日、1986年9月8日、1988年10月1日、1990年7月1日、1991年7月1日、1992年9月30日、1993年12月29日、1995年1月1日、1995年12月14日、1996年11月12日、1997年11月6日、1998年11月6日、1999年12月15日、2000年11月2日、2001年10月5日、2002年10月11日、2003年10月10日、2004年10月8日2005年11月17日、2006年11月17日、2007年11月23日、~~

续上表

2022 版《国际客协》	2016 版《国际客协》
本协定的缔结不固定期限。	~~2008 年 10 月 2 日、2009 年 11 月 27 日、2011 年 12 月 14 日、2012 年 12 月 12 日、2013 年 11 月 18 日、2014 年 12 月 17 日、2015 年 12 月 16 日铁组委员会核准的修改和补充事项，自 2016 年 5 月 1 日起生效。~~ 本协定的缔结，不固定期限。

修订解读

本条规定了《国际客协》的有效期。本协定的缔结不固定期限。

本条在 2016 版《国际客协》的基础上做过五次修订：

(1)在 2017、2018、2019、2020 版《国际客协》中，都增加了最近一年铁组委员会核准的修改和补充事项的时间，并更新生效日期。

(2)在 2021 版《国际客协》中，删除了关于历年通过和核准的修改和补充事项时间的表述，并将协定生效时间和协定缔结期限拆分表述，仅保留协定缔结期限作为新的第 52 条，标题修改为“协定的有效期”。

附　件

（2022版《国际客协》）

附件第1号

邮政部门专运物品一览表

属于邮政部门专运的物品包括：

在阿尔巴尼亚共和国：

……………………………………。

在越南社会主义共和国：

信件、报纸和明信片。

在格鲁吉亚：

各种信件、汇款单和邮政包裹。

在哈萨克斯坦共和国：

信件、明信片、印刷品（普通的、挂号的、贵重的）、邮包、汇款单。

在中华人民共和国：

信件和具有信件性质的物品。

在朝鲜民主主义人民共和国：

信件。

在吉尔吉斯共和国：

信件、定期出版物、包裹。

在拉脱维亚共和国：

各种信件、汇款单和邮政包裹。

在立陶宛共和国：

各种信件、汇款单和邮政包裹。

在蒙古国：

明信片、信件及公务信件和除此以外的邮包、印刷品和小包，报纸和杂志。

在波兰共和国：

明信片和信件。

在俄罗斯联邦：

各种信件、汇款单和邮政包裹。

在斯洛伐克共和国：

寄给确定收信人的开口或封口信件（不论其内容如何）。

在土库曼斯坦：

各种信件、汇款单和邮政包裹。

在乌克兰：

各种信件、汇款单和邮政包裹。

在捷克共和国：

寄给确定收信人的开口或封口信件（不论其内容如何）。

在爱沙尼亚共和国：

各种信件、汇款单和邮政包裹。

修订解读

本附件列明了属于各国邮政部门专运的物品，此类物品禁止按包裹运送。本附件未做过文本内容上的修订。

附件第 2 号

审查赔偿请求的机构地址一览表

赔偿请求寄往下列机关审查:

在阿尔巴尼亚共和国:

地拉那,铁路总局。

在白俄罗斯共和国:

关于行李和包裹全部或部分灭失或损坏及行李运到逾期的赔偿,旅客乘车费用的退还:

共和国单一制企业白俄罗斯铁路“清算信息总中心”,220039,明斯克,布列斯特——立陶宛街 9 号,

传真:+375 17 225 9030

e-mail:dkcs@ dkc. mnsk. rw. by

在越南社会主义共和国:

越南社会主义共和国铁路,国际联络局。

邮政地址:越南社会主义共和国铁路

越南,河内,黎笋街 118 号,越铁国际联络和工艺局。

传真:+844 8 254 998, +844 8 248 866

在格鲁吉亚:

旅客和包裹运送的赔偿请求寄往——格鲁吉亚铁路有限责任公司旅客运输处。

格鲁吉亚,0112,第比利斯,塔马拉女皇大街 15 号。

传真:+995-32 56 47 64

在哈萨克斯坦共和国:

关于返还旅客乘车费用、返还行李和包裹运费,行李和包裹全部和部分灭失及毁损的赔偿请求:

哈萨克斯坦共和国,010000,阿斯塔纳,库纳耶娃大街6号,哈萨克斯坦铁路国有股份公司客运股份公司。

电话:+77172 600 163,600 164,

传真:+77172 600 244。

在中华人民共和国:

1. 在行李和包裹灭失、损坏或运到逾期的情况下:

旅客或包裹发送人向发送路提出赔偿请求时——发送铁路局集团有限公司;

旅客或包裹领收人向到达路提出赔偿请求时——到达铁路局集团有限公司。

2. 提出退还行李或包裹运费的赔偿请求时——核收此项费用的车站所属铁路局集团有限公司。

3. 其他国家铁路提出赔偿请求时——100844,北京,复兴路10号,中国国家铁路集团有限公司国际合作部,传真:+86 10 6398 10 65。

在朝鲜民主主义人民共和国:

平壤,中区,东安洞,铁道省国际联运清算所。

电话:+85 02 18 222(转341-8195)

在吉尔吉斯共和国:

关于行李和包裹全部或部分灭失、毁损,行李运到逾期赔偿以及关于返还旅客乘车费用——吉尔吉斯铁路国有公司(国有企业)财务处,720009,比什凯克市,列夫·托尔斯泰街83号。

在拉脱维亚共和国:

关于旅客乘车费用的退还,行李和包裹全部或部分灭失、毁损及行李运到逾期的赔偿——拉脱维亚共和国,LV—1050,里加,吉尔纳瓦街147-1号,拉脱维亚铁路拉铁Cargo公司国际旅客联运处。

传真:+371 67234635

在立陶宛共和国：

关于旅客运送以及行李和包裹运输赔偿请求的所有材料和信件——立陶宛共和国，维尔纽斯 LT-02100，盖莱辛凯尔大街 16 号，立陶宛铁路客运股份公司

电话：+370 700 55111

e-mail：passenger@ litrail. lt

在摩尔多瓦共和国：

关于旅客和包裹运送的赔偿请求应寄到：摩尔多瓦共和国，基希讷乌，2012，弗拉依库 · 彼尔凯拉勃街 48 号，摩尔多瓦铁路国家企业，客运处。

传真：+373 22 83 41 17

在蒙古国：

乌兰巴托铁路局，客运处，乌兰巴托，邮政信箱 376。

传真：976 21 244305

电话：976 21 244300

在波兰共和国：

波铁城际股份公司，清算、投诉与赔偿局，

华沙，02-305，耶路撒冷大街 142 A 号。

电话：+4822 474 2687

传真：+4822 474 2519

e-mail：reklamacje@ intercity. pl

在俄罗斯联邦：

俄罗斯联邦运输部，俄罗斯，109012，莫斯科，罗日杰斯特文卡街 1 号楼 1 幢。

关于旅客乘车费的退还，行李和包裹全部或部分灭失及毁损，行李运到逾期的赔偿——107098，莫斯科，新巴斯曼街 14 号 2 幢，俄铁股份公司国际铁路运输清算中心。

在斯洛伐克共和国：

斯洛伐克，04001 科希策，普利比通库街 2 号（办公地点为莱特纳 42 号）铁路清算所［斯铁（股份）］。

在乌克兰：

关于旅客乘车费用的退还，关于行李和包裹全部或部分灭失及毁损，行李运到逾期的赔偿——乌克兰铁路股份公司铁路运输统一清算中心，简称乌（克）铁铁路运输统一清算中心，乌克兰，03049，基辅，乌曼斯卡娅街 5 号，铁路电报：基辅 РЦП。

电话：+38044 465 11 00

传真：+38044 465 10 20

在捷克共和国：

——运输收入清算局，捷克共和国，77211，奥洛穆茨，维坚斯卡 15 号。

电话：+420 972 749 340

传真：+420 972 749 395

在爱沙尼亚共和国：

关于乘车票据的办理和返还，行李手续的办理和旅客赔偿请求的审查——15073 塔林，捷利斯基维街 60/2 号，爱沙尼亚铁路股份公司。

电话：+372 615 8610

传真：+372 615 8710

e-mail：raudtee@ evr. ee

修订解读

本附件列明了各国审查赔偿请求的机关及其地址和联系方式等信息。

本附件在 2016 版《国际客协》的基础上做过四次修订：

(1)在 2017 版《国际客协》中,更新了朝鲜民主主义人民共和国、摩尔多瓦共和国和乌克兰的审查赔偿请求的机关信息。

(2)在 2018 版《国际客协》中,更新了波兰共和国和斯洛伐克共和国的审查赔偿请求的机关信息。

(3)在 2019 版《国际客协》中,更新了中华人民共和国的审查赔偿请求的机关信息。

(4)在 2021 版《国际客协》中,更新了立陶宛共和国、蒙古国和爱沙尼亚共和国的审查赔偿请求的机关信息。

附件第 3 号

国际客协参加者办理国际联运活动受限人士乘车联系信息一览表

在白俄罗斯共和国：

www. rw. by

白俄罗斯铁路联络中心,24 小时全天候服务。

电话:(+375 222) 392547;(+375 29) 7392547;

(+375 25) 7392547;(+375 29) 5592547

e-mail:brail@ rw. by

在越南社会主义共和国：

www. vr. com. cn

电话:(+84 24) 3822 14 68; 传真: (+84 24) 3942 49 98

在地址:河内,黎笋街 118 号

在哈萨克斯共和国：

www. temirzholv. kz

电话: +7(7172) 600 162; +7(7172) 942 185; +7(7272) 961 140

e-mail:tslpkp@ mail. ru

在中华人民共和国：

www. 12306. cn

电话: +86 12306

地址:北京市海淀区复兴路 10 号

中国国家铁路集团有限公司(中铁)

在拉脱维亚共和国：

www. ldz. lv

网页板块:特别要求人群-旅客运输-活动受限人士信息

电话：+371 80001181

e-mail：uzzinas@ ldz. lv

在立陶宛共和国：

www. traukiniobilietas. lt

电话：8 700 55111

e-mail：mobilumas@ litrail. lt

在摩尔多瓦共和国：

电话：+(373) 22 83 33 33

e-mail：cfm@ railway. md

在蒙古国：

电话：(+976) 21 24 43 80；(+976) 21 24 43 99；(+976) 21 24 43 91，86 11 43 66；

e-mail：LPTS@ UBTZ. MN

乌兰巴托铁路局联络中心，全天候24时服务。

在波兰共和国：

www. intercity. pl

网站板块：残疾人及活动受限人士信息

https://www. intercity. pl/pl/site/dla-pasazera/informacje-dla-osob-z-niepelnosprawnionej-sprawnosci-ruchowej

电话：+4842 205 45 31；+4822 391 97 57

旅客服务中心(COK)

在俄罗斯联邦：

www. rzd. ru

电话：俄境内8(800) 775-00-00分机1(语音模式)免费

世界各地区+7(499) 605-20-00费用根据当地运营商资费

e-mail：info@ rzd. ru

在斯洛伐克共和国：

www. zssk. sk

电话：+42124 485 81 88

e-mail：info@ slovakrail. sk

在乌克兰：

https://www. uz. gov. ua/passengers/persons_with_disabilities/

www. uz. gov. ua

e-mail：irv-ucop@ sw. uz. gov. ua

可预订活动受限人士专用车厢。

修订解读

本附件列明了国际客协参加者办理国际联运活动受限人士乘车的联系信息。

本附件是在2021版《国际客协》中新增的附件，在第13条“活动受限人士的运送”的第1项中引用了该附件。

第二部分

《国际旅客联运协定办事细则》条文对照解读

铁 路 合 作 组 织
（铁 组）

《国际旅客联运协定办事细则》

学习指引

《国际客协办事细则》是《国际客协》参加国铁路承运人执行《国际客协》办理客运业务时的办事程序和工作方法，以及调整铁路承运人之间相互关系的准则，对办理运输的所有运送过程参加者具有约束效力。

根据铁组委员会委员 2021 年第 7 次定期会议决议通过的《国际客协办事细则》修改和补充事项，2022 版《国际客协办事细则》(包括截至 2022 年 5 月 1 日的修改和补充事项)由 13 章 42 条和 14 个附件组成，主要内容包括：

第 1 章“总则”，规定了本办事细则的适用范围。

第 2 章“乘车票据的填写及旅客乘车的办理”，规定了办理乘车票据的一般要求，用非自动方法填写规定事项印就的空白客票、空白客票、卧铺票、补加费收据、票皮、团体旅客证(乘车证)和卡片客票的具体要求，用自动方法填写空白乘车票据的要求，以及办理旅客乘车的事项。

第 3 章“国际联运车厢的乘务”，规定了车厢乘务人员的职责、要求和义务，以及乘务人员工作的组织、活动受限人士的运送组织、乘车票据的查验等工作事项要求。

第 4 章“行李运送票据的填写及行李运送的办理”，规定了行李运送票据的组成和印制填写要求，以及行李的承运、标记、运送和交付各项作业的要求。

第 5 章“包裹运送票据的填写及包裹运送的办理”，规定了包裹运送票据的组成和印制填写要求,以及包裹的承运、标记、运送和交付各项作业的要求。

第 6 章"旅客、行李或包裹运送合同条件的变更",规定了在未履行或变更旅客运输合同条件时承运人的处理办法,行李和包裹误运的处理办法,无票行李或包裹的补送办法,以及商务记录的编制要求。

第 7 章"旅客的运送,行李和包裹在国境站上的交接",规定了国境站上办理旅客的运送、行李和包裹的交接作业的办法,以及交接单编制的要求。

第 8 章"运送费用",规定了旅客、行李和包裹的运送费用的计算方法和核收办法。

第 9 章"清算",规定了各承运人之间清算的办理依据。

第 10 章"赔偿请求",规定了对承运人的赔偿请求,退还旅客运送费用的赔偿请求,退还行李和包裹运送费用的赔偿请求,以及关于旅客生命或健康损害的赔偿请求。

第 11 章"运输合同责任开始时承运人间的相互关系",规定了承运人间对已向旅客、发送人或领收人支付赔款的返还要求。

第 12 章"乘车票据和运送票据上记载的事项",规定了有关事项记载和戳记的要求。

第 13 章"承运人间的信息交换",规定了承运人间公务通信的方式和办理依据。

"附件"部分包括:《国际客协》参加国承运人代号,乘车票据和运送票据样式,自动方法办理乘车票据时规定的减成代号,服务人员乘务书样式,运行报单(卧铺使用通知书)格式说明,不同承运人车厢更换记录样式,乘车票据、行李票或包裹票最常用的记载事项一览表,行李标签样式,包裹标签样式,包裹交付阻碍通知书样式,《国际客协》商务记录样式,《国际客协》商务记录填写说明,交接单样式,以及普通记录样式。

自2016版《国际客协办事细则》出版以来，每年都有修改和补充，2022版《国际客协办事细则》在条文结构和条文内容上都做出了大规模修订。为便于读者清晰了解两个版本的结构变化、快速掌握整体修订情况，本书按照2022版《国际客协办事细则》的条文顺序，梳理出2022版与2016版《国际客协办事细则》的条文结构对照关系。

2022版《国际客协办事细则》	2016版《国际客协办事细则》
第1章　总则	
第1条　适用范围	第1条　总则
第2章　乘车票据的填写及旅客乘车的办理	
第2条　一般要求	第2条　旅客乘车、携带品和动物运送的办理。票据的填写 第1项　一般规定。
第3条　用非自动方法填写的规定事项印就的空白客票	第2条　旅客乘车、携带品和动物运送的办理。票据的填写 第2项　用非自动方法填写的补充乘车票据、卡片客票、团体旅客证、票皮。 2.1 规定事项印制的补充客票。
第4条　用非自动方法填写的空白客票	第2条　旅客乘车、携带品和动物运送的办理。票据的填写 第2项　用非自动方法填写的补充乘车票据、卡片客票、团体旅客证、票皮。 2.2 补充客票、卧铺票、补加费收据。 2.2.1

续上表

2022 版《国际客协办事细则》	2016 版《国际客协办事细则》
第 5 条　用非自动方法填写的卧铺票	第 2 条　旅客乘车、携带品和动物运送的办理。票据的填写 第 2 项　用非自动方法填写的补充乘车票据、卡片客票、团体旅客证、票皮。 2.2 补充客票、卧铺票、补加费收据。 2.2.2
第 6 条　用非自动方法填写的补加费收据	第 2 条　旅客乘车、携带品和动物运送的办理。票据的填写 第 2 项　用非自动方法填写的补充乘车票据、卡片客票、团体旅客证、票皮。 2.2 补充客票、卧铺票、补加费收据。 2.2.3
第 7 条　用非自动方法填写的票皮	第 2 条　旅客乘车、携带品和动物运送的办理。票据的填写 第 2 项　用非自动方法填写的补充乘车票据、卡片客票、团体旅客证、票皮。 2.5 票皮。
第 8 条　用非自动方法填写的团体旅客证(乘车证)	第 2 条　旅客乘车、携带品和动物运送的办理。票据的填写 第 2 项　用非自动方法填写的补充乘车票据、卡片客票、团体旅客证、票皮。 2.3 团体旅客证(乘车证)。

续上表

2022 版《国际客协办事细则》	2016 版《国际客协办事细则》
第 9 条　用非自动方法填写的卡片客票	第 2 条　旅客乘车、携带品和动物运送的办理。票据的填写 第 2 项　用非自动方法填写的补充乘车票据、卡片客票、团体旅客证、票皮。 2.4 卡片客票。
第 10 条　用自动方法填写的空白乘车票据	第 2 条　旅客乘车、携带品和动物运送的办理。票据的填写 第 3 项　用自动方法填发的补充乘车票据。
第 11 条　办理旅客乘车	第 3 条　办理乘车票据的特点
第 3 章　国际联运车厢的乘务	
第 12 条　车厢乘务人员	第 4 条　国际联运车厢的乘务
第 13 条　对乘务人员的要求	
第 14 条　乘务人员的义务	
第 15 条　乘务人员工作的组织	
第 16 条　活动受限人士的运送组织	
第 17 条　乘车票据的查验	第 5 条　乘车票据的查验
第 4 章　行李运送票据的填写及行李运送的办理	
第 18 条　运送票据	第 6 条　行李的承运
第 19 条　行李的承运	第 6 条　行李的承运
第 20 条　行李的标记	第 6 条　行李的承运 第 14 条　行李和包裹的标记

续上表

2022 版《国际客协办事细则》	2016 版《国际客协办事细则》
第 21 条　行李的运送	第 7 条　行李的运送
第 22 条　行李的交付	第 8 条　行李的交付
第 5 章　包裹运送票据的填写及包裹运送的办理	
第 23 条　运送票据	第 9 条　包裹的承运
第 24 条　包裹的承运	第 9 条　包裹的承运
第 25 条　包裹的标记	第 9 条　包裹的承运
	第 14 条　行李和包裹的标记
第 26 条　包裹的运送	第 10 条　包裹的运送
第 27 条　包裹的交付	第 11 条　包裹的交付
第 6 章　旅客、行李或包裹运送合同条件的变更	
第 28 条　在未履行或变更旅客运输合同条件时承运人的处理	第 3 条　办理乘车票据的特点
	第 4 条　国际联运车厢的乘务
第 29 条　行李和包裹误运的处理	第 12 条　行李和包裹误运的处理办法
第 30 条　无票行李或包裹的补送	第 13 条　无票行李或包裹的补送
第 31 条　商务记录	第 15 条　商务记录
第 7 章　旅客的运送，行李和包裹在国境站上的交接	
第 32 条　旅客的运送，行李和包裹在国境站上的交接	第 16 条　旅客的运送。行李和包裹在国境站上的交接
第 8 章　运送费用	
第 33 条　运送费用的计算和核收	第 17 条　旅客乘车票价以及行李和包裹运费

续上表

2022 版《国际客协办事细则》	2016 版《国际客协办事细则》
第 9 章 清算	
第 34 条 各承运人间的清算	第 18 条 各承运人间的清算
第 10 章 赔偿请求	
第 35 条 对承运人的赔偿请求	附件第 14 号 国际旅客联运旅客、行李和包裹运送赔偿请求审查规则 第 1 条 对承运人的赔偿请求
	第 20 条 赔偿请求
第 36 条 退还旅客运送费用的赔偿请求	附件第 14 号 国际旅客联运旅客、行李和包裹运送赔偿请求审查规则 第 3 条 关于退还运送费用的赔偿请求
第 37 条 退还行李和包裹运送费用的赔偿请求	附件第 14 号 国际旅客联运旅客、行李和包裹运送赔偿请求审查规则 第 2 条 对行李和包裹运送的赔偿请求
第 38 条 关于旅客生命或健康损害的赔偿请求	
第 11 章 运输合同责任开始时承运人间的相互关系	
第 39 条 承运人间已付赔款的返还要求	第 19 条 各承运人间已付赔款的返还要求
	附件第 14 号 国际旅客联运旅客、行李和包裹运送赔偿请求审查规则 第 4 条 一方承运人向另一方承运人要求返还已付赔款的权利

续上表

2022 版《国际客协办事细则》	2016 版《国际客协办事细则》
第 12 章　乘车票据和运送票据上记载的事项	
第 40 条　事项的记载	第 4 条　国际联运车厢的乘务
第 41 条　戳记	第 21 条　戳记
第 42 条　公务通信	第 22 条　公务电报的拍发和电话通讯
附件	
附件第 1 号　《国际客协》参加国承运人代号	陈件第 1 号　国际客协参加国承运人代号以及乘车票据和运送票据样式
附件第 2 号　乘车票据和运送票据样式	
附件第 3 号　自动方法办理乘车票据时规定的减成代号	附件第 2 号　自动方法办理乘车票据时规定的减成代号
附件第 4 号　服务人员乘务书样式	附件第 3 号　服务人员乘务书样式
附件第 5 号　运行报单(卧铺使用通知书)格式说明	附件第 4 号　运行报单(卧铺使用通知书)格式说明
附件第 6 号　不同承运人车厢更换记录样式	附件第 5 号　不同承运人车厢更换记录
附件第 7 号　乘车票据、行李票或包裹票最常用的记载事项一览表	附件第 6 号　旅客乘车票据、行李和包裹运送票据最常用的记载事项一览表
附件第 8 号　行李标签样式	附件第 7 号　行李标签样式
附件第 9 号　包裹标签样式	附件第 8 号　包裹标签样式

续上表

2022 版《国际客协办事细则》	2016 版《国际客协办事细则》
附件第 10 号 包裹交付阻碍通知书样式	附件第 9 号 包裹交付阻碍通知书样式
附件第 11 号 《国际客协》商务记录样式	附件第 10 号 国际客协/国际货协商务记录样式
附件第 12 号 《国际客协》商务记录填写说明	附件第 11 号 国际客协/国际货协商务记录填写说明
附件第 13 号 交接单样式	附件第 12 号 交接单样式
附件第 14 号 普通记录样式	附件第 13 号 普通记录样式

第1章 总 则

第1条 适用范围

条文对照

2022版《国际客协办事细则》	2016版《国际客协办事细则》
第1条 适用范围	**第1条** 总则
第1项 本办事细则对按照《国际旅客联运协定》(以下简称《国际客协》)办理运输的运送过程所有参加者具有约束效力,并规范《国际客协》参加国承运人之间的相互关系。	**第1项** 本办事细则对按照《国际旅客联运协定》办理运输的运送过程参加者具有约束效力,~~不用以调整旅客或包裹发送人和领收人(为一方)同承运人(为另一方)~~之间的相互关系。
第2项 本办事细则未规定的必要事项,适用《国际客协》参加国国内法律规定。	**第2项** 本办事细则未规定的必要事项,适用~~参加国际旅客联运的各承运人所在国的~~国内~~规章~~。

修订解读

本条规定了《国际客协办事细则》的适用范围,包括本办事细则的约束效力,以及未规定事项的适用规定。

本条在2016版《国际客协办事细则》的基础上做过两次修订:

(1)在2020版《国际客协办事细则》中,对第1项规范了关于“发送人和领收人”的使用表述。

(2)在2022版《国际客协办事细则》中,补充了新的第1章“总则”。补充了新的第1条“适用范围”，将2021版《国际客协办事细则》第1条“总则”列入新的第1条。在文本内容上，对第1项增加了《国际旅客联运协定》的简称表述，修改了关于本办事细则规范承运人之间相互关系的表述；对第2项明确了本办事细则未规定事项适用《国际客协》参加国国内法律规定。

第2章 乘车票据的填写及旅客乘车的办理

第2条 一般要求

条文对照

2022版《国际客协办事细则》	2016版《国际客协办事细则》
第2条 一般要求	第2条 旅客乘车、携带品和动物运送的办理。票据的填写。 第1项 一般规定。
第1项 空白的乘车票据和票皮根据国内法律用合同承运人所在国文字及英文、中文、德文或俄文之一使用印刷方式印就。 印制乘车票据时，必须遵守以下参数： ——印刷号码； ——票据名称； ——版式； ——纸张颜色； ——防伪底纹和印刷排样颜色； ——必填事项； ——各联内容一致； ——带有防伪要素：防伪底纹、水印或自动复写纸； ——国家的字母和数字代号。 《国际客协》参加国承运人的代号载于本办事细则附件第1号。	乘车票据是有权乘车的凭证，以自动方法或非自动方法填写。 乘车票据中列有供旅客、承运人及业务使用的信息，以蓝色或黑色填写。 信息应填入票据上印制的各栏，并易于辨认。 乘车票据上不得做任何记号、涂改和修改，不得有未经规定和未经各方商定的记载。 用非自动方法填写的乘车票据，在发售时应订入票皮；用自动方法填写的乘车票据是否订入票皮，由承运人决定。 订入票皮的乘车票据，应按其使用顺序排列。卧铺票和补加费收据应排在其所属客票之后。 单程乘车或往返乘车的乘车票据，可订入一个票皮内。

续上表

<table>
<tr><th>2022 版《国际客协办事细则》</th><th>2016 版《国际客协办事细则》</th></tr>
<tr><td>第 2 项 乘车票据以自动方法或非自动方法在规定形式的格式纸上或以电子方式填写。
乘车票据中填入供旅客、承运人及公务使用的信息，以蓝色或黑色填写。
信息应填入票据上印就的各栏，并易于辨认。
乘车票据上不得做任何记号、涂改和修改，不得有未经规定和未经《国际客协》各方商定的记载。
用非自动方法填写时，各项信息用圆珠笔通过复写纸或借助打印机，以拉丁字母表示的俄文填写。根据承运人之间的单独协议可以用基里尔文字填写。
发、到站名称及乘车经路应与其在适用的运价规程中所载的写法一致。
自动方法填写乘车票据时，按照国际铁路方案（IRS）办理。</td><td rowspan="3">用非自动方法填写时，各项信息使用圆珠笔~~复写~~或~~用打字机~~以拉丁字母表示的俄文填写。
发、到站名称及乘车经路应与其在适用的运价规程中所载的写法一致。
用非自动以及自动方式填写的客票上应有~~轧孔~~标记：车次、发车日期~~（日、月、年，年份可以用最后两个数字表示~~）。~~轧孔~~标记中可包含做出~~记载~~的车站名称（车站/窗口编号）。
票皮上应填写下列事项：以发售国货币表示的票价总额、售票处戳记、发售日期。
自动方法填写乘车票据时，按照~~铁组/铁盟备忘录~~办理。
乘车票据和票皮用~~发售国~~文字和中文、德文或俄文之一~~印制~~。
空白的乘车票据和票皮~~由印刷企业~~根据国内法律~~印制~~。
印制乘车票据时，必须遵守以下参数：
——印刷号码；
——票据名称；
——版式；
——纸张颜色；
——防伪底纹和印刷排样颜色；
——必填事项；
——各联内容一致；
——带有防伪要素：防伪底纹、水印或自动复写纸；
——国家的字母和数字代号。</td></tr>
<tr><td>第 3 项 用非自动以及自动方式填写的客票上应有打码标记（针式打码机或胶皮戳），标记中应包括以下信息：车次、发车日期（年、月、日）。打码标记中可包含做出标记的车站名称（车站/窗口编号）。</td></tr>
<tr><td>第 4 项 用非自动方法填写的乘车票据，在发售时应订入票皮；用自动方法填写的乘车票据是否订入票皮，由承运人决定。</td></tr>
</table>

续上表

2022 版《国际客协办事细则》	2016 版《国际客协办事细则》
订入票皮的乘车票据,应按其使用顺序排列。卧铺票和补加费收据应排在其所属客票之后。 单程乘车或往返乘车的乘车票据,可订入一个票皮内。 票皮上应填写下列事项:以发售国货币表示的票价总额、售票处戳记、发售日期。	~~国际客协参加国承运人的代号及乘车票据和运送票据的样式载于国际客协办事细则附件第 1 号。~~
第 5 项 乘车票据和运送票据样式载于本办事细则附件第 2 号。	

修订解读

本条规定了印制和填写乘车票据的一般要求,包括:空白乘车票据和票皮的印制要求,乘车票据的填写要求,客票的打码标记要求,乘车票据订入票皮的要求,以及乘车票据和运送票据的样式。

本条在 2016 版《国际客协办事细则》的基础上做过四次修订:

(1)在 2017 版《国际客协办事细则》中,将 2016 版《国际客协办事细则》第 2 条“旅客乘车、携带品和动物运送的办理。票据的填写”的标题修改为“乘车票据的办理”;修改了关于乘车票据填写方式的表述,明确乘车票据以自动方法或非自动方法在规定格式的表格上或以电子形式填写;修改了关于用非自动方法填写乘车票据使用文字的表述,补充了根据单独承运人之间的协定可以用基里尔文字填写;完善了关于客票上轧孔标记的表述,明确了轧孔标记包括针孔或胶皮戳。

(2)在 2018 版《国际客协办事细则》中,删除了关于乘车票据是有权乘车的凭证的表述;修改了关于乘车票据和票皮印制文字的表述,明确用合同承运人所在国文字和英文、中文、德文或俄文之一印制。

(3)在2020版《国际客协办事细则》中,明确了自动方法填写乘车票据的办理依据,按照国际铁路方案(IRS)办理。

(4)在2022版《国际客协办事细则》中,补充了新的第2章"乘车票据的填写及旅客乘车的办理",将2021版《国际客协办事细则》的第2条"乘车票据的办理"和第3条"办理乘车票据的一些特殊情况"列入新的第2章。补充了新的第2条"一般要求",将2021版《国际客协办事细则》的第2条第1项"一般规定"列入新的第2条。调整了原条文内容的逻辑顺序,拆分成5项内容进行表述:第1项规定了空白乘车票据和票皮的印制要求;第2项规定了乘车票据的填写要求;第3项规定了客票的打码标记;第4项规定了乘车票据订入票皮的要求;第5项规定了乘车票据和运送票据的样式。在条文内容上,再次完善了关于乘车票据和票皮印制要求的表述,明确根据国内法律用合同承运人所在国文字及英文、中文、德文或俄文之一使用印刷方式印就;修改了关于附件引用的表述,原附件第1号拆分为两个附件,《国际客协》参加国承运人的代号载于本办事细则附件第1号,乘车票据和运送票据的样式载于本办事细则附件第2号,后面条款中涉及的各类乘车票据和运送票据样式不再重复引用附件的表述。

第3条　用非自动方法填写的规定事项印就的空白客票

条文对照

2022版《国际客协办事细则》	2016版《国际客协办事细则》
第3条　用非自动方法填写的规定事项印就的空白客票	**第2条　~~旅客乘车、携带品和动物运送的办理。票据的填写~~** **第2项　用非自动方法填写的~~补充乘车票据、卡片客票、团体旅客证、票皮。~~** **2.1 规定事项印制的补充客票~~。~~**

续上表

2022 版《国际客协办事细则》	2016 版《国际客协办事细则》
第 1 项 对一名旅客乘车,使用印刷方式印就事项的空白客票,即规定事项印就的空白客票。	对一名旅客乘车,使用印刷方式印制事项的补充客票,即规定事项印制的补充客票。 规定事项印制的补充客票可按单程乘车和往返乘车分别印制。 办理往返乘车时,在票皮内订入2份补充客票。在用于往程乘车的客票上,划掉"返程"字样。在用于返程乘车的客票上,划掉"往程"字样。 填写享受减成的儿童或成人乘车用客票时,在"减成"栏内注明运价规程规定的减成数额,在"理由"栏内注明例如"儿童(REBENOK)"字样。 规定事项印制的补充客票由一联或两联(客票和存根)组成。有存根时,存根和客票的编号应相同。 规定事项印制的补充客票用浅粉色底纹特种水印白纸印制,尺寸为105毫米×148毫米。
第 2 项 规定事项印就的空白客票用浅粉色底纹特种水印白纸印制,尺寸为105毫米×148毫米。 规定事项印就的空白客票用于单程乘车和往返乘车。 办理往返乘车时,在票皮内订入2份空白客票。在用于往程乘车的客票上,划掉"返程"字样,在用于返程乘车的客票上,划掉"往程"字样。	
第 3 项 规定事项印就的空白客票由一联或两联(客票和存根)组成。有存根时,存根和客票的编号应相同。	
第 4 项 填写享受减成的儿童或成人乘车用客票时,在"减成"栏内注明运价规程规定的减成数额,在"理由"栏内注明例如"儿童(REBENOK)"字样。	

修订解读

本条规定了用非自动方法填写的规定事项印就的空白客票的相关要求,包括:规定事项印就的空白客票的释义,规定事项印就的空白客票的印就和使用要求,规定事项印就的空白客票的组成,以及享受减成客票的填写要求。

本条在2016版《国际客协办事细则》的基础上做过一次修订：

在2022版《国际客协办事细则》中，补充了新的第3条"用非自动方法填写的规定事项印就的空白客票"，将2021版《国际客协办事细则》的第2条第2项"用非自动方法填写的空白乘车票据、卡片客票、团体旅客证、票皮"的2.1"规定事项印就的空白客票"列入新的第3条。调整了原条文内容的逻辑顺序，拆分成4项内容进行表述：第1项规定了规定事项印就的空白客票的释义；第2项规定了规定事项印就的空白客票的印就和使用要求；第3项规定了规定事项印就的空白客票的组成；第4项规定了享受减成客票的填写要求。在条文内容上未做修订，仅对部分表述做了中文翻译上的完善。

第4条 用非自动方法填写的空白客票

条文对照

2022版《国际客协办事细则》	2016版《国际客协办事细则》
第4条 用非自动方法填写的空白客票	**第2条** 旅客乘车、携带品和动物运送的办理。票据的填写 **第2项 用非自动方法填写的**补充乘车票据、卡片客票、团体旅客证、票皮。 **2.2** 补充**客票**、卧铺票、补加费收据。
第1项 空白客票用浅粉色底纹特种水印白纸印制，尺寸为105毫米×148毫米。 空白客票由两联组成，即存根和客票。 在办理乘车时，存根由售票处留存，客票订入票皮。空白客票各联编号应相同。	2.2.1 填写补充客票时应填入下列事项： ——旅客人数（数字和大写）； ——发、到站名称； ——经路； ——车厢等级（不乘用的车厢等级栏，用对角叉线划销）； ——以运价货币和发售国货币表示的一名旅客的全程乘车票价和票价总额；

续上表

2022 版《国际客协办事细则》	2016 版《国际客协办事细则》
第 2 项 填写空白客票时应填入下列事项： ——旅客人数（数字和大写）； ——旅客个人信息（如乘车票据办理国的国内法律有此要求）； ——发、到站名称； ——经路； ——车厢等级（不乘用的车厢等级栏，用对角叉线划销）； ——以运价货币和发售国货币表示的一名旅客的全程乘车票价和票价总额； ——相应情况下，应注明减成数额、证明（如学生证）的号码； ——发给团体乘车旅客的团体旅客证号码。	——相应情况下，应注明减成数额、证明（如学生证）的号码； ——发给团体乘车旅客的团体旅客证号码。
第 3 项 填写儿童和有组织的团体旅客乘车用空白客票时，在“减成率”栏注明运价规程规定的减成数额，在“理由”栏内填写“儿童（REBENOK）”字样；对有组织的团体乘车，注明“团体（GRUPPA）”字样。 办理狗的运送时，在“理由”栏内注明“狗（SOBAKA）”字样。 在填写盲人陪同空白客票时，在“减成率”栏内注明减成数额，在“理由”栏内注明“陪同（PROVODNIK）”。	填写儿童和有组织的团体旅客乘车用补充客票时，在“减成率”栏注明运价规程规定的减成数额，在“理由”栏内填写“儿童（REBENOK）”字样；对有组织的团体乘车，注明“团体（GRUPPA）”字样。 办理狗的运送时，在“理由”栏内注明“狗（SOBAKA）”字样。 在填写盲人陪同补充客票时，在“减成率”栏内注明减成数额，在“理由”栏内注明“陪同（PROVODNIK）”。
第 4 项 填写单个旅客有权享受减成往返乘车用空白客票时，在“减成率”栏内注明减成数额，在“理由”栏内注明“往返”（TUDA I OBRATNO）；当每一方向均使用单独客票时，在返程客票的上部注明往程客票的号码。	填写单个旅客有权享受减成往返乘车用补充客票时，在“减成率”栏内注明减成数额，在“理由”栏内注明“往返”（TUDA I OBRATNO）；当每一方向均使用单独客票时，在返程客票的上部注明往程客票的号码。 如旅客希望在各区段乘坐不同等级的车厢，按全程乘坐最低等级车厢向其填发补充客票，乘坐较高等级车厢的票价差额，用补加费收据另行核收。 对在始发站只购买返程补充客票的旅客，填发单程乘车用的补充客票；对乘坐不同运输工具的旅客，可填发在铁路各相应区段乘车用的单独补充客票。乘车票价按每一区段单独计算。

续上表

<table>
<tr><th>2022 版《国际客协办事细则》</th><th>2016 版《国际客协办事细则》</th></tr>
<tr><td>**第 5 项** 如旅客希望在各区段乘坐不同等级的车厢,按全程乘坐最低等级车厢向其填发空白客票,乘坐较高等级车厢的票价差额,用补加费收据另行核收。
对在始发站只购买返程空白客票的旅客,填发用于单程乘车的空白客票;对乘坐不同运输工具的旅客,可分别对铁路各相应乘车区段填发空白客票。乘车票价按每一区段分别计算。
如旅客在某一区段两次乘车,则应在空白客票中将重复乘车区段的最后站名填写两次。乘车票价按实际行经的里程计算,不按客票上两次注明的地点分段计算运价。</td><td rowspan="2">如旅客在某一区段两次乘车,则应在补充客票中将重复乘车区段的最后站名填写两次。乘车票价按实际行经的里程计算,不按客票上两次注明的地点分段计算运价。
如填发的补充客票系供乘坐专列或包车使用,则应在存根和补充客票的背面记载下列事项:
乘坐专列时——“专列(SPECPOEZD)”字样及车次;
乘坐包车时——“包车(SPECVAGON)”字样及车厢等级、铺位种类及二轴、三轴、四轴车的辆数。
对乘坐专列、专用动车和包车的旅客,如随团体客票还发售了单人客票,则单人客票的号码应记入团体客票内。
补充客票由两联组成,即存根和客票。
在办理乘车时,存根由售票处留存,客票订入票皮。补充客票各联编号应相同。
补充客票用浅粉色底纹特种水印白纸印制,尺寸为 105 毫米 × 148 毫米。
~~补充客票样式附后(国际客协办事细则附件第 1 号)。~~</td></tr>
<tr><td>**第 6 项** 如填发的空白客票系供乘坐专列或包车使用,则应在存根和空白客票的背面记载下列事项:
乘坐专列时——“专列(SPECPOEZD)”字样及车次;
乘坐包车时——“包车(SPECVAGON)”字样及车厢等级、铺位种类及二轴、三轴、四轴车的辆数。
对乘坐专列、专用动车和包车的旅客,如随团体客票还发售了单人客票,则单人客票的号码应记入团体客票内。</td></tr>
</table>

修订解读

本条规定了用非自动方法填写空白客票的相关要求,包括:空白客票的印就要求和组成,空白客票的填入事项,填写儿童和团体旅客、狗、盲人陪同空白客票的要求,填写单个旅客减成往返空白客票的要求,不同旅客乘车情况下填发空白客票的要求,以及乘坐专列或包车时空白客票的填写要求。

本条在2016版《国际客协办事细则》的基础上做过一次修订:

在2022版《国际客协办事细则》中,补充了新的第4条"用非自动方法填写的空白客票",将2021版《国际客协办事细则》第2条第2项"用非自动方法填写的空白乘车票据、卡片客票、团体旅客证、票皮"的2.2"补充客票、卧铺票、补加费收据"中2.2.1内容列入新的第4条。调整了原条文内容的逻辑顺序,拆分成6项内容进行表述:第1项规定了空白客票的印就要求和组成;第2项规定了空白客票的填入事项;第3项规定了填写儿童和团体旅客、狗、盲人陪同空白客票的要求;第4项规定了填写单个旅客减成往返空白客票的要求;第5项规定了不同旅客乘车情况下填发空白客票的要求;第6项规定了乘坐专列或包车时空白客票的填写要求。在条文内容上,对空白客票的填入事项补充了旅客个人信息(如乘车票据办理国的国内法律有此要求);删除了关于空白客票样式引用附件的表述。

第5条　用非自动方法填写的卧铺票

条文对照

2022版《国际客协办事细则》	2016版《国际客协办事细则》
第5条　用非自动方法填写的卧铺票	第2条　~~旅客乘车、携带品和动物运送的办理。票据的填写~~ 第2项　用非自动方法填写的~~补充乘车票据、卡片客票、团体旅客证、票皮。~~ 2.2 ~~补充客票、~~卧铺票~~、补加费收据。~~

续上表

2022 版《国际客协办事细则》	2016 版《国际客协办事细则》
第 1 项 卧铺票尺寸为 105 毫米 × 148 毫米，由三联组成，即：白纸印制的卧铺票存根、用带浅绿色底纹特种水印白纸印制的卧铺票、用带浅绿色底纹而不带水印白纸印制的卧铺票收据。 越、中、摩、朝四国印制的卧铺票由两联组成，即卧铺票存根和卧铺票。 在办理乘车时，存根由售票处留存，卧铺票和收据（规定使用收据时）订入票皮。 卧铺票各联应具有相同号码。	2.2.2 在填写卧铺票时应填入下列事项： ——旅客人数（数字和大写）； ——卧铺票所属的客票号； ——发车日期和时间（例如，2009 年 3 月 12 日，17:03）； ——旅客乘坐同一车厢且不换乘的发、到站名称； ——车次； ——车厢号（例如，07）； ——铺位号（例如，098）； ——车厢等级和铺位种类，例如： 2/0——开放式座卧车（无包房）或硬卧车； 2/4——2 等卧车，4 人包房； 2/3——2 等卧车，3 人包房； 2/2——2 等卧车，2 人包房； BC4——2 等座卧车，4 人包房； BC6——2 等座卧车，6 人包房； 1/4——1 等卧车，4 人包房； 1/2——1 等卧车，2 人包房； 1/1——1 等卧车，1 人包房； 2/C——2 等座席车； 1/C——1 等座席车； 2/S，B——2 等座席车； 2/S，A——1 等座席车。 在卧铺票上可注明“返程”字样。 “特别记载”栏根据国内规章填写（如有该栏），或例如凭铁组公用乘车证乘车，应填写“铁组公用乘车证（SLUZHEBNYI BILET OSZD）”。
第 2 项 在填写卧铺票时应填入下列事项： ——旅客人数（数字和大写）； ——卧铺票所属的空白客票号； ——发车日期和时间（例如，2009 年 3 月 12 日，17:03）； ——旅客乘坐同一车厢且不换乘的发、到站名称； ——车次； ——车厢号（例如，07）； ——铺位号（例如，098）； ——车厢等级和铺位种类，例如， 2/0——开放式座卧车（无包房）或硬卧车； 2/4——2 等卧车，4 人包房； 2/3——2 等卧车，3 人包房； 2/2——2 等卧车，2 人包房； BC4——2 等座卧车，4 人包房；	

续上表

2022 版《国际客协办事细则》	2016 版《国际客协办事细则》
BC6——2 等座卧车,6 人包房; 1/4——1 等卧车,4 人包房; 1/2——1 等卧车,2 人包房; 1/1——1 等卧车,1 人包房; 2/C——2 等座席车; 1/C——1 等座席车; 2/S, B——2 等座席车; 1/S, A——1 等座席车。 在卧铺票上可注明"返程"字样。 "特别记载"栏根据国内法律填写(如有该栏),例如,凭铁组公用乘车证乘车,应填写"铁组公用乘车证(SLUZHEBNYI BILET OSZD)"。	对团体旅客,一张卧铺票只能发售给同一车厢的旅客。 卧铺票尺寸为 105 毫米 × 148 毫米,由三联组成,即:卧铺票存根、用带浅绿色底纹特种水印白纸印制的卧铺票、用带浅绿色底纹而不带水印白纸印制的卧铺票收据。 越、中、朝三路印制的卧铺票由两联组成,即卧铺票存根和卧铺票。 在办理乘车时,存根由售票处留存,卧铺票和收据(规定使用收据时)订入票皮。 补充卧铺票各联应具有相同号码。 ~~补充卧铺票样式附后(国际客协办事细则附件第 1 号)。~~
第 3 项 对团体旅客,一张卧铺票只能发售给同一车厢的旅客。	

修订解读

本条规定了用非自动方法填写的卧铺票的相关要求,包括:卧铺票的组成及其印制要求,卧铺票的填入事项,以及对团体旅客发售卧铺票的规定。

本条在 2016 版《国际客协办事细则》的基础上做过三次修订:

(1)在 2019 版《国际客协办事细则》中,规范了关于卧铺票的表述,将"补充卧铺票"修改为"卧铺票"。

(2)在 2020 版《国际客协办事细则》中,完善了关于卧铺票存根的印制规定,明确是白纸印制的卧铺票存根;对卧铺票由两联组成的铁路补充了摩尔多瓦铁路。

(3)在 2022 版《国际客协办事细则》中,补充了新的第 5 条“用非自动方法填写的卧铺票”,将 2021 版《国际客协办事细则》的第 2 条第 2 项“用非自动方法填写的空白乘车票据、卡片客票、团体旅客证、票皮”的 2.2“补充客票、卧铺票、补加费收据”中 2.2.2 内容列入新的第 5 条。调整了原条文内容的逻辑顺序,拆分成 3 项内容进行表述:第 1 项规定了卧铺票的组成及其印制要求;第 2 项规定了卧铺票的填入事项;第 3 项规定了对团体旅客发售卧铺票的要求。在条文内容上,删除了关于卧铺票样式引用附件的表述。

第 6 条 用非自动方法填写的补加费收据

条文对照

2022 版《国际客协办事细则》	2016 版《国际客协办事细则》
第 6 条 用非自动方法填写的补加费收据	**第 2 条** ~~旅客乘车、携带品和动物运送的办理。票据的填写~~ **第 2 项 用非自动方法填写的**~~补充乘车票据、卡片客票、团体旅客证、票皮。~~ **2.2** ~~补充客票、卧铺票、~~**补加费收据**~~。~~
第 1 项 补加费收据尺寸为105 毫米×148 毫米,由两联组成:白纸印制的存根和用带浅蓝色防伪底纹特种水印白纸印制的补加费收据。 补加费收据的各联应具有相同号码。 在办理补加费收据时,存根由填发补加费收据的发售处留存,补加费收据订入票皮。	2.2.3 在支付客票票价差额和其他运送费用及支付卧铺费差额时,填发补加费收据。 补加费收据按每一乘车方向分别填发。使用往返客票时,补加费收据按每一乘车方向分别填发。在“属于第__号客票”栏内填写客票号码和代号“TO”。

续上表

<table>
<tr><th>2022 版《国际客协办事细则》</th><th>2016 版《国际客协办事细则》</th></tr>
<tr><td>**第 2 项** 在支付客票票价差额和其他运送费用及支付卧铺费差额时，填发补加费收据。
补加费收据按每一乘车方向分别填发。使用往返客票时，补加费收据按每一乘车方向分别填发。在“属于第___号客票”栏内填写客票号码和代号“TO”。
在支付卧铺费差额的补加费收据内，应记载变更内容，即旅客由何等级何种类车厢更换至何等级何种类车厢。</td><td rowspan="4">在支付卧铺费差额的补加费收据内，应记载变更内容，即旅客由何等级何种类车厢更换至何等级何种类车厢。
在办理专列中挂运行李车、餐车运送手续时，应在补加费收据的空栏内填写车辆数和轴数；办理卧车空车走行费时，应在补加费收据的空栏内填写车/公里数。
在办理狗的运送手续时，应在空栏内填写“狗（SOBAKA）”字样。
补加费收据不用的各栏，沿对角叉线划销。
补加费收据尺寸为 105 毫米 × 148 毫米，由两联组成：白纸印制的存根和用带浅蓝色防伪底纹特种水印白纸印制的补加费收据。
补加费收据的各联应具有相同号码。
在办理补加费收据时，存根由填发补加费收据的发售处留存，补加费收据订入票皮。
~~补加费收据样式附后（国际客协办事细则附件第 1 号）。~~</td></tr>
<tr><td>**第 3 项** 在办理专列中挂运行李车、餐车运送手续时，应在补加费收据的空栏内填写车辆数和轴数；办理卧车空车走行费时，应在补加费收据的空栏内填写车/公里数。</td></tr>
<tr><td>**第 4 项** 在办理狗的运送手续时，应在空栏内填写“狗（SOBAKA）”字样。</td></tr>
<tr><td>**第 5 项** 补加费收据不用的各栏，沿对角叉线划销。</td></tr>
</table>

修订解读

本条规定了用非自动方法填写的补加费收据的相关要求，包括：补加费收据的组成及其印制要求，补加费收据的填发要求，办理专列中挂运行李车、餐车运送手续和卧车空车走行费时补加费收据的填写要求,办理狗的运送时补加费收据的填写要求,以及补加费收据不用的各栏的处理要求。

本条在 2016 版《国际客协办事细则》的基础上做过一次修订:

在 2022 版《国际客协办事细则》中,补充了新的第 6 条“用非自动方法填写的补加费收据”,将 2021 版《国际客协办事细则》的第 2 条第 2 项“用非自动方法填写的空白乘车票据、卡片客票、团体旅客证、票皮”的 2.2“补充客票、卧铺票、补加费收据”中 2.2.3 内容列入新的第 6 条。调整了原条文内容的逻辑顺序,拆分成 5 项内容进行表述:第 1 项规定了补加费收据的组成及其印制要求;第 2 项规定了补加费收据的填发要求;第 3 项规定了办理专列中挂运行李车、餐车运送手续和卧车空车走行费时补加费收据的填写要求;第 4 项规定了办理狗的运送时补加费收据的填写要求;第 5 项规定了补加费收据不用的各栏的处理要求。在条文内容上,删除了关于补加费收据样式引用附件的表述。

第 7 条　用非自动方法填写的票皮

条文对照

2022 版《国际客协办事细则》	2016 版《国际客协办事细则》
第 7 条　用非自动方法填写的票皮	**第 2 条**　~~旅客乘车、携带品和动物运送的办理。票据的填写~~ **第 2 项**　**用非自动方法填写的**补充~~乘车票据、卡片客票、团体旅客证、票皮。~~ **2.5 票皮**。

2022 版《国际客协办事细则》	2016 版《国际客协办事细则》
第 1 项 票皮用带或不带粉色防伪底纹的白色厚纸印制,尺寸为 296 毫米×105 毫米。	票皮用带或不带粉色防伪底纹的白色厚纸印制,尺寸为 296 毫米×105 毫米。 在票皮的封面上,注明发售承运人的全称、有效期、票价总额、加盖日期戳处。 在票皮的封二、封三和封底印有国际联运乘车条件摘要。 ~~票皮样式附后(国际客协办事细则附件第 1 号)。~~
第 2 项 在票皮的封面上,注明发售承运人的全称、有效期、票价总额、加盖日期戳处。 在票皮的封二、封三和封底印有国际联运乘车条件摘要。	

修订解读

本条规定了用非自动方法填写的票皮的相关要求,包括票皮的印制要求,以及对票皮封面、封二、封三和封底的要求。

本条在 2016 版《国际客协办事细则》的基础上做过一次修订:

在 2022 版《国际客协办事细则》中,补充了新的第 7 条"用非自动方法填写的票皮",将 2021 版《国际客协办事细则》的第 2 条第 2 项"用非自动方法填写的空白乘车票据、卡片客票、团体旅客证、票皮"的 2.5"票皮"列入新的第 7 条。原条文内容拆分成 2 项内容进行表述:第 1 项规定了票皮的印制要求;第 2 项规定了对票皮封面、封二、封三和封底的要求。在条文内容上,删除了关于票皮样式引用附件的表述。

第 8 条 用非自动方法填写的团体旅客证(乘车证)

条文对照

2022 版《国际客协办事细则》	2016 版《国际客协办事细则》
第 8 条 用非自动方法填写的团体旅客证(乘车证)	**第 2 条** 旅客乘车、携带品和动物运送的办理。票据的填写 **第 2 项 用非自动方法填写的**补充乘车票据、卡片客票、团体旅客证、票皮。 **2.3 团体旅客证(乘车证)**。
第 1 项 对于团体旅客的每个成员发放团体旅客证(乘车证)。 团体旅客证(乘车证)上注明乘车票据号码和车厢等级。	对于往返乘车的团体旅客的每个成员,发给一张团体旅客证(乘车证)。 团体旅客证(乘车证)上注明客票号码和车厢等级。在团体旅客证(乘车证)背面加盖"往返"字样戳记。 团体旅客证(乘车证)发给团体中每一名旅客(领队除外),领队乘车使用团体旅客乘车用的客票。 团体旅客证(乘车证)用白纸或纸板印制,尺寸为 31 毫米×57 毫米。 团体旅客证(乘车证)样式附后(国际客协办事细则附件第 1 号)。
第 2 项 团体旅客证(乘车证)用白纸或纸板印制,尺寸为 31 毫米×57 毫米。	

修订解读

本条规定了用非自动方法填写的团体旅客证(乘车证)的相关要求,包括团体旅客证(乘车证)的发放要求,以及团体旅客证(乘车证)的印制要求。

本条在 2016 版《国际客协办事细则》的基础上做过两次修订:

(1)在2021版《国际客协办事细则》中,完善了对团体旅客的每个成员发放团体旅客证(乘车证)的表述;删除了在团体旅客证(乘车证)背面加盖"往返"字样戳记的规定;删除了关于团体旅客证(乘车证)发给团体中每一名旅客的重复表述。

(2)在2022版《国际客协办事细则》中,补充了新的第8条"用非自动方法填写的团体旅客证(乘车证)",将2021版《国际客协办事细则》的第2条第2项"用非自动方法填写的空白乘车票据、卡片客票、团体旅客证、票皮"的2.3"团体旅客证(乘车证)"列入新的第8条。原条文内容拆分成2项内容进行表述:第1项规定了团体旅客证(乘车证)的发放要求和注明事项;第2项规定了团体旅客证(乘车证)的印制要求。在条文内容上,删除了关于团体旅客证(乘车证)样式引用附件的表述。

第9条　用非自动方法填写的卡片客票

条文对照

2022版《国际客协办事细则》	2016版《国际客协办事细则》
第9条　用非自动方法填写的卡片客票	**第2条**　~~旅客乘车、携带品和动物运送的办理。票据的填写~~ **第2项　用非自动方法填写的**~~补充乘车票据、卡片客票、团体旅客证、票皮。~~ **2.4 卡片客票**~~。~~
第1项　卡片客票用白色硬纸黑字印制,尺寸为31毫米×57毫米。二等卡片客票为褐色,一等卡片客票为绿色。	对一名旅客往返乘车或仅往程乘车,使用印刷方式印制事项~~的卡片客票,~~即规定事项~~印制的卡片客票。~~

续上表

<table>
<tr><th>2022 版《国际客协办事细则》</th><th>2016 版《国际客协办事细则》</th></tr>
<tr><td>第 2 项 对一名旅客往返乘车或仅往程乘车办理卡片客票，卡票客票使用印刷方式印就事项，即各项规定事项。
办理返程乘车时，在“往程”卡片客票的背面加盖“返程乘车，2 个月内有效”字样的戳记。</td><td rowspan="3">办理返程乘车时，在“往程”卡片客票的背面加盖“返程乘车，2 个月内有效”字样的戳记。
对成人旅客或 4 ~ 12 周岁的儿童乘车发售卡片客票。
在为 4 ~ 12 周岁的儿童办理乘车时，应顺切断线将儿童票截角剪下，留存在客票发售处。
发售卡片客票时，应用针孔机或胶皮戳打出其发售日期（年、月、日）。
卡片客票用白色硬纸黑字印制，尺寸为 31 毫米 × 57 毫米。二等卡片客票为褐色，一等卡片客票为绿色。
~~卡片客票样式附后（国际客协办事细则附件第 1 号）。~~</td></tr>
<tr><td>第 3 项 对成人旅客或 4 ~ 12 周岁的儿童乘车发售卡片客票。
在为 4 ~ 12 周岁的儿童办理乘车时，应顺切断线将儿童票截角剪下，留存在客票发售处。</td></tr>
<tr><td>第 4 项 发售卡片客票时，应用打码机或胶皮戳打出其发售日期（年、月、日）。</td></tr>
</table>

修订解读

本条规定了用非自动方法填写的卡片客票的相关要求，包括：卡片客票的印制要求，办理往返乘车卡片客票的办法，为成人或 4 ~ 12 周岁儿童发售卡片客票的办法，以及发售卡片客票的打码要求。

本条在 2016 版《国际客协办事细则》的基础上做过两次修订：

（1）在 2020 版《国际客协办事细则》中，删除了关于卡片客票样式引用附件的表述。

（2）在 2022 版《国际客协办事细则》中，补充了新的第 9 条“用非自动方法填写的卡片客票”，将 2021 版《国际客协办事细则》的第 2 条第 2 项“用非自动方法填写的空白乘车票据、卡片客票、团体旅客证、票皮”的 2.4“卡片客票”列入新的第 9 条。原条文内容拆分成 4 项内容进行表述：第 1 项规定了卡片客票的印制要求；第 2 项规定了办理往返乘车卡片客票的办法；第 3 项规定了为成人或 4～12 周岁儿童发售卡片客票的办法；第 4 项规定了发售卡片客票的打码要求。

第 10 条　用自动方法填写的空白乘车票据

条文对照

2022 版《国际客协办事细则》	2016 版《国际客协办事细则》
第 10 条　用自动方法填写的空白乘车票据	**第 2 条　旅客乘车、携带品和动物运送的办理。票据的填写** **第 3 项　用自动方法填发的补充乘车票据。**
第 1 项　为了以自动方法办理乘车，运送过程参加者应采用和印制 RCT2（Rail Combined Ticket——铁路联合客票）联合票据。 RCT2 票据用发售国文字填发。 RCT2 票据应遵循《以电子方式签发的铁路旅客客票样本》（IRS 90918-8）的规定。	3.1 一般规定。 为了以自动方法办理乘车，运送过程参加者应采用和印制 RCT2（Rail Combined Ticket——铁路联合客票）联合票据。 RCT2 票据用发售国文字填发。 RCT2 票据应遵循铁组/铁盟约 918-2 备忘录规定的办法填制。 印有栏目、行和列的 RCT2 标准样式载于国际客协办事细则附件第 1 号。
第 2 项　填写票据时，可在第 1 栏中注明下列票据名称： 1. 客票——Fahrschein； 2. 预留——Reservierung； 3. 客票 + 预留——Fahrschein + Reservierung； 4. 改乘其他等级——Klassenwechsel； 5. 变更经路——Streckenwechsel； 6. 变更承运人——Befordererwechsel； 7. 上车牌——Einteigekarte（Boarding Pass）；	3.2 填写票据时，可在第 1 栏中注明下列票据名称： 1）客票——Fahrschein； 2）预留——Reservierung； 3）改乘其他等级——Klassenwechsel； 4）变更经路——Streckenwechsel； 5）变更承运人——Befordererwechsel； 6）上车牌——Einteigekarte（Boarding Pass）； 7）团体客票——Gruppenfahrschein： ——方案 1：分别发售团体客票，附带有附加票和团体旅客证；

续上表

2022 版《国际客协办事细则》	2016 版《国际客协办事细则》
8. 团体客票——Gruppenfahrschein： ——方案 1：分别发售附带补充票和团体旅客证(乘车证)的团体客票； ——方案 2：无补充票(补充票与团体客票合为一张)，附带团体旅客证(乘车证)，对团体旅客进行抽查。	——方案 2：无附加票(附加票与团体客票合为一张)，附带有团体旅客证，对团体旅客进行抽查； ~~8)旅客获取赔偿的旅行付款凭单——Reisegutschein fur entschadigungszahlungen。~~
第 3 项 填发客票“客票——Fahrschein”时注明： 第 1 栏：客票有效期。旅客个人信息(如乘车票据办理国的国内法律有此要求)。 第 2 栏：关于旅客和乘车的事项。成人旅客人数和儿童人数，以及关于团体乘车、免费乘车和运送动物的信息。 第 3 栏：经路。发站和到站的名称，上边一行对“往程”方向，下边一行对“返程”方向。如只办理单方向乘车，则其中一行填上“*****”标记。 第 4 栏：乘车等级。在日历和钟表图案下方栏填上“*”标记。 第 5 栏：经路和承运人信息。 第 6 栏：适用的运价规程、条件、承运人。 第 7 栏：购票币种及客票票价。 第 8 栏：业务信息。	3.2.1 填发客票“客票——Fahrschein”时注明： 第 1 栏：客票有效期。注明旅客姓名(如国内规章要求)。 第 2 栏：关于旅客和乘车的事项。注明成人旅客人数和儿童人数，以及关于团体乘车、免费乘车和运送动物的信息。 第 3 栏：经路。发站和到站的名称，上边一行对“往程”方向，下边一行对“返程”方向。如只办理单方向乘车，则其中一行填上“*****”标记。 第 4 栏：乘车等级。在日历和钟表图案下方栏填上“*”标记。 第 5 栏：注明乘车经路。 第 6 栏：适用的运价规程、条件、承运人。 第 7 栏：注明币种及乘车票价。 第 8 栏：业务信息。

续上表

2022 版《国际客协办事细则》	2016 版《国际客协办事细则》
第 4 项 填发卧铺票“预留——Reservierung”时注明： 第 1 栏：旅客姓名(如国内法律对此有要求)。 第 2 栏：关于旅客的信息。 第 3 栏：发车日期和时间、到达日期和时间。 第 4 栏：乘车等级。 第 5 栏：车次、车厢号和预留席位信息。 关于车厢和席位种类的事项，即： “卧车 WLB”——2 等卧铺车厢； “卧车 WLA”——4 人或 2 人包房 1 等卧铺车厢； “座席车 A”——1 等座席车； “座席车 B”——2 等座席车； “BC”——2 等座卧车； “LUX” * ——1 等车厢商务席位； “SINGLE”——1 等卧铺车厢单人包房； “DOUBLE”——1 等卧铺车厢 2 人包房； “T4”——2 等卧铺车厢 4 人包房； “T3”——2 等卧铺车厢 3 人包房； “6T”——2 等座卧车 6 人包房； “开放式卧铺”——2 等车厢开放式卧铺； “4T”——2 等座卧车 4 人包房。 第 6 栏：适用的运价规程、条件、承运人。 第 7 栏：购票币种及卧铺票票价。 第 8 栏：业务信息。	3.2.2 填发卧铺票“预留——Reservierung”时注明： 第 2 栏：关于旅客的资料。 第 3 栏：发车日期和时间、到达日期和时间。 第 4 栏：乘车等级。 第 5 栏：车次、车厢号和预留席位信息。 关于车厢和席位种类的事项，即： “卧车 WLB”——2 等卧铺车厢； “卧车 WLA”——4 人或 2 人包房 1 等卧铺车厢； “座席车 A”——1 等座席车； “座席车 B”——2 等座席车； “BC”——2 等座卧车。 “LUX” * ——1 等车厢商务席位； “SINGLE”——1 等卧铺车厢单人包房； “DOUBLE”——1 等卧铺车厢 2 人包房； “T4”——2 等卧铺车厢 4 人包房； “T3”——2 等卧铺车厢 3 人包房； “6T”——2 等座卧车 6 人包房； “开放式卧铺”——2 等车厢开放式卧铺； “4T”——2 等座卧车 4 人包房。

* 承运人可规定该席位种类的其他标记。

续上表

2022 版《国际客协办事细则》	2016 版《国际客协办事细则》
第 5 项 填发乘车票据“客票 + 预留——Fahrschein + Reservierung”时注明: 第 1 栏:客票有效期。旅客个人信息(如乘车票据办理国的国内法律有此要求)。 第 2 栏:关于旅客和乘车的信息。成人旅客人数和儿童人数,以及关于团体乘车、免费乘车和运送动物的信息。 第 3 栏:发车日期和时间。经路(发、到站名称)。到达日期和时间。 第 4 栏:乘车等级。 第 5 栏:车次、车厢号码和预留席位信息,车厢种类和席位位置信息。 第 6 栏:适用的运价、条件和承运人。 第 7 栏:购票币种及乘车票据票价。 第 8 栏:业务信息。	
第 6 项 联合乘车票据 RCT2-标准为一联。 该票据根据《国际客约乘车票据指导手册(GTT-CIV)》的规定印制。	3.3 联合乘车票据~~RCT-2(Standard)~~为一联。 该票据根据《国际客约乘车票据指导手册(GTT-CIV)》的规定印制。 ~~联合乘车票据 RCT-2(Standard)的样式附后(国际客协办事细则附件第1号)~~。

续上表

2022 版《国际客协办事细则》	2016 版《国际客协办事细则》
第 7 项 白、哈、拉、俄各国适用的联合乘车票据 RCT2-快速尺寸为 193 毫米×86 毫米，由三联组成，即：乘车票据、检查页和售票员留存页。 每联具有各自印刷标志，底色呈渐进变化，印刷号码各不相同，水印具有固定图案，左下角印制条形码。	3.3.1 白、哈、拉、俄各路适用的联合乘车票据 RCT2-~~EXPRESS~~ 尺寸为 193 毫米×86 毫米，由三联组成，即：乘车票据、检查页、售票员留存页。 每联具有各自印刷标志，底色呈渐进变化，印刷号码各不相同，水印具有固定图案，左下角印制条形码。 ~~联合乘车票据 RCT2-EXPRESS 的样式附后（国际客协办事细则附件第 1 号）。~~
第 8 项 乌（克）铁适用的联合乘车票据 RCT2－快速 ASU PP UZ 尺寸为 193 毫米×86 毫米，由两联组成，即：乘车票据和检查页。 两联编号相同。	3.3.2 乌（克）铁适用的联合乘车票据 RCT2 ~~-EXPRESS~~ ASU PP UZ 尺寸为 193 毫米×86 毫米，由两联组成，即：乘车票据和检查页。 两联编号相同。 ~~乌（克）铁联合票据 RCT2-EXPRESS ASU PP UZ 的样式附后（国际客协办事细则附件第 1 号）。~~
第 9 项 票皮。票皮用带或不带粉色防伪底纹的白色厚纸印制，尺寸为 386 毫米×86 毫米。	3.4 票皮。 票皮用带或不带粉色防伪底纹的白色厚纸印制，尺寸为 386 毫米×86 毫米。 ~~票皮样式附后（国际客协办事细则附件第 1 号）。~~

修订解读

本条规定了用自动方法填写的空白乘车票据的要求，包括：以自动方法办理乘车时采用和印制 RCT2 联合票据的要求，填写联合票据第 1 栏时应注明的票据名称，填发“客票”时应注明的内容，填发卧铺票“预留”时应注明的内容，填发乘车票据“客票 + 预留”时应注明的内容,联合乘车票据 RCT2-标准的印制规定,联合乘车票据 RCT2-快速的印制规定,以及票皮的印制要求。

本条在 2016 版《国际客协办事细则》的基础上做过五次修订。

(1)在 2017 版《国际客协办事细则》中,对填写联合票据第 1 栏时应注明的票据名称,完善了关于"团体客票"两种方案的表述,并删除了"旅客获取赔偿的旅行付款凭单"。

(2)在 2018 版《国际客协办事细则》中,对填写联合票据第 1 栏时应注明的票据名称,补充了"客票 + 预留";同时补充了填发乘车票据"客票 + 预留"时应注明的内容。

(3)在 2019 版《国际客协办事细则》中,明确了 RCT2 票据的填制依据,应遵循铁组和铁盟联合备忘录—铁盟约 918-2 备忘录《采用防护纸办理电子乘车票据的标准—铁路联合客票(RCT2)和尺寸为信用卡大小的铁路客票(RCCST)》规定的办法填制。

(4)在 2020 版《国际客协办事细则》中,再次修改了 RCT2 票据的填制依据,应遵循 IRS 90918-8《以电子方式签发的铁路旅客客票样本》的规定;删除了关于票皮样式引用附件的表述。

(5)在 2022 版《国际客协办事细则》中,补充了新的第 10 条"用自动方法填写的空白乘车票据",将 2021 版《国际客协办事细则》的第 2 条第 3 项"用自动方法填发的空白乘车票据"列入新的第 10 条。经修改和补充后拆分成 9 项内容进行表述:第 1 项规定了以自动方法办理乘车时采用和印制 RCT2 联合票据的要求;第 2 项规定了填写联合票据第 1 栏时应注明的票据名称;第 3 项规定了填发"客票"时应注明的内容;第 4 项规定了填发卧铺票"预留"时应注明的内容;第 5 项规定了填发乘车票据"客票 + 预留"时应注明的内容;第 6 项规定了联合乘车票据 RCT2-标准的印制规定;第 7 项和第 8 项规定了联合乘车票据 RCT2-快速的印制规定;第 9 项规定了票皮的印制要求。在条文内容上,对第 3 项填发客票"客票"时应注明的内容和第 5 项填发乘车票据“客票 + 预留”时应注明的内容，完善了第 1 栏关于旅客个人信息的表述；删除了关于 RCT2-标准、RCT2-快速、RCT2-快速 ASU PP UZ 和票皮样式引用附件的表述。

此外，对部分表述做了中文翻译上的完善。

第 11 条　办理旅客乘车

条文对照

2022 版《国际客协办事细则》	2016 版《国际客协办事细则》
第 11 条　办理旅客乘车	**第 3 条**　办理乘车票据的特点
第 1 项　对于有组织的团体旅客乘车，可以发售一张乘车票据。除领队外，该团体的每一位旅客凭团体旅客乘车客票办理乘车，可为其免费发给一张单独的团体旅客证（乘车证），凭此证仅在持有为团体旅客发售的乘车票据时方可有效乘车。 如在发车地点购买用于团体乘车的往返乘车票据，则无需发给返程团体旅客证（乘车证），只需在团体旅客证（乘车证）背面加盖“往返”字样戳记，所发往程团体旅客证（乘车证）依然有效。 团体旅客证（乘车证）用以证明旅客属于持乘车票据的团体，并使旅客有权乘坐列车和出入站台。在团体旅客证（乘车证）上应注明客票号码和车厢等级。 对于团体乘车以及乘坐专列和包车的旅客，发售一张按全部团体旅客填写的乘车票据。也可发售单人乘车票据。	对于有组织的团体旅客~~（不少于 6 名成年旅客）~~乘车，可以发售一张乘车票据。除领队外，可为该团体的每一位旅客免费发给一张单独的团体旅客证（乘车证），凭此证仅在持有为团体旅客所发售的乘车票据时方可有效乘车。团体旅客证（乘车证）用以证明旅客属于持乘车票据的团体，并使旅客有权乘坐列车和出入站台。在团体旅客证（乘车证）上应注明客票号码和车厢等级。 对于团体乘车以及乘坐专列和包车的旅客，发售一张按全部团体旅客填写的乘车票据。也可发售单人乘车票据。 如团体旅客在发车地点购买往返乘车票据，则无需发给返程团体旅客证（乘车证），所发往程团体旅客证（乘车证）依然有效。 白俄罗斯共和国、越南社会主义共和国、拉脱维亚共和国、立陶宛共和国、中华人民共和国、朝鲜民主主义

续上表

2022版《国际客协办事细则》	2016版《国际客协办事细则》
第2项 4～12周岁的儿童乘车时,对1名儿童或在相应情况下数名该年龄段的儿童,发售单独的乘车票据。	人民共和国、蒙古国、俄罗斯联邦和乌克兰等国运送过程参加者,应由售票处在客票及其所属卧铺票上用针孔机或戳记标明旅客所乘列车车次和发车的年、月、日。 4～12周岁的儿童乘车时,对1名儿童或在相应情况下数名~~上述年龄~~的儿童,发售单独的乘车票据~~(国际客协办事细则附件第2号)~~。 ~~必要时,承运人或其授权人应在乘车票据上签注证明列车晚点或停运,按照因承运人过失延误旅客的时间延长乘车票据的有效期,注明乘车票据在另一经路乘坐较高等级和种类的车厢有效,同时,不核收票价差额。在这种情况下,原卧铺票免费更换为新票。~~
第3项 自动方法办理乘车票据时规定的减成代号载于本办事细则附件第3号。	
第4项 白俄罗斯共和国、越南社会主义共和国、拉脱维亚共和国、立陶宛共和国、中华人民共和国、朝鲜民主主义人民共和国、蒙古国、俄罗斯联邦和乌克兰等国运送过程参加者,应由售票处在客票及其所属卧铺票上用针式打码机或戳记标明旅客所乘列车车次和发车的年、月、日。	
第5项 为旅客提供单独包房时可发售: ——一名旅客乘坐两人或三人包房时:一张一等客票和"SINGLE"卧铺票(1/1等级); ——两名旅客乘坐三人包房时:两张一等客票和两张"DOUBLE"卧铺票(1/2等级)。	

修订解读

本条规定了办理旅客乘车的要求,包括:办理团体旅客和4～12

周岁儿童乘车时发售乘车票据的要求，自动方法办理乘车票据时规定的减成代号，在客票及其所属卧铺票上打码的要求，以及为旅客提供单独包房时发售乘车票据的要求。

本条在2016版《国际客协办事细则》的基础上做过五次修订：

(1)在2017版《国际客协办事细则》中，补充了关于自动方法办理乘车票据时规定的减成代号引用附件的表述；补充了为旅客提供单独包房时发售乘车票据的要求。

(2)在2018版《国际客协办事细则》中，将本条标题修改为"办理乘车票据的一些特殊情况"。

(3)在2019版《国际客协办事细则》中，删除了对团体旅客数量限制不少于6名成年旅客的表述。

(4)在2021版《国际客协办事细则》中，完善了关于团体旅客乘车时乘车票据和团体旅客证(乘车证)的发售办法的表述。

(5)在2022版《国际客协办事细则》中，补充了新的第11条"办理旅客乘车"，将2021版《国际客协办事细则》的第3条"办理乘车票据的一些特殊情况"列入新的第11条。调整了原条文内容的逻辑顺序，拆分成5项内容进行表述：第1项规定了团体旅客乘车时发售乘车票据的办法；第2项规定了办理4～12周岁儿童乘车时发售乘车票据的要求；第3项规定了自动方法办理乘车票据时的减成代号；第4项规定了在客票及其所属卧铺票上打码的要求；第5项规定了为旅客提供单独包房时发售乘车票据的要求。在条文内容上，删除了关于列车晚点或停运时乘车票据办理规定的表述，将其修改后列入新的第28条。

第3章 国际联运车厢的乘务

第12条 车厢乘务人员

条文对照

2022版《国际客协办事细则》	2016版《国际客协办事细则》
第12条 车厢乘务人员	**第4条 国际联运车厢的乘务**
第1项 国际联运列车的车厢乘务,由承运人或车辆经营人的乘务人员担当。	**第1项** 为国际联运提供的车厢,由车辆经营人的乘务人员担当乘务。 车厢乘务人员应通晓本职务范围内的中文、德文或俄文之一,以便向旅客说明有关乘车的事项。
第2项 车厢乘务人员在运行途中关于其权限范围外问题如何解决,应向运送过程参加者询问。	**第4项** 车厢乘务人员关于同车辆整备、医疗救护等有关的所有问题,应向运送过程参加者授权代表提出。
第3项 车厢乘务人员在执行公务时,应携带根据国内法律规定办理的公务证明、承运人或车辆经营人给一个工作人员和/或团体发放的填好的服务人员乘务书(样式见本办事细则附件第4号),服务人员乘务书中应包含列车各节车厢乘务人员,以及每节车厢的运行报单(卧铺使用通知书)(样式见本办事细则附件第5号)。 服务人员乘务书和运行报单(卧铺使用通知书)根据规定的必填项填写。除必填项外,承运人(车辆经营人)规定的其他事项可列入服务人员乘务书和运行报单(卧铺使用通知书)中。 服务人员乘务书和运行报单(卧铺使用通知书)格式纸用两种文字印制:车厢配属国文字及英文、中文、德文或俄文之一。	**第3项** 车厢乘务人员在执行公务时,应携带车辆经营人发给的乘务书(国际客协办事细则附件第3号)和贴有本人相片的身份证件。 乘务书格式纸用两种文字印制:车厢配属国文字以及中文或德文或俄文之一。 如乘务人员在执行公务期间,由于某种原因需要便乘,运送过程参加者授权代表在发站应在乘务书中注明乘务人员便乘原因。在这种情况下,车厢乘务人员有权在车辆运行的铁路上免费乘车,如车厢有空闲铺位时,也有权占用单独铺位。上述乘务书即作为免费乘车的依据。 上述规定也适用于餐车工作人员。

修订解读

本条规定了车厢乘务人员的一般要求，包括：国际联运列车的车厢乘务担当，乘务人员解决运行途中存在问题的办法，以及乘务人员执行公务时携带乘务书和运行报单的要求。

本条在2016版《国际客协办事细则》的基础上做过两次修订：

(1)在2018版《国际客协办事细则》中，对国际联运车厢乘务担当补充了承运人的乘务人员；对乘务人员应携带的乘务书的发放人补充了承运人；对乘务书格式纸的印制文字补充了英文；明确了车厢乘务人员遇到车辆整备、医疗救护等问题应向运送过程参加者提出。

(2)在2022版《国际客协办事细则》中，补充了新的第3章“国际联运车厢的乘务”，将2021版《国际客协办事细则》的第4条“国际联运车厢的乘务”和第5条“活动受限人士的运送组织”列入新的第3章。补充了新的第12条“车厢乘务人员”，将2021版《国际客协办事细则》第4条的第1项、第3项和第4项的部分内容列入新的第12条。在条文内容上，再次完善了关于国际联运车厢乘务担当的表述；完善了乘务人员在运行途中关于解决权限范围外问题的表述；完善了关于乘务人员应携带公务证明和乘务书的表述；补充了关于乘务书和运行报单引用附件的表述，以及其填写和印制要求。删除了关于乘务人员应通晓语言的表述，以及关于乘务人员便乘情况的表述，将其分别列入新的第13条和第15条。

第 13 条 对乘务人员的要求

条文对照

2022 版《国际客协办事细则》	2016 版《国际客协办事细则》
第 13 条 对乘务人员的要求	第 4 条 国际联运车厢的乘务
第 1 项 车厢乘务人员应具备相应的职业技能。对乘务人员的技能要求由承运人所在国国内法律规定。	
第 2 项 车厢乘务人员应通晓本职务范围内的英文、中文、德文或俄文之一,以便向旅客说明有关乘车的事项,以及同运送过程参加者的乘务人员交流。	第 1 项 ~~为国际联运提供的车厢,由车辆经营人的乘务人员担当乘务。~~ 车厢乘务人员应通晓本职务范围内的中文、德文或俄文之一,以便向旅客说明有关乘车的事项。
第 3 项 乘务人员(根据职责)应知晓: ——本办事细则; ——《国际客协》; ——边防和海关检查办法; ——与其公务职责有关的标准文件。	

修订解读

本条规定了对车厢乘务人员职业技能的要求,以及通晓语言和知晓法规的要求。

本条在 2016 版《国际客协办事细则》的基础上做过三次修订:

(1)在 2017 版《国际客协办事细则》中,对车厢乘务人员应通晓本职务范围内语言的目的,补充了以便同运送过程参加者的乘务人员交流。

(2)在 2018 版《国际客协办事细则》中,对车厢乘务人员应通晓本职务范围内的语言补充了英文。

(3)在2022版《国际客协办事细则》中,补充了新的第13条"对乘务人员的要求",将2021版《国际客协办事细则》第4条第1项的部分内容列入新的第13条。在条文内容上,补充了新的第1项关于乘务人员应具备职业技能的要求;补充了新的第3项关于乘务人员应知晓的法规要求。

第14条　乘务人员的义务

条文对照

2022版《国际客协办事细则》	2016版《国际客协办事细则》
第14条　乘务人员的义务	第4条　国际联运车厢的乘务
第1项　乘务人员应检查车厢里是否有为旅客提供的必要信息。 旅客乘车规则应采用车辆担当国语文及英文、中文、德文和俄文之一表示。	第6项　~~国际联运车厢内应挂有乘车守则,使用车厢配属国文字及~~中文、德文和俄文之一书写。
第2项　乘务人员应尊重各民族的民族习惯和宗教信仰。	
第3项　在执行公务时乘务人员对待所有旅客应一视同仁,态度礼貌亲切,不排斥旅客并为旅客提供必要的帮助。	
第4项　乘务人员应检查旅客是否持有乘车票据及其办理的准确性,检查其是否遵守携带品和动物的运送标准。	
第5项　乘务人员应检查凭免费(优惠)乘车票据乘车的旅客是否持有证明享有优惠的证件。	

续上表

2022 版《国际客协办事细则》	2016 版《国际客协办事细则》
第 6 项 乘务人员应保持车厢清洁，温度适宜，检查车辆生命保障系统、行车安全保障系统和消防安全保障系统的状况。	
第 7 项 乘务人员应采取有关对旅客进行急救的措施，并在必要的情况下呼叫医务人员，而当发现车辆中的旅客具有传染性疾病的迹象时，应采取措施将其与旅客隔离。	
第 8 项 乘务人员在活动受限人士乘降、放置携带品及辅助其行动的必要设备时为其提供必要的帮助。	

修订解读

本条规定了车厢乘务人员的义务，包括：检查车厢里为旅客提供的必要信息，尊重各民族习惯和宗教信仰，对待旅客态度礼貌，检查乘车票据和携带品，检查优惠证明，保持车厢环境，采取急救措施，以及为活动受限人士提供帮助。

本条在 2016 版《国际客协办事细则》的基础上做过两次修订：

(1) 在 2018 版《国际客协办事细则》中，对车厢内乘车守则的使用文字补充了英文。

(2) 在 2022 版《国际客协办事细则》中，补充了新的第 14 条“乘务人员的义务”，将 2021 版《国际客协办事细则》第 4 条第 6 项列入新的第 14 条。在条文内容上，补充了规定乘务人员应检查车厢里的必要信息，完善了关于车厢内乘车守则使用文字的表述；补充了新的第 2 ~ 8 项，分别规定了车厢乘务人员尊重各民族习惯和宗教信仰、对待旅客态度礼貌、检查乘车票据和携带品、检查优惠证明、保持车厢环境、采取急救措施、为活动受限人士提供帮助的义务。

第 15 条　乘务人员工作的组织

条文对照

2022 版《国际客协办事细则》	2016 版《国际客协办事细则》
第 15 条　乘务人员工作的组织	**第 4 条　国际联运车厢的乘务**
第 1 项　当列车在其他国家运行时，车厢乘务人员应遵守该国法律，同时应随身携带能证明其身份及有权入境位于列车运行经路上国家的证件。 **第 2 项**　担当客车、餐车、包车乘务的乘务人员，适用《国际客协》有关携带品运送标准的规定。	**第 2 项**　车厢乘务人员在他国境内乘行时，应服从该国海关、护照和货币方面的一般规定。 车厢乘务人员在运行全程应遵守国际旅客联运现行铁路规章和细则。 担当客车、餐车、专用车辆乘务的公务人员，适用《国际客协》在手提行李运送标准方面的规定。
第 3 项　车厢乘务人员在执行公务时，应根据本办事细则第 12 条第 3 项携带填好的乘务书。 如乘务人员在执行公务期间，由于某种原因需要便乘，运送过程参加者在发站应在乘务书中注明乘务人员便乘原因。在这种情况下，车厢乘务人员有权在车辆运行经路上免费乘车，如车厢有空闲席位时，也有权占用单独席位。上述乘务书即作为免费乘车的依据。 上述规定也适用于餐车工作人员。	**第 3 项**　车厢乘务人员在执行公务时，应携带车辆经营人发给的乘务书（国际客协办事细则附件第 3 号）和贴有本人相片的身份证件。 乘务书格式纸用两种文字印制：车厢配属国文字以及中文或德文或俄文之一。 如乘务人员在执行公务期间，由于某种原因需要便乘，运送过程参加者授权代表在发站应在乘务书中注明乘务人员便乘原因。在这种情况下，车厢乘务人员有权在车辆运行的铁路上免费乘车，如车厢有空闲铺位时，也有权占用单独铺位。上述乘务书即作为免费乘车的依据。 上述规定也适用于餐车工作人员。

续上表

2022 版《国际客协办事细则》	2016 版《国际客协办事细则》
第 4 项 如果承运人赋予乘务人员此项权利并且未规定该车厢内卧铺票的其他发售办法，对车内现有空闲席位，乘务人员可出售对应客票的卧铺票，以及发车前分发的供车内旅客购买的食品、饮料和其他个人用品。 乘务人员应根据所出示的乘车票据（卧铺票）在乘车期间向旅客提供卧具。	**第 5 项** 如果未规定车内卧铺票的其他发售办法，对车内空闲席位，列车员可售对应客票的卧铺票，出售发车前分发的供车内旅客购买的食品、饮料和其他个人用品。 ~~在列车途中实行自动化售票的区段，承运人可制订卧铺票的其他办理办法。~~ 列车员应根据所出示的乘车票据（卧铺票）在乘车期间向旅客提供卧具。
第 5 项 国际联运车厢运行时，车厢乘务人员的工作应接受检查机构根据《铁组成员国间国际联运旅客列车和车厢检查规则》进行的检查。	**第 11 项** 国际联运车厢运行时，车厢乘务人员的工作应接受检查人员根据《铁组成员国间国际联运旅客列车和车厢检查规则》~~（铁组约-110 备忘录）~~进行的检查。

修订解读

本条规定了乘务人员工作组织的相关要求，包括：遵守途经国家法律并携带相关证件的要求，乘务人员携带品运送标准，执行公务时携带乘务书和便乘情况的规定，出售卧铺票、商品和提供卧具的规定，以及接受机构检查的规定。

本条在 2016 版《国际客协办事细则》的基础上做过三次修订：

（1）在 2017 版《国际客协办事细则》中，完善了关于承运人赋予乘务人员出售卧铺票和商品权利的表述，并规范了“乘务人员”的使用表述。

（2）在 2018 版《国际客协办事细则》中，完善了关于乘务人员执行公务期间便乘情况的表述。

(3)在2022版《国际客协办事细则》中,补充了新的第15条“乘务人员工作的组织”,将2021版《国际客协办事细则》第4条第2项、第3项、第5项和第11项的部分内容列入新的第15条。在条文内容上,修改了关于乘务人员遵守途经国家法律和随身携带证件的表述;删除了关于乘务人员遵守现行铁路规章和细则的重复表述;完善了关于乘务人员执行公务时携带乘务书的表述;删除了关于自动化售票区段制定办理卧铺票办法的表述;完善了关于乘务人员工作接受机构检查的表述;规范了关于“乘务人员”的使用表述。删除的关于乘务书格式纸印制文字的表述,修改后列入新的第12条。

第16条　活动受限人士的运送组织

条文对照

2022版《国际客协办事细则》	2016版《国际客协办事细则》
第16条　活动受限人士的运送组织	
合同承运人通过电报或其他确认事实及获悉日期的方式向参加运送的其他承运人通知活动受限人士乘车事宜,并注明其到达日期/时间、车次、车厢、席位、姓名(如有)、以及在旅客站台、车站所需的帮助。	

修订解读

本条规定了活动受限人士的运送组织办法,主要是合同承运人向参加运送的其他承运人通知活动受限人士乘车事宜的方式和内容。

本条在2016版《国际客协办事细则》的基础上做过两次修订:

(1)在2021版《国际客协办事细则》中,补充了新的第5条"活动受限人士的运送组织",规定了合同承运人向参加运送的其他承运人通知活动受限人士乘车事宜的内容,并修改了后续条款的序号。

(2)在2022版《国际客协办事细则》中,补充了新的第15条"活动受限人士的运送组织",将2021版《国际客协办事细则》的第5条"活动受限人士的运送组织"内容列入新的第15条。在条文内容上,补充了合同承运人向参加运送的其他承运人通知活动受限人士乘车事宜的方式,明确应通过电报或其他确认事实及获悉日期的方式。

第17条 乘车票据的查验

条文对照

2022版《国际客协办事细则》	2016版《国际客协办事细则》
第17条 乘车票据的查验	**第5条 乘车票据的查验**
第1项 国际联运卧车或座卧车乘务人员按相关检查机关代表要求提出他所保有的全部乘车票据和运行报单(卧铺使用通知书)。	**第1项** 国际联运卧车或座卧车列车员应向检查机关提出他所保有的全部乘车票据和~~卧铺使用通知单(运行报单)~~。
第2项 座席车内旅客的客票不收回,在运行途中查验。	**第2项** 座席车内旅客的客票不收回,在运行途中查验。
第3项 对怀疑是否真实的乘车票据,以及被无权更改的人做了更改的乘车票据,按规定办法收回。	**第3项** 对怀疑是否真实的乘车票据,以及被无权更改的人作了更改的乘车票据,按规定办法收回。
第4项 车厢乘务人员不对旅客上车时出示的按另一国法规办理的优惠乘车票据的正确性负责。	**第4项** 车厢列车员不对旅客上车时出示的按另一国法律办理的优惠乘车票据的正确性负责。

修订解读

本条规定了查验乘车票据的办法，包括：乘务人员提出乘车票据和运行报单的要求，座席车客票的途中查验要求，收回乘车票据的规定，以及对优惠乘车票据正确性负责的规定。

本条在2016版《国际客协办事细则》的基础上做过三次修订：

(1)在2017版《国际客协办事细则》中，将"卧铺使用通知单(运行报单)"修改为"运行报单(卧铺使用通知书)"。

(2)在2018版《国际客协办事细则》中，明确了卧车或座卧车乘务人员按相关检查机关代表要求提出乘车票据和运行报单的表述。

(3)在2022版《国际客协办事细则》中，补充了新的第17条"乘车票据的查验"，将2021版《国际客协办事细则》的第6条"乘车票据的查验"列入新的第17条。在条文内容上，规范了关于"乘务人员"的使用表述。

第4章 行李运送票据的填写及行李运送的办理

第18条 运送票据

条文对照

2022版《国际客协办事细则》	2016版《国际客协办事细则》
第18条 运送票据	**第6条** 行李的承运
第1项 为办理行李运送,使用运送票据格式纸。 运送票据格式纸由要项相同的三联组成,并使用两种语文:发送国文字,以及英文、中文、德文和俄文之一印制: 行李运行报单; 行李票; 行李票存根。	
第2项 行李运行报单和行李票用浅绿色防伪底纹纸印制。行李票存根用白纸印制。行李运行报单、行李票和行李票存根按尺寸为280毫米×210毫米印制。	**第3项** 行李票应按照各栏要求用钢笔准确填写,在同国内规章不抵触的情况下,也可用圆珠笔填写。 ~~行李票和行李运行报单~~用绿色防伪底纹纸印制。行李票按~~照国际客协办事细则附件第1号中所列样式印制,~~尺寸为280毫米×210毫米。
第3项 行李票用合同承运人国文字填写。 行李票应按照各栏要求用钢笔准确填写,在同国内法律不抵触的情况下,也可用圆珠笔填写。	

续上表

2022 版《国际客协办事细则》	2016 版《国际客协办事细则》
第 4 项 运送票据上不允许有任何修改或更正。	**第 6 项** 声明行李价格时，在行李运送票据上声明价格的总额应大写，在括号内注明数字和运价货币。如按件分别声明价格，则除声明价格总金额外，还应用数字注明每件的声明价格。 行李声明价格的款额，应记入行李票。 旅客不希望声明行李价格时，应在行李票"声明价格"栏内记载："本人不声明价格"字样，并由旅客签字。 承运行李时，发站工作人员须在行李运送票据的规定位置加盖车站日期戳证明。 行李运送票据上不允许有任何修改或更正。 工作人员应在每件行李上牢固地粘贴尺寸为 100 毫米 ×80 毫米，载有下列事项的标签(作为铁路标记)： 1. "MC"字母； 2. 发站名称和发送国铁路代号； 3. 到站名称和到达国铁路代号； 4. 行李票号码； 5. 一批行李的件数。 标签按国际客协办事细则附件第 7 号的样式，用发送国文字及中文、德文和俄文之一印制。

修订解读

本条规定了行李运送票据的组成，以及印制和填写要求。

本条在 2016 版《国际客协办事细则》的基础上做过两次修订：

(1)在2020版中，将2019版《国际客协办事细则》第6条"行李的承运"的6项内容拆分成8项表述，其中关于行李运行报单、行李票和行李票存根的印制要求和关于行李标签的规定都独立成项表述，并补充了关于空白行李票的印制文字要求。

(2)在2022版《国际客协办事细则》中，补充了新的第4章"行李运送票据的填写及行李运送的办理"，将2021版《国际客协办事细则》的第7条"行李的承运"、第8条"行李的运送"、第9条"行李的交付"和第15条"行李和包裹的标记"列入新的第4章。补充了新的第18条"运送票据"，将2021版《国际客协办事细则》第7条"行李的承运"的第3项、第4项和第7项中关于行李运送票据印制和填写办法的内容列入新的第18条。经修改和补充，形成4项内容进行表述：第1项规定了行李运送票据的组成和印制文字要求；第2项规定了行李运行报单、行李票和行李票存根的印制要求；第3项规定了行李票的填写要求；第4项规定了行李运送票据不允许修改或更正。删除的关于行李声明价格的内容列入新的第19条。

第19条　行李的承运

条文对照

2022版《国际客协办事细则》	2016版《国际客协办事细则》
第19条　行李的承运	**第6条　行李的承运**
第1项　交给发送人行李票时，应在其提出的乘车票据背面加盖"行李"字样的戳记。 按发售给数名旅客乘车用的乘车票据托运行李时，在行李票的"提出客票的号码"栏内记载："客票第____号，供____人用"。	**第1项**　交给旅客行李票时，应在其提出的乘车票据背面加盖"行李"字样的戳记。 按发售给数名旅客乘车用的乘车票据托运行李时，在行李票的"提出乘车票据的号码"栏内记载："乘车票据第____号，供____人用"。

续上表

2022 版《国际客协办事细则》	2016 版《国际客协办事细则》
第 2 项 在给发送人填发行李票的同时,发站应办理行李运行报单(随同行李送至到站)和行李票存根(留存发站以便附在报告表上)。	**第 2 项** 在给旅客填写行李票的同时,发站应~~复写出~~行李运行报单(随同行李送至到站)和行李票存根(留存发站以便附在报告表上)。
第 3 项 发站接收行李的承运人必须准确地确定行李的重量、件数及其包装状态,并在运送票据格式纸上签字证明。 如承运的行李存在包装不良但在允许范围之内,或允许不加包装托运的行李在托运时带有不明显可见的损伤,承运人代表应在行李运送票据正面的规定位置对此做出记载。	**第 4 项** 发站接收行李的~~工作人员~~必须准确确定行李的重量、件数及其包装状态,并在行李运送票据上签字证明。 如承运的行李存在包装不良但在允许范围之内,或允许不加包装托运的行李在托运时带有明显可见的轻微损伤,~~负责工作人员~~应在正面的规定位置对此做出记载。
第 4 项 按行李承运自行车和其他允许无包装的物品时,在行李运送票据上须记载这些物品的特征,如男式自行车、女式自行车、儿童自行车等,如有号码,还应注明号码。	**第 5 项** 按行李承运自行车和其他允许无包装的物品时,在行李运送票据上须记载这些物品的特征,如~~:~~男式自行车、女式自行车、儿童自行车等~~等~~,如有号码,还应注明号码。
第 5 项 声明行李价格时,在运送票据格式纸上声明价格的总额应大写,在括号内注明数字和运价货币。如按件分别声明价格,则除声明价格总金额外,还应用数字注明每件的声明价格。 发送人不希望声明行李价格时,应在行李票"声明价格"栏内做发送人签字证明的记载:"本人不声明价格"字样。	**第 6 项** 声明行李价格时,在行李运送票据上声明价格的总额应大写,在括号内注明数字和运价货币。如按件分别声明价格,则除声明价格总金额外,还应用数字注明每件的声明价格。 ~~行李声明价格的款额,应记入行李票。~~ 旅客不希望声明行李价格时,应在行李票"声明价格"栏内记载:"本人不声明价格"字样~~,并由旅客签字~~。 承运行李时,发站~~工作人员~~须在行李运送票据的规定位置加盖车站日期戳证明。 ~~行李运送票据上不允许有任何修改或更正。~~
第 6 项 承运行李时,发站承运人代表须在运送票据格式纸的规定位置加盖车站日期戳证明。	

续上表

2022 版《国际客协办事细则》	2016 版《国际客协办事细则》
	~~工作人员应在每件行李上牢固地粘贴尺寸为 100 毫米×80 毫米，载有下列事项的标签（作为铁路标记）：~~ ~~1.“MC”字母；~~ ~~2. 发站名称和发送国铁路代号；~~ ~~3. 到站名称和到达国铁路代号；~~ ~~4. 行李票号码；~~ ~~5. 一批行李的件数。~~ ~~标签按国际客协办事细则附件第 7 号的样式，用发送国文字及中文、德文和俄文之一印制。~~

修订解读

本条规定了行李承运的办法，包括：给发送人填发行李运送票据的办法，发站接收行李时的要求，按行李承运自行车和其他允许无包装物品的办法，办理行李声明价格的办法，以及加盖车站日期戳的规定。

本条在 2016 版《国际客协办事细则》的基础上做过五次修订：

（1）在 2018 版《国际客协办事细则》中，规范了关于“发送人”的使用表述；规范了关于发站接收行李的“承运人”的使用表述；完善了关于发站办理行李运行报单的表述。

（2）在 2019 版《国际客协办事细则》中，明确了行李存在包装不良或带有不明显可见损伤时，承运人代表应在行李运送票据正面的规定位置对此做出记载。

（3）在 2020 版《国际客协办事细则》中，将 2019 版《国际客协办事细则》第 6 条“行李的承运”的 6 项内容拆分成 8 项表述，其中关于行李运行报单、行李票和行李票存根的印制要求和关于行李标签的规定都独立成项表述，并补充了关于空白行李票的印制文字要求。

(4)在2021版《国际客协办事细则》中,修改了行李票"提出客票的号码"栏以及栏内记载内容。

(5)在2022版《国际客协办事细则》中,补充了新的第19条"行李的承运",将2021版《国际客协办事细则》第7条"行李的承运"的第1项、第2项、第5项、第6项和第7项中部分内容列入新的第19条。经修改和删减,形成6项内容进行表述:第1项和第2项规定了给发送人填发行李运送票据的办法;第3项规定了发站接收行李时的要求;第4项规定了按行李承运自行车和其他允许无包装物品的办法;第5项规定了办理行李声明价格的办法;第6项规定了加盖车站日期戳的规定。在条文内容上,规范了"运送票据格式纸"的使用表述;删除了关于行李声明价格款额记入行李票的重复表述。删除的关于行李运送票据不允许修改或更正的内容列入新的第18条。

第20条 行李的标记

条文对照

2022版《国际客协办事细则》	2016版《国际客协办事细则》
第20条 行李的标记	第6条 行李的承运
第1项 在对交付运送的每件行李过磅后,承运人代表应在每件行李上牢固地粘贴载有下列事项的标签(作为铁路标记): 1. "MC"字母; 2. 发站名称和发送国承运人代号; 3. 到站名称和到达国承运人代号; 4. 行李票号码; 5. 经由____.(国境站); 6. 一批行李的件数。	**第6项** ~~声明行李价格时,在行李运送票据上声明价格的总额应大写,在括号内注明数字和运价货币。如按件分别声明价格,则除声明价格总金额外,还应用数字注明每件的声明价格。~~ ~~行李声明价格的款额,应记入行李票。~~ ~~旅客不希望声明行李价格时,应在行李票"声明价格"栏内记载:"本人不声明价格"字样,并由旅客签字。~~

续上表

2022 版《国际客协办事细则》	2016 版《国际客协办事细则》
第 2 项 标签按本办事细则附件第 8 号的样式按尺寸为 100 毫米 ×80 毫米制作，用发送国文字及英文、中文、德文或俄文之一印制。	承运行李时，发站工作人员须在行李运送票据的规定位置加盖车站日期戳证明。 行李运送票据上不允许有任何修改或更正。 工作人员应在每件行李上牢固地粘贴尺寸为 100 毫米 ×80 毫米，载有下列事项的标签（作为铁路标记）： 1. “MC”字母； 2. 发站名称和发送国铁路代号； 3. 到站名称和到达国铁路代号； 4. 行李票号码； 5. 一批行李的件数。 标签按国际客协办事细则附件第7号的样式，用发送国文字及中文、德文和俄文之一印制。
	第 14 条 行李和包裹的标记 **第 1 项** 在每件行李或包裹上，除应有标签或飞子外，还应在过磅后粘贴办事细则第 6、9 两条规定样式的铁路标记。 **第 2 项** 标记应用洗不掉的颜料、墨水或圆珠笔写成。

修订解读

本条规定了行李的标记办法，包括行李标签的内容，以及标签的印制要求。

本条在 2016 版《国际客协办事细则》的基础上做过四次修订。

（1）在 2017 版《国际客协办事细则》中，对行李标签的内容明确了“发站名称和发送国代号”和“到站名称和到达国代号”，补充了“经由____（国境站）”的内容。

(2)在2018版《国际客协办事细则》中,将行李标签的内容又修改回“发站名称和发送国铁路代号”和“到站名称和到达国铁路代号”;对行李标签的印制文字补充了英文。

(3)在2020版《国际客协办事细则》中,将2019版《国际客协办事细则》第6条“行李的承运”的6项内容拆分成8项表述,其中关于行李运行报单、行李票和行李票存根的印制要求和关于行李标签的规定都独立成项表述,并补充了关于空白行李票的印制文字要求。

(4)在2022版《国际客协办事细则》中,补充了新的第20条“行李的标记”,将2021版《国际客协办事细则》第7条“行李的承运”第6项中关于行李标签的内容列入新的第20条,删除第15条“行李和包裹的标记”。原条文内容拆分成2项内容进行表述:第1项规定了行李标签的内容;第2项规定了行李标签的印制要求。在条文内容上,增加了对交付运送的每件行李过磅的表述;修改了关于“铁路”的表述,再次将行李标签的内容修改为“发站名称和发送国承运人代号”和“到站名称和到达国承运人代号”;修改了关于标签样式引用附件的表述。

第21条　行李的运送

条文对照

2022版《国际客协办事细则》	2016版《国际客协办事细则》
第21条　行李的运送	**第7条　行李的运送**
第1项　行李通常应随旅客所乘列车发送。如行李在途中需换装到另一列车,应按旅客的经路用商定的列车进行接续运送。如商定的列车不办理行李运送或时间来不及换装,则行李应随最近一次办理行李运送的列车运送。	**第1项**　行李通常应随旅客所乘列车发送。如行李在途中需换装到另一列车,应按旅客的经路用商定的列车进行接续运送。如商定的列车不办理行李运送或时间来不及换装,则行李应随最近一次办理行李运送的列车运送。

续上表

2022 版《国际客协办事细则》	2016 版《国际客协办事细则》
第 2 项 行李由一列车换装到另一列车时,无需旅客参与。	**第 2 项** 行李由一列车换装到另一列车时,无需旅客参与。
第 3 项 发送国承运人及接续承运人须经由运送票据所载的国境站发送行李。	**第 3 项** 发送国承运人及接续承运人须经由运送票据内所载的国境站发送行李。
第 4 项 如行李在运送途中按照海关或其他部门的指示发生滞留,承运人应编制商务记录,同时将此情况通过电报或其他确认事实及获悉日期的方式通知行李的到站,并说明滞留原因。 如自海关和/或其他部门通知行李滞留之时起 3 个月以内未收到发送人的任何指示,则行李可根据行李所在国国内法律予以变卖。	**第 4 项** 如行李在运送途中按照海关或其他机关的指示发生滞留,承运人应编制商务记录,同时将此情况用电报通知行李的到站,并说明滞留原因。 如自海关部门通知行李滞留之时起 3 个月以内未收到旅客的任何指示,则行李可根据国内规章予以变卖。 不论行李在运送途中发生何种情况的滞留,都应在行李运行报单的背面注明滞留的时间和原因,并由发生行李滞留的车站~~工作人员签字并~~加盖车站戳记证明。
第 5 项 不论行李在运送途中发生何种情况的滞留,都应在行李运行报单的背面注明滞留的时间和原因,并由被授权人签字,以及发生行李滞留的车站加盖戳记加以证明。	
第 6 项 在行李运行报单背面"其他记载"栏,应注明承运人凭以有权延长行李运到期限的滞留原因和时间。	

修订解读

本条规定了行李的运送办法,包括:运送行李的列车要求,行李换装的办法,发送行李的国境站要求,以及行李滞留的处理办法。

本条在 2016 版《国际客协办事细则》的基础上做过五次修订:

(1)在2017版《国际客协办事细则》中,明确了承运人将行李发生滞留情况通知到站的方式,应通过电报或其他确认事实及获悉日期的方式通知到站。

(2)在2018版《国际客协办事细则》中,规范了关于行李"发送人"的使用表述。

(3)在2019版《国际客协办事细则》中,完善了关于行李滞留时行李运行报单签字和加盖戳记办法的表述。

(4)在2020版《国际客协办事细则》中,完善了关于"海关和/或其他部门"的表述;补充了行李运行报单背面"其他记载"栏的填写要求。

(5)在2022版《国际客协办事细则》中,补充了新的第21条"行李的运送",将2021版《国际客协办事细则》第8条"行李的运送"内容列入新的第21条。原条文内容拆分成6项内容进行表述:第1项规定了运送行李的列车要求;第2项明确了行李换装的办法;第3项规定了发送行李的国境站要求;第4~6项规定了行李滞留的处理办法。在条文内容上,修改了关于行李滞留3个月后可根据行李所在国国内法律予以变卖的表述。

第22条　行李的交付

条文对照

2022版《国际客协办事细则》	2016版《国际客协办事细则》
第22条　行李的交付	第8条　行李的交付
第1项　交付行李时,应将行李票上的记载事项同行李运行报单核对。	**第1项**　交付行李时,应将行李票上的记载事项同行李运行报单加以核对。

续上表

2022 版《国际客协办事细则》	2016 版《国际客协办事细则》
第 2 项 若发生行李重量超出、部分灭失、毁损或腐坏的情况，在其交付时编制商务记录。此时行李多出重量的运费不向领收人核收，应由行李过磅不正确的承运人支付。	**第 2 项** 交付行李时，如发现重量多出，应编造商务记录。但行李多出重量的运费不向领收人核收，应由行李过磅不正确的承运人支付。
第 3 项 行李的到达和交付，由到站在行李运行报单的背面加盖车站日期戳证明；此外，对行李的交付，还要在行李票的背面加盖车站日期戳加以证明。	**第 3 项** 行李的到达和交付，由到站在行李运行报单的背面加盖车站日期戳证明；此外，对行李的交付，还要在行李票的背面按同样办法加以证明。
第 4 项 如提出要求交付但行李未到，到站在行李票的背面记载："行李未到"，并加盖日期戳证明。	**第 4 项** 如提出要求交付但行李未到，到站在行李票的背面记载："行李未到"，并加盖日期戳证明。
第 5 项 自到达之日起 3 个月内无人领取的行李，应予变卖。如因长期保管使行李贬值或保管费超过行李价值，则可提前变卖。行李的变卖根据行李到站所在国的国内法律办理。	**第 5 项** 自到达之日起 3 个月内无人领取的行李，应予变卖。如因长期保管使行李贬值或保管费超过行李价值，则可提前变卖。行李的变卖按照国内规章办理。
第 6 项 如行李根据发送人要求运回原发站，则该项运送用行李票办理。 在行李票上部注明："原行李票号码____"。 在计算运费的栏内记载："返还，运送费用向领收人核收"。 在新的行李运行报单背面"途中发生的费用"栏内，注明行李的返运费用和由于返还而使承运人产生的应向领收人核收的费用。	**第 6 项** 如行李根据旅客要求运回原发站，则该项运送用行李票办理。 在行李票上部注明："原行李票号码____"。 在计算运费的各栏内记载："返还，运送费用向领收人核收"。 在新的行李运行报单背面"途中发生的费用"栏内，注明行李的返运费用和由于返还而使承运人产生的应向领收人核收的费用。

修订解读

本条规定了行李的交付办法,包括:交付行李应核对的事项,发生行李重量超出、部分灭失、毁损或腐坏情况的处理办法,到达和支付行李加盖日期戳的要求,行李未到的记载要求,变卖行李的办理规定,以及行李运回原发站的办理规定。

本条在2016版《国际客协办事细则》的基础上做过三次修订:

(1)在2018版《国际客协办事细则》中,明确了行李的变卖根据行李到站所在国的国内法律办理;规范了关于"发送人"的使用表述。

(2)在2019版《国际客协办事细则》中,明确了行李的交付要在行李票的背面加盖车站日期戳加以证明。

(3)在2022版《国际客协办事细则》中,补充了新的第22条"行李的交付",将2021版《国际客协办事细则》第9条"行李的交付"内容列入新的第22条。在条文内容上,对行李交付时应编制商务记录的情况补充了部分灭失、毁损或腐坏的情况。

第 5 章 包裹运送票据的填写及包裹运送的办理

第 23 条 运送票据

条文对照

2022 版《国际客协办事细则》	2016 版《国际客协办事细则》
第 23 条 运送票据	第 9 条 包裹的承运
第 1 项 为办理包裹运送,使用运送票据格式纸。 运送票据格式纸由要项相同的三联组成,并使用两种语文:发送国文字和英文、中文、德文和俄文之一印制: 包裹运行报单; 包裹票; 包裹票存根。	
第 2 项 包裹运行报单和包裹票用粉色防伪底纹纸印制。包裹票存根用白纸印制。包裹运行报单、包裹票和包裹票存根尺寸为 280 毫米×210 毫米印制。	**第 7 项** ~~包裹票和包裹运行报单按照国际客协办事细则附件第 1 号中所列样式,~~用粉色防伪底纹纸印制~~,~~尺寸为 280 毫米×210 毫米。
第 3 项 包裹票用合同承运人国文字填写。 包裹票应按照各栏要求用钢笔准确填写,在同国内法律不抵触的情况下,也可用圆珠笔填写。	**第 6 项** 包裹票应按照各栏要求用钢笔填写,在同国内规章不抵触的情况下,也可用圆珠笔填写。
第 4 项 运送票据上不允许有任何修改或更正。	

修订解读

本条规定了包裹运送票据的组成,以及印制和填写要求。

本条在 2016 版《国际客协办事细则》的基础上做过三次修订:

(1)在 2018 版《国际客协办事细则》中,删除了 2017 版《国际客协办事细则》的第 8 项表述,并补充了新的第 8 项关于发站承运包裹的签字和记载要求,第 9 项关于按包裹承运自行车和其他允许无包装物品的办法,以及第 10 项关于办理包裹声明价格的办法。其中,第 10 项中包含关于包裹运送票据上不允许有任何修改或更正的表述。

(2)在 2020 版《国际客协办事细则》中,补充了关于印制和填写包裹票使用文字的规定;明确了包裹票、包裹运行报单和包裹票存根的印制要求。

(3)在 2022 版《国际客协办事细则》中,补充了新的第 5 章"包裹运送票据的填写及包裹运送的办理",将 2021 版《国际客协办事细则》的第 10 条"包裹的承运"、第 11 条"包裹的运送"、第 12 条"包裹的交付"和第 15 条"行李和包裹的标记"列入新的第 4 章。补充了新的第 23 条"运送票据",将 2021 版《国际客协办事细则》第 10 条"包裹的承运"的第 6 项、第 7 项和第 10 项中关于包裹运送票据不允许有修改或更正的内容列入新的第 23 条。经修改和补充,形成 4 项内容进行表述:第 1 项规定了包裹运送票据的组成和印制文字要求;第 2 项规定了包裹运行报单、包裹票和包裹票存根的印制要求;第 3 项规定了包裹票的填写要求;第 4 项规定了包裹运送票据不允许修改或更正。

第 24 条 包裹的承运

条文对照

2022 版《国际客协办事细则》	2016 版《国际客协办事细则》
第 24 条 包裹的承运	**第 9 条 包裹的承运**
第 1 项 包裹的承运由车站根据能力和行李车中有无空闲地方确定。	**第 1 项** 包裹的承运由车站根据能力和行李车中有无空闲地方确定。
第 2 项 承运包裹时,应在发送人申请书上注明包裹票号码和发送日期。 承运属于提出客票的旅客的包裹时,应在包裹票注明运送费用的一个空栏内记载:"包裹属于持第____号乘车票据的旅客"。此外,在旅客提出的乘车票据背面,还应加盖"包裹"字样的戳记。	**第 2 项** 承运包裹时,应在发送人申请书上记明包裹票号码和发送日期。 承运属于提出客票的旅客包裹时,应在包裹票填写运送费用的一个空栏内记载:"包裹属于持第____号乘车票据的旅客"。此外,在旅客提出的乘车票据背面,还应加盖"包裹"字样的戳记。
第 3 项 关于包裹出口许可证寄往哪一海关的记载,应在包裹运行报单背面"其他记载"栏内填写。	**第 3 项** 关于包裹出口许可证寄往哪一海关的记载,应在包裹运行报单背面"其他记载"栏内填写。
第 4 项 发站的承运人应预先告知发送人,在托运包裹时必须将履行海关和其他规定所需要的其他文件同包裹一起提出。 承运人应将发送人随同包裹一起提出的文件牢固地粘贴在包裹运行报单上,在文件上加盖车站日期戳,并在运送票据上记载附有添附文件。	**第 4 项** 发站的承运人应预先告知发送人,在托运包裹时必须将履行海关和其他规定所需要的其他文件同包裹一起提出。 承运人应将发送人随同包裹一起提出的文件牢固地粘贴在包裹运行报单上,在文件上加盖车站日期戳,并在运送票据上记载附有添附文件。

续上表

2022 版《国际客协办事细则》	2016 版《国际客协办事细则》
第 5 项 在交给发送人包裹票的同时,承运人应填制同样内容的包裹运行报单(随同包裹送至到站)和包裹票存根。	**第 5 项** 在交给发送人包裹票的同时,承运人应用复写的方式填制包裹运行报单(随同包裹送至到站)和包裹票存根。
第 6 项 发站承运包裹的承运人必须准确地确定包裹的重量、件数及其包装状态,并在运送票据格式纸上签字证明。 如承运的包裹存在包装不良但在允许范围之内,或允许不加包装托运的包裹在托运时带有可见的轻微损伤,承运人代表应在正面的规定位置对此做出记载。	**第 8 项** ~~承运人在确定包裹重量、件数、包装状态,以及对声明价格和证明包裹已予承运方面的做法,按照第 6 条的规定办理。~~
第 7 项 按包裹承运自行车和其他允许无包装运输的物品时,在包裹运送票据上必须记载这些物品的特征,如男式自行车、女式自行车、儿童自行车等,如有号码,还应注明号码。	
第 8 项 声明包裹价格时,在运送票据格式纸上声明价格的总额应大写,在括号内注明数字和运价货币。如按件分别声明价格,则除声明价格总金额外,还应用数字注明每件的声明价格。 承运包裹时,发站承运人代表必须在包裹运送票据上加盖车站日期戳记证明。	

修订解读

本条规定了包裹承运的办法,包括:确定包裹承运的条件,填发包裹运送票据的办法,随同包裹一起提出的文件的办理办法,发站承运包裹的签字和记载要求,按包裹承运自行车和其他允许无包装物品的办法,以及办理包裹声明价格的办法。

本条在2016版《国际客协办事细则》的基础上做过三次修订:

(1)在2018版《国际客协办事细则》中,删除了2017版《国际客协办事细则》的第8项表述,并补充了新的第8项关于发站承运包裹的签字和记载要求,第9项关于按包裹承运自行车和其他允许无包装物品的办法,以及第10项关于办理包裹声明价格的办法。

(2)在2019版《国际客协办事细则》中,修改了关于承运人填制包裹运行报单和包裹票存根内容的表述。

(3)在2022版《国际客协办事细则》中,补充了新的第24条"包裹的承运",将2021版《国际客协办事细则》第10条"包裹的承运"的第1项、第2项、第3项、第4项、第5项、第8项、第9项和第10项中部分内容列入新的第24条。经修改和补充,形成8项内容进行表述:第1项规定了确定包裹承运的条件;第2项规定了承运包裹时填写包裹票的要求;第3项规定了填写包裹运行报单记载的要求;第4项规定了随同包裹一起提出的文件的办理办法;第5项规定了承运人交给发送人的运送票据要求;第6项规定了发站承运包裹的签字和记载要求;第7项规定了按包裹承运自行车和其他允许无包装物品的办法;第8项规定了办理包裹声明价格的办法。在条文内容上,规范了"运送票据格式纸"的使用表述;删除了关于包裹声明价格款额记入包裹票的重复表述。

第 25 条　包裹的标记

条文对照

2022 版《国际客协办事细则》	2016 版《国际客协办事细则》
第 25 条　包裹的标记	**第 9 条　包裹的承运**
第 1 项　在对交付运送的每件包裹过磅后，承运人代表应在每件包裹上牢固地粘贴载有下列事项的标签（作为铁路标记）： 1. “MC”字母； 2. 发站名称和发送国承运人代号； 3. 到站名称和到达国承运人代号； 4. 包裹票号码； 5. 经由____（国境站）； 6. 一批包裹的件数。 **第 2 项**　标签按本办事细则附件第 9 号的样式按尺寸为 100 毫米 ×80 毫米制作，用发送国文字及英文、中文、德文或俄文之一印制。	**第 9 项**　承运人应在每件包裹上牢固地粘贴~~尺寸为 100 毫米 ×80 毫米~~载有下列事项的标签（作为铁路标记）： 1. “MC”字母； 2. 发站名称和发送国代号； 3. 到站名称和到达国代号； 4. 包裹票号码； 5. 一批包裹的件数。 标签按~~国际客协办事细则~~附件第 8 号的样式，用发送国文字及中文、德文和俄文之一~~印刷~~。
	~~**第 14 条　行李和包裹的标记**~~ ~~**第 1 项**　在每件行李或包裹上，除应有标签或飞子外，还应在过磅后粘贴办事细则第 6、9 两条规定的铁路标记。~~ ~~**第 2 项**　标记应用洗不掉的颜料、墨水或圆珠笔写成。~~

修订解读

本条规定了包裹的标记办法，包括包裹标签的内容，以及标签的印制要求。

本条在2016版《国际客协办事细则》的基础上做过三次修订：

(1)在2017版《国际客协办事细则》中,对包裹标签的内容补充了“经由____(出口国境站)”的内容。

(2)在2018版《国际客协办事细则》中,对包裹标签的内容修改了“经由____(国境站)”的表述;对包裹标签的印制文字补充了英文。

(3)在2022版《国际客协办事细则》中,补充了新的第25条“包裹的标记”,将2021版《国际客协办事细则》第10条“包裹的承运”第11项内容列入新的第25条,删除第15条“行李和包裹的标记”。原条文内容拆分成2项内容进行表述:第1项规定了包裹标签的内容;第2项规定了包裹标签的印制要求。在条文内容上,增加了对交付运送的每件包裹过磅的表述;对包裹标签的内容修改了“发站名称和发送国承运人代号”和“到站名称和到达国承运人代号”;修改了关于标签样式引用附件的表述。

第26条　包裹的运送

条文对照

2022版《国际客协办事细则》	2016版《国际客协办事细则》
第26条　包裹的运送	**第10条　包裹的运送**
第1项　包裹应随承运时指定的列车发送。	**第1项**　包裹应随承运时指定的列车发送。
第2项　包裹在运送途中需要换装时,应使用接续承运人的人力和机械办理。	**第2项**　包裹在运送途中需要换装时,应使用接续承运人的人力和机械办理。
第3项　发送国的承运人及接续承运人须经由运送票据内所载的国境站发送包裹。	**第3项**　发送国的承运人及接续承运人须经由运送票据内所载的国境站发送包裹。

续上表

2022 版《国际客协办事细则》	2016 版《国际客协办事细则》
第 4 项 如包裹在运送途中按照海关或其他部门的指示发生滞留,承运人应编制商务记录,同时将此情况通过电报或其他确认事实及获悉日期的方式通知包裹的发站和到站,并说明滞留原因。 不论包裹在运送途中发生何种情况的滞留,都应在包裹运行报单的背面注明滞留的时间和原因,并由被授权人签字,以及发生包裹滞留的车站加盖戳记加以证明。	**第 4 项** 如包裹在运送途中按照海关或其他机关的指示发生滞留,承运人应编制商务记录,同时将此情况用电报通知包裹的发站和到站,并说明滞留原因。 不论包裹在运送途中发生何种情况的滞留,都应在包裹运行报单的背面注明滞留的时间和原因,并由~~发生包裹滞留车站的工作人员~~签字~~并加盖车站戳记~~证明。
第 5 项 在包裹运行报单背面“其他记载”栏,应注明承运人凭以有权延长包裹运到期限的滞留原因和时间。	**第 5 项** 在包裹运行报单“其他记载”处,应注明承运人凭以有权延长包裹运到期限的滞留原因和时间。

修订解读

本条规定了包裹的运送办法,包括:运送包裹的列车要求,包裹换装的办法,发送包裹的国境站要求,以及包裹滞留的处理办法。

本条在 2016 版《国际客协办事细则》的基础上做过三次修订:

(1)在 2017 版《国际客协办事细则》中,明确了承运人将包裹发生滞留情况通知到站的方式,应通过电报或其他确认事实及获悉日期的方式通知到站。

(2)在 2019 版《国际客协办事细则》中,完善了关于包裹滞留时包裹运行报单签字和加盖戳记办法的表述。

(3)在 2022 版《国际客协办事细则》中,补充了新的第 26 条“包裹的运送”,将 2021 版《国际客协办事细则》第 11 条“包裹的运送”内容列入新的第 26 条。在条文内容上,完善了关于包裹运行报单背面“其他记载”栏的表述。

第 27 条 包裹的交付

条文对照

2022 版《国际客协办事细则》	2016 版《国际客协办事细则》
第 27 条 包裹的交付	**第 11 条 包裹的交付**
第 1 项 到站承运人应有向领收人面交或寄送包裹到达通知书的证据。	**第 1 项** 到站承运人应有向领收人面交或寄送包裹到达通知书的证据。
第 2 项 交付包裹时，向领收人核收根据其指示在运送途中和到站所发生的额外运送费用后，由领收人在包裹运行报单上签字。到站承运人应检查包裹领取人的身份证件，并确认此人确是包裹运行报单上所载的领收人，或受该领收人委托具有合格手续的代领人。 有关包裹领取人所提出的身份证件的必要事项和地址，应登记在包裹运行报单的背面。 根据委托书领取包裹时，应在包裹运行报单背面记载委托书号码和填发日期。对于一次有效的委托书应留下，并按规定办法在报告时连同包裹运行报单一并提出。	**第 2 项** 交付包裹时，向领收人核收在运送途中和到站所发生的费用后，由领收人在包裹运行报单上签字。车站承运人应检查包裹领取人的身份证件，并确认此人确是包裹运行报单上所载的领收人，或受该领收人委托具有合格手续的代领人。 有关包裹领取人所提出身份证件的必要事项和地址，应登记在包裹运行报单的背面。 根据委托书领取包裹时，应在包裹运行报单背面记载委托书号码和填发日期。对于一次有效的委托书应留下，并按规定办法在报告时连同包裹运行报单一并提出。
第 3 项 包裹的到达和交付，由到站承运人在包裹运行报单上加盖车站日期戳证明。	**第 3 项** 包裹的到达和交付，由到站承运人在包裹运行报单上加盖车站日期戳证明。
第 4 项 若发生包裹重量超出、部分灭失、毁损或腐坏的情况，在交付包裹时编制商务记录。此时包裹多出重量的运费不向领收人核收，应由包裹过磅不正确的承运人支付。	

续上表

2022 版《国际客协办事细则》	2016 版《国际客协办事细则》
第 5 项 包裹的运送或交付遇到阻碍时,发站承运人在接到这一事项的通知后,应填写包裹交付阻碍通知书(样式见本办事细则附件第 10 号)并交给发送人,以便由其提出如何处理包裹的指示,并将通知书的交出日期通知遇到阻碍的车站承运人。 如根据发送人的指示应将包裹返回发站,则凭重新填制的补送包裹运行报单将包裹返回,在该报单中除记载"补送"字样外,还应在号码之后记载:"属于第____号包裹票"。	**第 4 项** 包裹的运送或交付遇到阻碍时,发站承运人在接到这一事项的通知后,应填写通知书(~~国际客协办事细则附件第 9 号~~)并交给发送人,以便由其提出如何处理包裹的指示,并将通知书的交出日期通知遇到阻碍的车站承运人。 如根据发送人的指示应将包裹返回发站,则凭重新填制的补送包裹运行报单将包裹返回,在该报单中除记载"补送"字样外,还应在号码之后记载:"属于第____号包裹票"。
第 6 项 如包裹没有其他的运送经路或因其他原因不可能继续运送,以及发生包裹交付阻碍时,遇到阻碍的车站承运人应用电报或其他确认收到信息的事实及获悉日期的方式,通过发站将遇到的阻碍通知发送人,并征求发送人的指示。 发站承运人根据收到的信息,将包裹运送或交付遇到阻碍的情况,发送包裹交付阻碍通知书通知发送人。 发站承运人应将发送人的指示内容通知遇到阻碍的车站,并将通知书另行邮寄。根据发站的电报即可执行发送人的指示。 关于包裹在运送中滞留的原因和时间,以及运送经路的变更事宜,应在包裹运行报单背面进行记载,并由被授权人签字,以及发生包裹滞留和运送经路变更的车站加盖戳记加以证明。	**第 5 项** 如包裹没有其他的运送经路或因其他原因不可能继续运送,以及发生包裹交付阻碍时,遇到阻碍的车站承运人应用电报通过发站将遇到的阻碍通知发送人,并征求发送人的指示。 发站承运人根据收到的~~电报~~,将包裹运送或交付遇到阻碍的情况,~~用国际客协办事细则规定格式的~~通知书通知发送人。 发站承运人应将发送人的指示内容通知遇到阻碍的车站,并将通知书另行邮寄。根据发站的电报即可执行发送人的指示。 关于包裹在运送中滞留的原因和时间,以及运送经路的变更事项,应~~记入~~包裹运行报单。

修订解读

本条规定了包裹的交付办法，包括：包裹到达通知的要求，交付包裹时核收费用和核对证件的办法，包裹交付加盖车站日期戳的要求，发生包裹重量超出、部分灭失、毁损或腐坏情况的处理办法，以及包裹交付阻碍的处理办法。

本条在2016版《国际客协办事细则》的基础上做过三次修订：

(1)在2017版《国际客协办事细则》中，明确了包裹交付阻碍时的通知办法，应用电报或其他确认收到信息的事实及获悉日期的方式通知发送人；对包裹交付阻碍通知书补充了引用附件的表述；补充了关于包裹滞留时包裹运行报单记载规定的表述。

(2)在2019版《国际客协办事细则》中，规范了关于"被授权人"的使用表述。

(3)在2022版《国际客协办事细则》中，补充了新的第27条"包裹的交付"，将2021版《国际客协办事细则》第12条"包裹的交付"内容列入新的第27条。经修改和补充，形成6项内容进行表述：第1项规定了包裹到达通知的要求；第2项规定了交付包裹时核收费用和核对证件的办法；第3项规定了包裹交付加盖车站日期戳的要求；第4项规定了发生包裹重量超出、部分灭失、毁损或腐坏情况的处理办法；第5项和第6项规定了包裹交付阻碍的处理办法。在条文内容上，完善了关于向领收人核收根据其指示在运送途中和到站所发生的额外运送费用的表述；补充了发生包裹重量超出、部分灭失、毁损或腐坏情况的处理办法；完善了关于包裹交付阻碍通知书引用附件的表述。

第6章 旅客、行李或包裹运送合同条件的变更

第28条　在未履行或变更旅客运输合同条件时承运人的处理

条文对照

2022版《国际客协办事细则》	2016版《国际客协办事细则》
第28条　在未履行或变更旅客运输合同条件时承运人的处理	**第4条**　~~国际联运车厢的乘务~~
第1项　列车晚点或停运时，承运人或其授权人员应在乘车票据上签注证明列车晚点或停运。 如旅客希望继续乘车，则承运人或其授权人员应按照因承运人过错延误旅客的时间延长乘车票据的有效期。 当运行经路或车厢等级变更时，为旅客将原卧铺票更换为新票，并在客票上注明，客票在另一经路乘坐较高等级和种类的车厢时有效。在这种情况下不核收票价的差额，但当旅客乘坐较低等级和种类的车厢时，承运人或其授权人员应通知旅客，其应按照《国际客协》第35条第2项第4款规定的办法退还票价差额。	**第3条**　~~办理乘车票据的特点~~ ~~对于有组织的团体旅客（不少于6名成年旅客）乘车，可以发售一张乘车票据。除领队外，可为该团体的每一位旅客免费发给一张单独的团体旅客证（乘车证），凭此证仅在持有为团体旅客所发售的乘车票据时方可有效乘车。团体旅客证（乘车证）用以证明旅客属于持乘车票据的团体，并使旅客有权乘坐列车和出入站台。在团体旅客证（乘车证）上应注明客票号码和车厢等级。~~ ~~对于团体乘车以及乘坐专列和包车的旅客，发售一张按全部团体旅客填写的乘车票据。也可发售单人乘车票据。~~ ~~如团体旅客在发车地点购买往返乘车票据，则无需发给返程团体旅客证（乘车证），所发往程团体旅客证（乘车证）依然有效。~~

续上表

2022 版《国际客协办事细则》	2016 版《国际客协办事细则》
	白俄罗斯共和国、越南社会主义共和国、拉脱维亚共和国、立陶宛共和国、中华人民共和国、朝鲜民主主义人民共和国、蒙古国、俄罗斯联邦和乌克兰等国运送过程参加者，应由售票处在客票及其所属卧铺票上用针孔机或戳记标明旅客所乘列车车次和发车的年、月、日。 4～12 周岁的儿童乘车时，对 1 名儿童或在相应情况下数名上述年龄的儿童，发售单独的乘车票据（国际客协办事细则附件第 2 号）。 必要时，承运人或其授权人应在乘车票据上签注证明列车晚点或停运，按照因承运人过失延误旅客的时间延长乘车票据的有效期，注明乘车票据在另一经路乘坐较高等级和种类的车厢有效，同时，不核收票价差额。在这种情况下，原卧铺票免费更换为新票。
第 2 项　如在运行途中车厢从列车中摘下，承运人或其授权人员将所摘车厢中的旅客安置在该列车编组中票价相同的其他车厢内。 如没有票价相同的车厢，应将旅客安置在该列车中的其他车厢内。	**第 7 项**　如车厢从列车中摘下，摘车地的运送过程参加者授权代表应将所摘车厢中的旅客安置在该列车中票价相同的其他车厢内。 如没有票价相同的车厢，应将旅客安置在该列车中的其他车厢内。
第 3 项　如在发站或运行途中，按规定必须预留席位的某一承运人的卧车、座卧车以及座席车更换为另一承运人的车厢时，必须遵守下列规定：	**第 8 项**　如在发站和运行途中，按规定必须预留席位的某一承运人的卧车、座卧车以及座席车更换为另一承运人的车厢时，必须遵守下列规定：

续上表

2022 版《国际客协办事细则》	2016 版《国际客协办事细则》
被摘车厢的乘务人员应在退给旅客的乘车票据上,根据本办事细则附件第 7 号做出有关不得已换乘的记载。该记载由乘务人员签字并填写日期证明。 在运行报单(卧铺使用通知书)上记载退给旅客的乘车票据(卧铺票)号并注明合同承运人代号。 最初购买的乘车票据(卧铺票)使旅客有权从被摘车厢换乘到代替被摘车厢的承运人(车辆经营人)的车厢。 旅客换乘到代替被摘车厢的另一车厢时,该车厢的乘务人员应根据本办事细则附件第 7 号在旅客出示的乘车票据(卧铺票)上做出记载。该记载由乘务人员签字并填写日期证明。 载于本办事细则附件第 6 号的"不同承运人车厢更换记录"应由代替被摘车厢的车厢乘务人员编制。 "不同承运人车厢更换记录"应编制一式两份,并由双方代表签字。一份由被摘车厢乘务人员留存,另一份由代替被摘车厢的车厢乘务人员留存。 办理了电子注册的旅客换乘时,应在"不同承运人车厢更换记录"上注明电子乘车票据号码。	被摘车厢的~~列车员~~应在退给旅客的乘车票据上,~~以及列车员所持有的运行报单(卧铺使用通知书)(国际客协办事细则附件第 4 号)上,根据国际客协办事细则附件第 6 号~~做出有关不得已换乘的记载~~并由本人~~签字证明。 在运行报单(卧铺使用通知书)上记载退给旅客的乘车票据(卧铺票)号并注明合同承运人代号。 最初购买的乘车票据(卧铺票)使旅客有权从被摘车厢换乘到其他承运人(车辆经营人)车厢。 旅客换乘到代替所摘车厢的另一车厢时,该车厢的~~列车员~~应根据~~国际客协办事细则附件第 6 号~~在旅客出示的乘车票据(卧铺票)上做出记载。该记载由~~车厢列车员~~签字并填写日期证明。 《不同承运人车厢更换记录》~~(国际客协办事细则附件第 5 号)~~应由代替被摘车厢的车厢~~列车员~~编制。 记录应编制一式两份,并由双方代表签字。一份由被摘车厢~~列车员~~留存,另一份由代替被摘车厢的车厢~~列车员~~留存。 办理了电子注册的旅客换乘时,应在《不同承运人车厢更换记录》上注明电子乘车票据号码。

续上表

2022版《国际客协办事细则》	2016版《国际客协办事细则》
应将实际旅客人数和运行里程相应的卧铺费转给提供车厢用于代替另一承运人被摘车厢的承运人。 在代替另一承运人被摘车厢的车厢内部分使用的卧铺票的价格,按照该承运人对已运行里程所声明的运价价格确定。 如没有卧铺票运价价格,则根据承运人办理旅客继续运送时乘坐的车厢在运行经路全程所声明的卧铺票运价价格,对旅客实际运行里程,按运价里程的比例进行计算,在这种情况下,提出补偿的卧铺票运价价格,不得超过旅客之前支付过的卧铺票价格。 承运人之间的清算根据代替被摘车厢的车厢乘务人员附在报告表中的"不同承运人车厢更换记录"办理。 可将确认车厢更换的文件附在"不同承运人车厢更换记录"上。	应将实际旅客人数和运行里程相应的卧铺费转给提供车厢用于代替另一承运人被摘车厢的承运人。 在其他承运人车厢内使用的部分卧铺票价格,按照该承运人对运行里程所声明的运价价格确定。 如没有卧铺票运价价格,则根据承运人办理旅客继续运送时乘坐的车厢在运行经路全程所声明的卧铺票运价价格,对旅客实际运行里程,按运价里程的比例进行计算,在这种情况下,提出赔偿的卧铺票运价价格,不得超过旅客之前支付过的卧铺票价格。 承运人之间的清算根据代替被摘车厢的车厢列车员附在报告表中的《不同承运人车厢更换记录》办理。 可将确认车厢更换的相关文件附在《不同承运人车厢更换记录》上。
第4项 当列车绕道运输时,乘务人员应: ——获取有关新经路的信息后,确定列车不会途经的车站,将换乘办法通知前往这些车站的旅客,并在乘车票据中做必要的记载; ——保证旅客在商定的车站下车,并将带有相应记载的乘车票据交付旅客。	

续上表

2022 版《国际客协办事细则》	2016 版《国际客协办事细则》
第 5 项 如发生席位重售,无法向旅客提供与其乘车票据(卧铺票)相符等级和种类的卧车车厢席位,列车乘务人员应遵守《国际客协》第 11 条第 3 项规定。同时乘务人员应根据本办事细则附件第 7 号在乘车票据上做记载。	**第 9 项** 如发生席位重售,无法向旅客提供乘车票据(卧铺票)~~票面所载~~种类的卧车车厢席位,~~则可向旅客提供较低种类的席位;在无较低种类的席位时,也可向旅客提供较高种类的席位。~~ ~~在上述两种情况下,列车员均应在乘车票据(卧铺票以及卧铺票收据,如有卧铺票收据的话)上做出下述记载:"席位重售,乘车票据(卧铺票)自__站至__站,在__铁路__种类的车厢内使用。"~~

修订解读

本条规定了在未履行或变更旅客运输合同条件时承运人的处理办法,包括:列车晚点或停运和运行经路或车厢等级变更时承运人的处理办法,在运行途中车厢从列车中摘下的处理办法,在发站或运行途中更换另一承运人车厢的办理规定,列车绕道运输时的处理办法,以及发生席位重售时的处理办法。

本条在 2016 版《国际客协办事细则》的基础上做过两次修订:

(1)在 2018 版《国际客协办事细则》中,将第 3 条标题修改为"办理乘车票据的一些特殊情况";完善了第 4 条第 7 项第一段的表述,删除了"授权代表"字样。

(2)在 2022 版《国际客协办事细则》中,补充了新的第 6 章"旅客、行李或包裹运送合同条件的变更"。补充了新的第 28 条"在未履行或变更旅客运输合同条件时承运人的处理",将 2021 版《国际客协办事细则》第 3 条"办理乘车票据的一些特殊情况"中关于列车晚点或停运时乘车票据办理规定的表述,以及第 4 条"国际联运车厢的乘务”的第7项、第8项和第9项内容列入新的第28条。经修改和补充,形成5项内容进行表述:第1项规定了列车晚点或停运和运行经路或车厢等级变更时承运人的处理办法;第2项规定了在运行途中车厢从列车中摘下的处理办法;第3项规定了在发站或运行途中更换另一承运人车厢的办理规定;补充了第4项列车绕道运输时的处理办法;第5项规定了发生席位重售时的处理办法。在条文内容上,完善了列车晚点或停运和运行经路或车厢等级变更时乘运人的处理办法;明确了“代替被摘车厢的承运人”的表述;规范了关于“乘务人员”的使用表述;完善了关于“不同承运人车厢更换记录”和乘车票据记载事项引用附件的表述;简化了关于席位重售处理办法的表述,引用了《国际客协》相关条款。

第29条 行李和包裹误运的处理

条文对照

2022版《国际客协办事细则》	2016版《国际客协办事细则》
第29条 行李和包裹误运的处理	**第12条 行李和包裹误运的处理办法**
第1项 如行李或包裹未经由运送票据内所指定的国境站发送,则这批行李或包裹即算作误运。	**第1项** 如行李或包裹未经由运送票据内所指定的国境站发送,则此批行李或包裹即算作误运。
第2项 发现行李或包裹误运的车站承运人,应按最短经路通过行李或包裹运行报单上所载的国境站,将该批行李或包裹运至到站。	**第2项** 发现行李或包裹误运的车站承运人,应按最短经路通过行李或包裹运行报单上所载的国境站,将该批行李或包裹运至到站。
第3项 补送误运或错发行李或包裹的车站承运人,应立即将此情况通知到站。	**第3项** 补送误运或错发行李或包裹的车站承运人,应立即将此情况通知到站。

修订解读

本条规定了行李和包裹误运的处理办法,包括:行李或包裹误运的认定标准,发现行李或包裹误运时承运人的处理办法,以及补送误运或错发行李或包裹时承运人的处理办法。

本条在2016版《国际客协办事细则》的基础上做过一次修订:

在2022版《国际客协办事细则》中,补充了新的第29条"行李和包裹误运的处理",将2021版《国际客协办事细则》第13条"行李和包裹误运的处理办法"内容列入新的第29条。

第30条　无票行李或包裹的补送

条文对照

2022版《国际客协办事细则》	2016版《国际客协办事细则》
第30条　无票行李或包裹的补送	**第13条　无票行李或包裹的补送**
第1项　无票行李或包裹一旦确定属于何批后,如原批已交给邻国的国境站,则应补送至到站。 如无票行李或包裹的所属关系在适用的运价规程中列载的车站确定,则这些件行李或包裹应按行李或包裹运行报单补送至到站,并在运行报单上注明补送的行李或包裹原属于哪一批。 在上述各种情况下,在"行李运行报单"或"包裹运行报单"名称的前面,加上"补送"字样。 发现无票行李或包裹而办理补送时,应编制商务记录。将一份商务记录附在行李或包裹补送运行报单上,并在补送运行报单上做关于记录及其编制日期的记载。	**第1项**　无票行李或包裹一旦确定属于何批后,如原批已交给邻国的国境站,则应补送至到站。 如无票行李或包裹的所属关系在适用的运价规程中列载的车站确定,则这些件行李或包裹应按《国际客协》行李或包裹运行报单补送至到站,并在运行报单上注明补送的行李或包裹原属于哪一批。 在上述各种情况下,在"行李运行报单"或"包裹运行报单"名称的前面,加上"补送"字样。 发现无票行李或包裹而办理补送时,应编制商务记录。将一份商务记录附在行李或包裹补送运行报单上,并在补送运行报单上注明记录的号码和编制日期。

续上表

2022 版《国际客协办事细则》	2016 版《国际客协办事细则》
第 2 项 无票行李或包裹的补送免费办理。	**第 2 项** 无票行李或包裹的补送免费办理。
第 3 项 当遗失行李或包裹运行报单和无法确定行李或包裹的所属关系时,根据发现行李或包裹国家的国内法律处理。	**第 3 项** 当遗失运行报单和无法确定行李或包裹的所属关系时,按照国内规章处理。

修订解读

本条规定了无票行李或包裹的补送办法,包括:无票行李或包裹办理补送的具体办法,以及遗失行李或包裹运行报单和无法确定行李或包裹所属关系时的处理办法。

本条在 2016 版《国际客协办事细则》的基础上做过两次修订:

(1)在 2018 版《国际客协办事细则》中,对第 3 项明确了当遗失行李或包裹运行报单和无法确定行李或包裹的所属关系时,根据发现行李或包裹国家的国内法律处理。

(2)在 2022 版《国际客协办事细则》中,补充了新的第 30 条“无票行李或包裹的补送”,将 2021 版《国际客协办事细则》第 14 条“无票行李或包裹的补送”内容列入新的第 30 条。在条文内容上,完善了关于在补送运行报单上做关于记录及其编制日期记载的表述。

第 31 条　商务记录

条文对照

2022 版《国际客协办事细则》	2016 版《国际客协办事细则》
第 31 条　商务记录	**第 15 条　商务记录**
第 1 项　下列情况下，应编制商务记录： 1. 行李或包裹有部分灭失、损坏或腐坏，或者包装不合格或损坏； 2. 运送票据中所记载的信息与行李或包裹实际具有的名称、重量及件数，以及领收人和到站的名称不符； 3. 缺少某行李或包裹的运送票据或缺少某运送票据的行李或包裹； 4. 到站承运人不能将行李或包裹交付给领收人； 5. 行李或包裹的运送因海关或其他部门的指示滞留； 6. 承运人发现有禁止作为行李或包裹运送的物品。	**第 1 项**　下列情况下，须编制商务记录： 1. 行李或包裹有部分灭失、损坏或腐坏，或者包装不合格或损坏； 2. 运送票据中所记载的内容与行李或包裹实际具有的名称、重量及行李或包裹的件数，以及领收人和到站的名称不符； 3. 缺少某行李或包裹的运送票据或缺少某运送票据的行李或包裹； 4. 车站承运人不能将已到达的行李或包裹交付给领收人； 5. 行李或包裹的运送按照海关或其他机关的指示滞留； 6. 发现有禁止按行李或包裹运送的物品。
第 2 项　商务记录应当在发现本条第 1 项列举的情况之后，在运送途中或在到站由承运人立即编制。 商务记录对每批分别编制并由承运人代表签字。	**第 2 项**　商务记录应当在发现第 1 项列举的情况之后，在运送途中或在到站由承运人立即编制。 商务记录对每批分别编制并由负责人员签字。

续上表

2022 版《国际客协办事细则》	2016 版《国际客协办事细则》
第 3 项 商务记录由车站承运人采用本办事细则附件第 11 号所载样式，按照"《国际客协》商务记录填写说明"（本办事细则附件第 12 号）编制。编制商务记录的车站承运人必须在行李或包裹运行报单的背面（如有行李票或包裹票，也在其背面）对此作出记载。该记载由车站工作人员签字并加盖车站日期戳。	**第 3 项** 商务记录由车站承运人采用国际客协办事细则附件第 10 号所载样式，并严格按照"国际客协/国际货协商务记录填写说明"（国际客协办事细则附件第 11 号）编制。编制商务记录的车站承运人必须在行李或包裹运行报单的背面（如有行李票或包裹票，也在其背面）对此作出记载。该记载由车站工作人员签字并加盖车站日期戳。
第 4 项 如果确定行李或包裹的灭失、损坏或腐坏是或推测是由车辆毁损所造成，则除了商务记录之外，还要按照国内法律样式和规定编制车辆技术状态记录，其份数与本条第 8 项规定的商务记录份数相同。每一份商务记录都要附上一份车辆技术状态记录。	**第 4 项** 如果确定行李或包裹的灭失、损坏或腐坏是或可能是由车辆毁损所造成，则除了商务记录之外，还要按照国内规章样式和规定编制车辆技术状态记录，其份数与第 8 项规定的商务记录份数相同。每一份商务记录都要附上一份车辆技术状态记录。
第 5 项 在到站承运人应检查随商务记录到达的行李或包裹的状态。 当行李或包裹的状态与商务记录中所述信息不符时，承运人编制新的商务记录。 当行李或包裹的状态与商务记录中所述信息相符时，则不必编制新的商务记录。且到站承运人在随运送票据所附的中间站商务记录第 39 项记载："行李（包裹）状态与商务记录相符"。	**第 5 项** 如果行李或包裹运至到站后，发现运送不良，但是已由前方某站对此编制了商务记录，且行李或包裹的状态与该记录相符，则到站不必编制新的商务记录。在这种情况下，到站在随运送票据所附的中间站商务记录第 68 项记载："行李（包裹）状态与商务记录相符"。

续上表

2022 版《国际客协办事细则》	2016 版《国际客协办事细则》
第 6 项 如在运送途中编制了数份商务记录，其中记载的行李或包裹的状态互有出入，则到站承运人应编制新的商务记录，并将其附在原有的商务记录上。	**第 6 项** 如在运送途中编制了数份商务记录，其中记载的行李或包裹的状态互有出入，则到站应编制新的商务记录，并将其附在原有的商务记录上。
第 7 项 商务记录格式纸用使用商务记录国家的文字以及英、中、德、俄文之一印制。商务记录用编制记录国家的文字填写。交付方国境站负责将商务记录中记载的事项译成英文、中文、德文或俄文之一，其中： ——运往阿塞拜疆共和国、阿尔巴尼亚共和国、白俄罗斯共和国、格鲁吉亚、哈萨克斯坦共和国、拉脱维亚共和国、立陶宛共和国、摩尔多瓦共和国、波兰共和国、俄罗斯联邦、斯洛伐克共和国、乌兹别克斯坦共和国、乌克兰、捷克共和国和爱沙尼亚共和国时，译成英文、德文或俄文； ——运往越南社会主义共和国、中华人民共和国、朝鲜民主主义人民共和国时，译成中文或俄文； ——运往或过境蒙古国时，译成中文或俄文。	**第 7 项** 商务记录格式纸用使用商务记录国家的文字以及中、德、俄文之一印制。商务记录用编制记录国家的文字填写。交付方~~出口~~国境站负责将商务记录中记载的事项译成中、德、俄文之一，~~即：~~ ——运往阿塞拜疆共和国、阿尔巴尼亚共和国、白俄罗斯共和国、格鲁吉亚、哈萨克斯坦共和国、拉脱维亚共和国、立陶宛共和国、摩尔多瓦共和国、波兰共和国、俄罗斯联邦、斯洛伐克共和国、乌兹别克斯坦共和国、乌克兰、捷克共和国和爱沙尼亚共和国时，译成德文或俄文； ——运往越南社会主义共和国、中华人民共和国、朝鲜民主主义人民共和国时，译成中文或俄文； ——运往或过境蒙古国时，译成俄文。

续上表

2022 版《国际客协办事细则》	2016 版《国际客协办事细则》
第 8 项 商务记录的编制份数： 1. 在交付方和接收方国境站编制 7 份。 其中： ——2 份附在运送票据上，其中一份留存到站，另一份交领收人，领收人在到站存档的那份商务记录上签字； ——1 份交给接收方海关； 每方国境站各得 2 份，其中国境站留存一份，另一份由国境站寄送发送国的合同承运人。 商务记录第一份由交付方留存，并由交付方据此进行调查。如交付方不同意该商务记录，应自接到记录之日起 35 天期限内通知接收方。如超过这一期限，即认为商务记录已被接受。 2. 在其他站编制 4 份。 其中： ——2 份附在运送票据上，其中一份留存到站，另一份交领收人，领收人在到站存档的那份商务记录上签字； ——2 份留存商务记录编制站，其中一份由该站寄送发送国的承运人。 承运人在记录编制日起 50 天期限内，将第一份商务记录转寄给该商务记录确定的责任接续承运人，以便进行调查。违反此期限时，编制商务记录的承运人对由于不遵守此期限可能引起的一切后果承担责任。	**第 8 项** 商务记录的编造份数： 1. 在国境站编制 7 份。 其中： ——2 份附在运送票据上，其中一份留存到站，另一份交领收人，领收人在到站存档的那份商务记录上签字； ——1 份交给接收方海关； ~~——~~每方国境站各得 2 份，~~每方所得 2 份中，~~国境站留存一份，另一份由国境站寄送发送国的承运人。 2. 在其他站编制 4 份。 其中： ——2 份附在运送票据上，其中一份留存到站，另一份交领收人，领收人在到站存档的那份商务记录上签字； ——2 份留存商务记录编制站，其中一份由该站寄送发送国的承运人。
	第 9 项 ~~在交付方和接收方国境站上编制的~~商务记录~~，~~第一份由交付方留存，并由交付方据此进行调查。如交付方不同意该商务记录，应自接到记录之日起 35 天期限内通知接收方。如超过这一期限，即认为商务记录已被接受。

续上表

2022 版《国际客协办事细则》	2016 版《国际客协办事细则》
如收到商务记录的承运人确定商务记录未按照“《国际客协》商务记录填写说明”编制，或从商务记录中看不出其应负的责任，则该承运人应自收到记录之日起 35 天期限内将此商务记录退还编制商务记录的承运人，同时指出退还的原因，或书面寄送对该记录的异议，同时说明相应的理由。 如超过这一期限，即认为商务记录已被接受。	**第 10 项** 不是在国境站编制的商务记录，第一份由承运人在记录编制日起 50 天期限内，将其转寄给该商务记录确定的责任接续承运人，以便进行调查。违反此期限时，编制商务记录的承运人对由于不遵守此期限可能引起的一切后果承担责任。 **第 11 项** 如果按照第 10 项收到商务记录的承运人确定商务记录未按照“国际客协/国际货协商务记录填写说明”编制，或从商务记录中看不出其应负的责任，则该承运人应自收到记录之日起 35 天期限内将此商务记录退还编制商务记录的承运人，同时指出退还的原因，或书面寄送对该记录的异议，同时说明相应的理由。 如超过这一期限，即认为商务记录已被接受。

修订解读

本条规定了商务记录的编制办法，包括：应编制商务记录的情况，商务记录的编制和签字要求，商务记录的样式和在行李或包裹运行报单记载的要求，由车辆毁损造成行李或包裹的灭失、损坏或腐坏时编制商务记录的办法，到站承运人编制商务记录的情况及要求，数份商务记录有出入时的处理办法，商务记录格式纸印制和填写要求，以及商务记录的编制份数要求。

本条在 2016 版《国际客协办事细则》的基础上做过四次修订：

(1)在 2017 版《国际客协办事细则》中，完善了在国境站编制的

7 份商务记录中每方国境站各得 2 份的情况表述。

(2)在 2018 版《国际客协办事细则》中,对商务记录格式纸印制和填写文字要求补充了英文;修改了附件中商务记录的样式和填写说明,并明确了按照"《国际客协》商务记录填写说明"编制。

(3)在 2019 版《国际客协办事细则》中,修改了行李或包裹状态与商务记录所述信息相符时,到站在商务记录做记载的项序号。

(4)在 2022 版《国际客协办事细则》中,补充了新的第 31 条"商务记录",将 2021 版《国际客协办事细则》第 16 条"商务记录"内容列入新的第 31 条。经修改和合并,形成 8 项内容进行表述:第 1 项规定了应编制商务记录的情况;第 2 项规定了商务记录的编制和签字要求;第 3 项规定了商务记录的样式和在行李或包裹运行报单记载的要求;第 4 项规定了由车辆毁损造成行李或包裹的灭失、损坏或腐坏时编制商务记录的办法;第 5 项规定了到站承运人编制商务记录的情况及要求;第 6 项规定了数份商务记录有出入时的处理办法;第 7 项规定了商务记录格式纸印制和填写要求;第 8 项规定了商务记录的编制份数要求。在条文内容上,规范了有关"承运人"和"承运人代表"的使用表述;完善了关于"《国际客协》商务记录样式"和"《国际客协》商务记录填写说明"引用附件的表述;补充了到站承运人检查行李或包裹的状态与商务记录中所述信息不符时应编制新的商务记录的要求;明确了在交付方和接收方国境站编制 7 份商务记录的要求。

第7章 旅客的运送，行李和包裹在国境站上的交接

第32条 旅客的运送，行李和包裹在国境站上的交接

条文对照

2022版《国际客协办事细则》	2016版《国际客协办事细则》
第32条 旅客的运送，行李和包裹在国境站上的交接	**第16条 旅客的运送。行李和包裹在国境站上的交接**
第1项 旅客的运送以及行李和包裹的交接，应经由适用的运价规程中所载的国境站办理。	**第1项** 旅客的运送以及行李和包裹的交接，应经由适用的运价规程中所载的国境站办理。
第2项 国境站上行李和包裹的交接，凭交接单（样式见本办事细则附件第13号）办理，由双方交接被授权人详细查点件数，必要时也检查重量。 运送票据应按交接单内填写的顺序附在交接单上。 发送人在包裹运送票据上所附的添附文件，应记载在交接单备注栏内。	**第2项** 国境站上行李和包裹的交接，凭交接单~~（国际客协办事细则附件第12号）~~办理，由双方交接~~人员~~详细查点件数，必要时也检查重量。 运送票据应按交接单内填写的顺序附在交接单上。 发送人在包裹运送票据上所附的添附文件，应记载在交接单备注栏内。
第3项 行李和包裹交接单由交付方编制，一式6份，交付方和接收方各得3份，以便给车站、承运人和海关部门。	**第3项** 行李和包裹交接单由交付方编制，一式6份，交付方和接收方各得3份，以便给车站、承运人和海关部门。

续上表

2022 版《国际客协办事细则》	2016 版《国际客协办事细则》
第 4 项 行李和包裹交接单应单独编制并按日历年度从年初开始连续独立编号。 在本办事细则第 31 条第 1 项所载的情况下，接收方的国境站被授权人应编制商务记录一式 7 份。 有关编制记录的情况，应在运送票据以及交接单的有关栏内作出记载，并注明记录的号码和编制原因。 如交接单内没有记载任何保留声明，也未附有任何记录，该行李或包裹即认为已经完整交清。	**第 4 项** 行李和包裹交接单应单独编制并按日历年度从年初开始连续独立编号。 ~~在第 15 条第 1 项所载的情况下，~~接收方的国境站工作人员应编制商务记录一式 7 份。 有关编制记录的情况，应在运送票据以及交接单的有关栏内作出记载，并注明记录的号码和编制原因。 如交接单内没有记载任何保留条件，也未附有任何记录，该行李或包裹即认为已经完整交清。
第 5 项 在行李和包裹的交接单和运送票据上，应记明交付和接收日期，并加盖交付方和接收方国境站戳记。	**第 5 项** 在行李和包裹的交接单和运送票据上，应记明交付和接收日期，并加盖交付方和接收方国境站戳记。
第 6 项 接收方国境站在遇有下列情形时，可拒绝接收行李或包裹： 1. 行李或包裹的内容、状态或包装不容许继续运送； 2. 行李或包裹到达时无运送票据，或其票据中存在不容许继续运送的缺陷； 3. 单件行李的重量超过《国际客协》第 21 条第 1 项或单件包裹的重量超过《国际客协》第 29 条第 2 项规定的标准。 在上述情况下，交付方国境站如不能将发现的问题就地消除，应收回未被接收的行李或包裹。	**第 6 项** 接收方国境站在遇有下列情形时，可拒绝接收行李或包裹： 1. 行李或包裹的内容、状态或包装不容许继续运送； 2. 行李或包裹到达时无运送票据，或其票据中存在不容许继续运送的缺陷； 3. 单件行李或包裹的重量超过《国际客协》第 21 条第 1 项和第 29 条第 2 项规定的标准。 在上述情况下，交付方国境站如不能将发现的问题就地消除，应收回未被接收的行李或包裹。

续上表

2022 版《国际客协办事细则》	2016 版《国际客协办事细则》
如果接收方国境站拒绝接收行李或包裹,则应编制普通记录(样式见本办事细则附件第 14 号),同时注明拒收原因,还应在交接单上记载"普通记录第____号"。记录编制一式 3 份,其中交付方和拒收方各得一份,另一份附在添附文件上。 被拒收的行李或包裹,根据有关拒收的普通记录,凭新交接单返还交付方。	如果接收方国境站拒绝接收行李或包裹,则应编制普通记录(~~国际客协办事细则附件第 13 号~~),同时注明拒收原因,还应在交接单上记载"普通记录第____号"。记录编制一式 3 份,其中交付方和拒收方各得一份,另一份附在随附文件上。 被拒收的行李或包裹,根据有关拒收的普通记录,凭新交接单返还交付方。

修订解读

本条规定了旅客的运送以及行李和包裹在国境站上的交接办法,包括:国境站上办理行李和包裹交接的办法,编制行李和包裹交接单的要求,以及接收方国境站可拒绝接收行李或包裹的情况。

本条在 2016 版《国际客协办事细则》的基础上做过两次修订:

(1)在 2019 版《国际客协办事细则》中,规范了第 2 项和第 4 项中"被授权人"的使用表述;对第 6 项修改了关于接收方国境站可拒绝接收行李或包裹的情况的表述,将第 3 款项中单件行李和单件包裹的重量标准分别表述。

(2)在 2022 版《国际客协办事细则》中,补充了新的第 7 章"旅客的运送,行李和包裹在国境站上的交接"。补充了新的第 32 条"旅客的运送,行李和包裹在国境站上的交接",将 2021 版《国际客协办事细则》的第 17 条"旅客的运送,行李和包裹在国境站上的交接"列入新的第 32 条。在条文内容上,更新了第 2 项、第 4 项和第 6 项中对本办事细则引用条款和引用附件的表述。

第8章 运送费用

第33条 运送费用的计算和核收

条文对照

2022版《国际客协办事细则》	2016版《国际客协办事细则》
第33条 运送费用的计算和核收	第17条 旅客乘车票价以及行李和包裹运费
第1项 旅客、行李和包裹的运送费用(客票票价、卧铺费、行李和包裹运费),按适用的运价规程中所载的运费表确定。 乘车总票价为:对沿每一国家境内的乘车里程单独确定的客票票价,然后相加,以及按每一不换乘区间乘车的总里程确定的卧铺费。 计算使用减成和优惠的客票票价时,单独对每一国家境内,按数学规则精确到小数点后一位进整,即票价0.05以下进整为0.0,大于等于0.05进整为0.1。 除乘车票价外,还可向旅客核收乘车票据或运送票据办理国国内法律规定的手续费和其他费用。	第1项 旅客乘车票价应根据适用的运价规程所载的运费表,将每一参加运送承运人的票价相加确定。计算优惠乘车票价时,对每一国家,按数学规则精确到小数点后一位进整,即票价0.05以下进整为0.0,大于等于0.05进整为0.1。卧铺费按每一不换乘区间乘车的总里程确定。 除乘车票价外,还应向旅客核收适用的运价规程规定的杂费。 自发站至到站的总运送费用,由售票处根据车厢等级和席位种类向旅客核收。 乘坐国际联运车厢的卧铺费,或改乘较高种类席位时的卧铺费差额,可在列车中向旅客核收。
第2项 自发站至到站的总运送费用,由售票处根据车厢等级和席位种类向旅客核收。 乘坐国际联运车厢的卧铺费,或改乘较高种类席位时的卧铺费差额,可在列车上向旅客核收。	

续上表

2022 版《国际客协办事细则》	2016 版《国际客协办事细则》
第3项 适用的运价规程中规定的行李或包裹的运费和杂费,应在发站计算并核收。 发站在计算行李或包裹运费的总额时,应首先按照适用的运价规程的运费表分别计沿每一国家境内的乘车里程的1千克行李运价和10千克包裹运价。然后将按照上述方法得出的每一参加运送承运人的运价率,乘以行李千克数或包裹10千克倍数(相乘前将包裹总重量向上进整至10的整倍数),再把参加运送的每一承运人的运费和向发送人核收的总额记入行李票或包裹票。 声明价格的款额,应在行李票或包裹票内用发送国货币和运价货币注明。声明价格的费用以运价货币计算,记入运送票据内,然后再折算为发送国货币向发送人核收。 行李和包裹的声明价格超过150瑞士法郎时,按下列办法计算声明价格费:将一定里程下声明价格为150瑞士法郎的费率,乘以声明价格款额所包含的150瑞士法郎的倍数,再加上费率表中规定的费率。 比如,声明价格总额为500瑞士法郎。为计算声明价格费用,应将150瑞士法郎时的费率乘以3,再加上该里程声明价格50瑞士法郎时的费率(500÷150=3+50瑞士法郎)。	**第2项** 适用的运价规程中规定的行李或包裹的运费和杂费,应在发站计算并核收。 发站在计算行李或包裹运费的总额时,应首先按照适用的运价规程的运费表分别~~计算每一参加运送承运人的10千克运价率~~。然后将按照上述方法得出的每一参加运送承运人的运价率,乘以10千克倍数(相乘前将~~行李或~~包裹总重量~~的尾数~~进整),再把参加运送的每一承运人的运费和向~~旅客或包裹~~发送人核收的总额记入行李票或包裹票。 声明价格的款额,应在行李票或包裹票内用发送国货币和运价货币注明。声明价格的费用以运价货币计算,记入运送票据内,然后再折算为发送国货币向发送人核收。 行李和包裹的声明价格超过150瑞士法郎时,按下列办法计算声明价格费:将一定里程下声明价格为150瑞士法郎的费率,乘以声明价格款额所包含的150瑞士法郎的倍数,再加上费率表中规定的费率。 比如,声明价格总额为500瑞士法郎。为计算声明价格费用,应将150瑞士法郎时的费率乘以3~~(500÷150=3+50瑞士法郎)~~,再加上该里程声明价格50瑞士法郎时的费率。

续上表

2022 版《国际客协办事细则》	2016 版《国际客协办事细则》
第 4 项 途中发生的费用,应由发生该项费用的车站承运人记入行李或包裹运行报单,并加盖这些车站的日期戳记,在到站按单独收据向领收人核收。 到站还应核收在本站所发生的费用。 如在到站判明由于发站承运人将运价规程用错,计算运费或确定重量有误,以致少收款额,这项少收款额到站不向领收人核收。	**第 3 项** 途中发生的费用,应由发生该项费用的车站承运人记入行李或包裹运行报单,并加盖这些车站的日期戳,在到站按单独收据向行李或包裹领收人核收。 到站还应核收在本站所发生的费用。 如在到站判明由于发站承运人将运价规程用错,计算运费或确定重量有误,以致少收款额,这项少收款额到站不向行李或包裹领收人核收。

修订解读

本条规定了运送费用的计算和核收办法,包括:旅客、行李和包裹运送费用的确定依据,旅客乘车票价的计算和核收方法,行李或包裹的运费和杂费的计算和核收方法,以及行李或包裹途中和到站费用的核收办法。

本条在 2016 版《国际客协办事细则》的基础上做过四次修订:

(1)在 2018 版《国际客协办事细则》中,完善了关于在发站计算行李或包裹运费总额的方法的表述,明确要将行李或包裹总重量向上进整至 10 的整数倍;强调了声明价格的费用向行李或包裹发送人核收。

(2)在 2019 版《国际客协办事细则》中,规范了关于“发送人”和“领收人”的使用表述。

(3)在 2020 版《国际客协办事细则》中,修改了在发站计算行李或包裹运费总额的方法,行李以 1 千克为单位计价,包裹以 10 千克为单位计价,同时删除了将行李总重量向上进整至 10 的整数倍的要求。

(4)在2022版《国际客协办事细则》中,补充了新的第8章“运送费用”。补充了新的第33条“运送费用的计算和核收”,将2021版《国际客协办事细则》的第18条“旅客乘车票价以及行李和包裹运费”列入新的第33条。在条文内容上,将2021版《国际客协办事细则》第1项内容拆分列入新的第1项和第2项表述;对第1项明确了旅客、行李和包裹的运送费用是指客票票价、卧铺费、行李和包裹运费,补充了关于乘车总票价组成的表述,完善了关于可向旅客核收手续费和其他费用的表述。

第9章 清 算

第34条 各承运人间的清算

条文对照

2022版《国际客协办事细则》	2016版《国际客协办事细则》
第34条 各承运人间的清算	第18条 各承运人间的清算
由于适用《国际客协》所发生的各承运人间的清算，根据《国际旅客联运和铁路货物联运清算规则》（以下简称《清算规则》）办理。	~~由于采用本协定所发生的~~各承运人间的清算，根据~~单独的国际旅客联运清算规则~~办理。

修订解读

本条规定了办理各承运人间清算的依据。

本条在2016版《国际客协办事细则》的基础上做过一次修订：

在2022版《国际客协办事细则》中，补充了新的第9章“清算”。补充了新的第34条“各承运人间的清算”，将2021版《国际客协办事细则》的第19条“各承运人间的清算”列入新的第34条。在条文内容上，明确了各承运人间的清算根据《国际旅客联运和铁路货物联运清算规则》办理。

第 10 章　赔偿请求

第 35 条　对承运人的赔偿请求

条文对照

2022 版《国际客协办事细则》	2016 版《国际客协办事细则》
第 35 条　对承运人的赔偿请求	~~附件第 14 号　国际旅客联运旅客、行李和包裹运送赔偿请求审查规则~~ **第 1 条　对承运人的赔偿请求**
第 1 项　根据旅客、行李和包裹运送合同所产生的赔偿请求，可以向《国际客协》附件第 2 号所列的承运人提出。	**第 1 项**　根据旅客、行李和包裹运送合同所产生的赔偿请求，可以向《国际客协》附件第 2 号所列的承运人提出。 ~~接到赔偿请求的承运人，即为赔偿请求的处理承运人。~~
第 2 项　收到赔偿请求的承运人应根据《国际客协》第 35 条、第 43 条和第 44 条的要求查清赔偿请求的理由是否充分，检查一切必要文件是否齐全及是否遵守了提出赔偿请求的期限。	**第 2 项**　~~赔偿请求处理承运人，应尽可能确切查清事实。处理承运人~~应根据《国际客协》~~的规定，判明赔偿请求人是否有权提出赔偿请求和~~一切必要文件是否齐全~~，并根据《国际客协》的要求检查~~是否遵守了提出赔偿请求的期限。 ~~此外，该承运人应决定是否应承认赔偿请求以及由何方赔偿。~~
第 3 项　在审查赔偿请求后，收到赔偿请求的承运人根据《国际客协》第 43 条的第 8 项和第 9 项的规定对赔偿请求文件进行处理。	

续上表

2022 版《国际客协办事细则》	2016 版《国际客协办事细则》
	~~第 20 条 赔偿请求~~ ~~关于旅客、行李和包裹运送所发生的赔偿请求，按照国际旅客联运旅客、行李和包裹运送赔偿请求审查规则（国际客协办事细则附件第 14 号）所规定的办法办理。~~

修订解读

本条规定了对承运人的赔偿请求办法，包括赔偿请求的提出、审查和处理的办法和规定。

本条在 2016 版《国际客协办事细则》的基础上做过两次修订：

（1）在 2017 版《国际客协办事细则》中，将“处理赔偿请求的承运人”修改为“处理承运人”。

（2）在 2022 版《国际客协办事细则》中，补充了新的第 10 章“赔偿请求”，将 2021 版《国际客协办事细则》的附件第 14 号“国际旅客联运旅客、行李和包裹运送赔偿请求审查规则”列入新的第 10 章，并删除了 2021 版《国际客协办事细则》的第 21 条“赔偿请求”。补充了新的第 35 条“对承运人的赔偿请求”，将 2021 版《国际客协办事细则》的附件第 14 号第 1 条“对承运人的赔偿请求”内容列入新的第 35 条。经修改和补充，拆分成 3 项内容进行表述：第 1 项规定了赔偿请求的提出办法；第 2 项规定了承运人审查赔偿请求的办法；第 3 项规定了承运人处理赔偿请求文件的办法。在条文内容上，删除了对“处理承运人”的表述；明确了承运人审查和处理赔偿请求的依据。

第 36 条　退还旅客运送费用的赔偿请求

条文对照

2022 版《国际客协办事细则》	2016 版《国际客协办事细则》
第 36 条　退还旅客运送费用的赔偿请求	附件第 14 号　国际旅客联运旅客、行李和包裹运送赔偿请求审查规则 第 3 条　关于退还运送费用的赔偿请求
	第 1 项　退还运送费用的赔偿请求，由承运人根据《国际客协》第 35 条和第 42 条的规定处理。
	第 2 项　赔偿请求由按《国际客协》第 42 条第 2 项的规定收到旅客赔偿请求的承运人予以审查。
第 1 项　由收到赔偿请求的承运人（合同承运人）审查赔偿请求，并根据《国际客协》第 35 条的规定决定赔偿请求是否应予满足。 如果其承认对赔偿请求应部分或全部予以满足，则应满足其相应的赔偿请求，不必征求应按赔偿请求退还运送费用国境内运行的其他承运人的意见。 此项决定，对于参加退还运送费用的其他承运人具有约束效力。	第 3 项　处理赔偿请求的承运人，应查清赔偿请求的事实，并根据《国际客协》第 35 条的规定决定赔偿请求是否应予满足。 如果其承认对赔偿请求应部分或全部予以满足，则不必征求应按运送里程退赔运送费用的其他承运人的意见，即可适当地满足赔偿请求。 此项决定，对于参加退赔运送费用的其他承运人具有约束效力。

续上表

2022 版《国际客协办事细则》	2016 版《国际客协办事细则》
第 2 项 如为证明赔偿请求而提供的乘车票据未按《国际客协》第 43 条规定办理，而根据赔偿请求书陈述的情况判断该项赔偿请求可予满足，则合同承运人只有经参加退还运送费用的各承运人的同意后，才可决定是否按照下列办法满足赔偿请求。 合同承运人在接到赔偿请求书之日起 30 天内，将赔偿请求书副本连同有关文件寄往参加该运送的所有承运人。 如已向一个或多个承运人寄送赔偿请求材料，自随附函件中标注日期起 60 天之内对赔偿请求未予答复，则合同承运人通过邮件或其他能够确认信息发出和发出日期的方式向其发出催告。发出催告之日起 30 天内未接到答复，即认为对方已经承认赔偿请求。	**第 4 项** 如为证明赔偿请求而提供的乘车票据未按《国际客协》~~第 35 条~~规定办理，而根据赔偿请求书陈述的情况判断该项赔偿请求可予满足，则处理承运人~~应征得其他有关铁路的同意按第 2 条第 1 项规定的期限满足赔偿请求。~~

修订解读

本条规定了退还旅客运送费用的赔偿请求的办法，包括退还旅客运送费用的赔偿请求的审查和处理办法。

本条在 2016 版《国际客协办事细则》的基础上做过两次修订：

(1)在 2017 版《国际客协办事细则》中，将“处理赔偿请求的承运人”修改为“处理承运人”；更新了为证明赔偿请求而提供的乘车票据的办理规定依据。

(2)在 2022 版《国际客协办事细则》中，补充了新的第 36 条“退还旅客运送费用的赔偿请求”，将 2021 版《国际客协办事细则》的附件第 14 号第 3 条“关于退还运送费用的赔偿请求”内容列入新的第 36 条。在条文内容上，删除了原条文第 1 项和第 2 项表述；删除了关于“处理承运人”的表述,明确了由收到赔偿请求的承运人(合同承运人)审查赔偿请求;完善了关于承认对赔偿请求予以满足时处理办法的表述;补充了合同承运人满足赔偿请求的条件和办法。

第 37 条　退还行李和包裹运送费用的赔偿请求

条文对照

2022 版《国际客协办事细则》	2016 版《国际客协办事细则》
第 37 条　退还行李和包裹运送费用的赔偿请求	~~附件第 14 号　国际旅客联运旅客、行李和包裹运送赔偿请求审查规则~~ **第 2 条　对行李和包裹运送的赔偿请求**
第 1 项　由收到赔偿请求的承运人(合同承运人或交付行李和包裹的承运人)审查赔偿请求,如其对该项赔偿请求负全部责任,则决定是否满足赔偿请求。 如提出的赔偿请求的责任方为其他承运人,则只有经参与退还费用的各承运人的同意才能承认赔偿请求,并按照下列办法办理。 对两国或更多国家间的行李或包裹运送,收到赔偿请求的承运人应在接到赔偿请求之日起 30 天内,将赔偿请求书副本连同有关文件寄往参加该运送的所有承运人。 如已向一个或多个承运人寄出赔偿请求材料,其自随附函件中标注日期起 60 天内对赔偿请求未予答复,则寄出赔偿请求材料副本的承运人通过邮件或其他能够确认信息发出和发出日期的方式发出催告。 如自发出催告之日起,在 30 天内仍旧没有接到答复,即认为对方已经承认赔偿请求。	**第 1 项**　~~如处理承运人~~对该项赔偿请求负全部责任~~,则由该承运人自行解决。~~ 如提出的赔偿请求的责任方为其他~~参加《国际客协》的~~承运人,~~则赔偿请求按照下列程序解决:~~ 对两邻国或更多国家间的行李或包裹运送,~~处理~~承运人应在接到赔偿请求书之日起 30 天~~期间~~内,将赔偿请求书副本连同~~一切~~有关文件寄往参加该运送的所有承运人~~,并同时将此通知赔偿申请人~~。 如一个或多个承运人~~自赔偿请求材料寄出之时起 100 天之内~~对赔偿请求未予答复,~~处理承运人应用挂号信向其~~发出催告。 如从发出催告时起,在 30 天以内仍旧没有接到答复,即认为对方已经承认赔偿请求。 对于行李或包裹运到逾期的赔偿请求,无需寄送赔偿请求书副本。

续上表

2022版《国际客协办事细则》	2016版《国际客协办事细则》
对于行李或包裹运到逾期的赔偿请求,无需寄送赔偿请求书副本。 接到赔偿请求副本的每一承运人,应在随附函件中标注日期起60天之内审查赔偿请求并向寄出赔偿请求材料副本的承运人(合同承运人或交付行李和包裹的承运人)做出答复,且将此答复抄送参加运送的其他承运人,及向各参加承运人通报自方对该赔偿请求承担多少责任。如审查赔偿请求的承运人中的一方为过错方,并决定全部承认赔偿请求,则根据《清算规则》在各承运人之间办理后续清算。 如赔偿请求经所有相关承运人审查之后,无法根据情节确定过错承运人,而赔偿请求又理由充分,应予承认,如各相关承运人将不做其他商定,则向发送人赔偿的费用按照该批货物在各参加运送的承运人实际运行的运价公里数的比例进行分摊,但那些能够证明损失不是发生在其线路上或因其过失造成的承运人除外。 如一个或多个相关承运人在规定期限结束后给予否定的答复,则收到赔偿请求的承运人对此不予考虑。 如一个或多个相关承运人在规定期限结束后承认过错,则收到赔偿请求的承运人在必要时根据《清算规则》重新办理清算。	接到赔偿请求书的每一承运人,~~必须在自材料寄出之时起100天之内~~审查赔偿请求并向处理承运人做出答复,将此答复抄送参加运送的其他承运人。~~与此同时,处理承运人要~~向各参加承运人通报自方对该赔偿请求承担多少责任。~~这时,如审查赔偿请求的承运人承认责任属于自方,则将承认的款额列入定期结算表中,作为处理承运人的收益。~~ 如赔偿请求经所有相关承运人审查之后,无法根据情节确定出责任承运人,而赔偿请求又理由充分,应予承认,~~则处理承运人有权按照该批货物在各国实际运行的运价公里数的比例,将该项损失的赔偿金额在所有参加运送的承运人之间(处理承运人亦不例外)分摊~~,但那些能够证明损失不是发生在其线路上或因其过失造成的国家除外。 如一个或~~数个参加~~承运人在规定期限结束后给予否定的答复,处理承运人对此不予考虑。 如一个或~~数个有关~~承运人,~~虽然逾期答复,但承认赔偿请求,必要时处理承运人可通过将必要的款额列入结算表进行重新计算。~~

续上表

2022 版《国际客协办事细则》	2016 版《国际客协办事细则》
第 2 项 收到赔偿请求的承运人在本条第 1 项规定的 30 天期限届满寄送赔偿请求，不作为参加运送的承运人拒绝审查赔偿请求的理由。	**第 2 项** 处理承运人在第 2 条第 1 项规定的 30 天期限届满寄送按规定办法编制的赔偿请求书，不能成为责任承运人拒绝赔偿请求的理由。
第 3 项 当赔偿申请人提出足以证明有赔偿请求权的文件，但其与《国际客协》第 43 条第 7 项所载的文件一览表不符时，那么这些文件对于审查赔偿请求是否充分，经参加退还运送费用的各承运人同意后由收到赔偿请求的承运人决定。 收到赔偿损失请求书的承运人，应在请求书和所附文件上注明承运人名称和收到赔偿请求的日期。 如收到赔偿申请人提出的文件上已盖有审查赔偿请求的戳记，则收到赔偿请求的承运人应查明对前次的赔偿请求曾经做过何种决定。	**第 3 项** 审查赔偿请求时，处理承运人应要求提出《国际客协》第 42 条所规定的文件。 如赔偿申请人不能提出上述文件，而提出足以证明有赔偿请求权的其他文件，那么这些文件对于审查赔偿请求是否充分由处理承运人决定。 收到赔偿损失请求书的承运人，应在请求书和所付一切文件上注明承运人名称、收到赔偿请求的日期和卷宗号码。 如收到赔偿申请人提出的文件上已盖有审查赔偿请求的戳记，处理承运人应查明对前次的赔偿请求曾经作过何种决定。 在对赔偿请求审查后，处理承运人可根据《国际客协》第 42 条第 8 项的规定对赔偿请求文件进行处理。

修订解读

本条规定了退还行李和包裹运送费用的赔偿请求办法，包括：对赔偿请求审查和转寄的处理办法，参加运送的承运人拒绝审查赔偿请求的理由，以及收到赔偿损失请求的承运人的处理办法。

本条在 2016 版《国际客协办事细则》的基础上做过一次修订：

在 2022 版《国际客协办事细则》中，补充了新的第 37 条“退还行李和包裹运送费用的赔偿请求”，将 2021 版《国际客协办事细则》的附件第 14 号第 2 条“对行李和包裹运送的赔偿请求”内容列入新的第 37 条。在条文内容上，删除了有关“处理承运人”的表述；修改了关于收到赔偿请求承运人决定是否满足赔偿请求的表述；修改了赔偿请求的责任方为其他承运人时转寄赔偿请求及相关承运人审查和确认赔偿请求的办法；修改了关于审查赔偿请求文件是否充分的办法和处理依据。

第 38 条 关于旅客生命或健康损害的赔偿请求

条文对照

2022 版《国际客协办事细则》	2016 版《国际客协办事细则》
第 38 条 关于旅客生命或健康损害的赔偿请求	
第 1 项 如旅客的生命或健康受到损害，则旅客的生命或健康受到损害时办理运输的承运人（合同承运人、实际承运人或接续承运人）为审查赔偿请求的责任方。	
第 2 项 如将赔偿请求寄往的承运人不是审查该赔偿请求的责任方，则该承运人应自收到赔偿请之日起 15 天内将赔偿请求转寄给旅客生命或健康受到损害的实际责任方承运人，并将此事通知申请人。	

修订解读

本条规定了关于旅客生命或健康损害的赔偿请求办法，包括对审查赔偿请求的责任方的界定，以及收到赔偿请求的承运人不是审查该赔偿请求的责任方的处理办法。

本条在 2016 版《国际客协办事细则》的基础上做过一次修订：在 2022 版《国际客协办事细则》中，补充了新的第 38 条“关于旅客生命或健康损害的赔偿请求”，补充了两项内容列入第 38 条。

第11章 运输合同责任开始时承运人间的相互关系

第39条 承运人间已付赔款的返还要求

条文对照

2022版《国际客协办事细则》	2016版《国际客协办事细则》
第39条 承运人间已付赔款的返还要求	**第19条 各承运人间已付赔款的返还要求**
根据《国际客协》已向旅客、发送人或领收人支付赔款的承运人,有权按照以下规定向参加运送的其他承运人提出返还要求: 1. 如损失是由某个承运人的过失造成,则仅由该承运人对此负责; 2. 如损失是由于参与运送的数个承运人的过错造成,每一承运人各自应对自己造成的损失负责; 3. 如不能证明损失是由于一个或几个承运人的过错所造成,且无法厘清他们之间的过错,则由各承运人商定责任分摊办法; 4. 如各承运人不能就责任分摊办法达成一致,除可以证明损失不是由于自身原因造成的承运人之外,由参加运送的各承运人按照所运物件的实际运价里程的比例,在彼此间分摊责任。	根据~~本协定~~已向旅客、发送人或领收人支付赔款的承运人,按照以下规定,有权向参加运送的其他承运人提出返还要求: 1. 如损失是由某个承运人的过失造成,则仅由该承运人对此负责; 2. 如损失是由于参与运送的数个承运人的过失造成,每一承运人各自应对自己造成的损失负责; 3. 如不能证明损失是由于一个或几个承运人的过失所造成,且无法厘清他们之间的过失,则由各承运人商定责任分摊办法; 4. 如各承运人不能就责任分摊办法达成一致,除可以证明损失不是由于自身原因造成的承运人之外,由参加运送的各承运人按照所运物件的实际运价里程的比例,在彼此间分摊责任。

续上表

2022 版《国际客协办事细则》	2016 版《国际客协办事细则》
如根据《国际客协》第 35 条的规定，承运人退还了运送费用，则该承运人有权要求已收取自身费用的承运人返还赔款。 如数个承运人都发生行李和包裹运到逾期，逾期赔偿的款额应按照《国际客协》第 38 条的规定，按各承运人的总逾期日数和造成逾期的每一承运人所收运费的数额计算。 根据《国际客协》第 32 条确定的包裹运到期限，按下列办法在参加运送的承运人之间分配： 1. 发送期间算给发站承运人； 2. 运送期间按包裹在每一国家境内运送的运价里程比例分配； 3.《国际客协》第 32 条第 2 项规定的补加期间，无论运送行李或包裹时，都加算给由于以上各项所列原因而发生滞留国家境内的那些承运人。 如赔偿或运送费用的返还系根据法院的判决确定，并且被要求返还赔款的承运人事先已得知案件由司法机关审理，则该承运人对于提出返还赔偿或运送费用的承运人支付的赔偿是否正确无权争辩。 有关返还基于赔偿请求已支付的赔款或运送费用的要求，应自实际支付赔偿请求应付款额之日起 75 天内提出。 根据法院判决确定的赔偿或返还要求，应自该项判决生效之日起 75 天内提出。	如根据《国际客协》第 35 条的规定承运人退还了运送费用，则该承运人有权要求已收取自身费用的承运人返还赔款。 如数个承运人都发生行李和包裹运到逾期，逾期赔偿的款额应按照《国际客协》第 39 条的规定，按各承运人的总逾期日数和造成逾期的每一承运人所收运费的数额计算。 根据《国际客协》第 32 条确定的包裹运到期限，按下列办法在参加运送的承运人之间分配： 1. 发送期间算给发站承运人； 2. 运送期间按包裹在~~每一国~~运送的运价里程比例分配； 3.《国际客协》第 25 条第 2 项规定的补加期间，无论运送行李或包裹时，都加算给由于该项所列原因而发生滞留国家的承运人。 如赔偿或运送费用的返还系根据法院的判决确定，并且被要求返还赔款的承运人事先已得知案件由司法机关审理，则该承运人对于提出返还赔偿或运送费用的承运人支付的赔偿是否正确，无权争辩。 有关返还基于赔偿请求已支付的赔款或运送费用的要求，应自实际支付赔偿请求应付款额之日起 75 天内提出。 根据法院判决确定的赔偿或返还要求，应自该项判决生效之日起 75 天内提出。

续上表

2022版《国际客协办事细则》	2016版《国际客协办事细则》
上述期限期满后,承运人无权提出返还赔偿的要求。 承运人之间引起纠纷的返还赔偿或运送费用的要求,根据有关方的申请,应在被告所在地的适当法院,根据处理纠纷所在地的法律进行审理。 如果返还赔偿或运送费用的要求是对几个承运人提出的,则提出要求的承运人有权自行决定向任一被告所在地的适当法院提起诉讼。	上述期限期满后,承运人无权提出返还赔偿的要求。 承运人之间引起纠纷的返还赔偿或运送费用的要求,根据有关方的申请,应在被告所在地的适当法院,根据处理纠纷所在地的法律进行审理。 如果返还赔偿或运送费用的要求是对几个承运人提出的,则提出要求的承运人有权自行决定向任一被告所在地的适当法院提起诉讼。
	~~**附件第14号 国际旅客联运旅客、行李和包裹运送赔偿请求审查规则**~~ ~~**第4条 一方承运人向另一方承运人要求返还已付赔款的权利**~~ ~~**第1项** 各承运人间的相互责任,以及一方承运人向另一方承运人要求返还已付赔款的权利,根据《国际客协》和《国际客协办事细则》的规定办理。~~ ~~**第2项** 关于对返还已付赔款的要求,各承运人间按照单独的国际旅客联运清算规则中所规定的办法进行清算。~~

修订解读

本条规定了承运人间已付赔款的返还要求,包括:已向旅客、发送人或领收人支付赔款的承运人向参加运送的其他承运人提出返还要求的规定,行李和包裹运到逾期赔偿款额的计算方法,包裹运到期限在承运人之间的分配办法,承运人提出返还赔偿或运送费用要求的规定,以及承运人之间引起纠纷的处理办法。

本条在 2016 版《国际客协办事细则》的基础上做过三次修订:

(1)在 2017 版《国际客协办事细则》中,修改了包裹运到期限在参加运送的承运人之间分配办法的第 3 款表述, 明确了补加期间根据《国际客协》第 25 条第 2 项和第 32 条第 2 项规定。

(2)在 2019 版《国际客协办事细则》中,再次修改了包裹运到期限在参加运送的承运人之间分配办法的第 3 款表述,明确了补加期间根据《国际客协》第 32 条第 2 项规定。

(3)在 2022 版《国际客协办事细则》中,补充了新的第 11 章"运输合同责任开始时承运人间的相互关系"。补充了新的第 39 条"承运人间已付赔款的返还要求",将 2021 版《国际客协办事细则》的第 20 条"各承运人间已付赔款的返还要求"列入新的第 39 条,删除了附件第 14 号第 4 条"一方承运人向另一方承运人要求返还已付赔款的权利"。

第12章　乘车票据和运送票据上记载的事项

第40条　事项的记载

条文对照

2022 版《国际客协办事细则》	2016 版《国际客协办事细则》
第40条　事项的记载	第4条　国际联运车厢的乘务
第1项　在未履行或变更运输合同条件的任何情况下，承运人或其授权人员应根据《国际客协》第6条第7～9项的规定在乘车票据、行李票或包裹票上做相应记载。	
第2项　如旅客有卧铺票收据，凡卧铺票上记载的一切事项，均应记入卧铺票收据内。	第10项　如旅客有卧铺票收据，凡卧铺票上记载的一切事项，均应记入卧铺票收据内。 旅客乘车票据、行李和包裹运送票据上最常见的记载事项一览表载于国际客协办事细则附件第6号。
第3项　乘车票据、行李票或包裹票最常用的记载事项一览表载于本办事细则附件第7号。	

修订解读

本条规定了有关事项记载的要求，包括：在未履行或变更运输合同条件情况下的记载要求，对卧铺票收据的记载要求，以及乘车票据、行李票或包裹票最常用的记载事项。

本条在2016版《国际客协办事细则》的基础上做过一次修订：

在2022版《国际客协办事细则》中，补充了新的第12章“乘车票据和运送票据上记载的事项”。补充了新的第 40 条“事项的记载”，其中：新增第 1 项在未履行或变更运输合同条件情况下的记载要求；将 2021 版《国际客协办事细则》的第 4 条“国际联运车厢的乘务”第 10 项内容列入本条，拆分成第 2 项和第 3 项；完善了关于乘车票据、行李票或包裹票最常用的记载事项引用附件的表述。

第 41 条　戳　　记

条文对照

2022 版《国际客协办事细则》	2016 版《国际客协办事细则》
第 41 条　戳记	**第 21 条　戳记**
第 1 项　车站日期戳，应包括下列信息： 1. 加盖戳记的车站名称； 2. 年、月、日。	**第 1 项**　车站日期戳，应包括下列内容： 1. 国家车站名称； 2. 年、月、日。
第 2 项　戳记应加盖在指定的地方，或加盖在所作记载事项需有戳记证明的地方。	**第 2 项**　戳记应加盖在指定的地方，或加盖在所作记载事项需有戳记证明的地方。
第 3 项　戳记的印迹应清楚明晰。 由于戳记不清楚可能引起的一切后果，应由加盖戳记的承运人负责。	**第 3 项**　戳记的印迹应清楚明晰。 由于戳记不清楚可能引起的一切后果，应由加盖戳记的承运人负责。
第 4 项　戳记印迹不准用笔更改。如有必要更改戳记印迹或印迹不清时，应将原印迹划销，在旁边重盖。	**第 4 项**　戳记印迹不准用笔更改。如有必要更改戳记印迹或印迹不清时，应将原印迹划销，在旁边重盖。

修订解读

本条规定了加盖戳记的要求，包括：车站日期戳的内容，加盖戳记的位置要求，以及对戳记印迹的要求。

本条在 2016 版《国际客协办事细则》的基础上做过一次修订：

在2022版《国际客协办事细则》中,补充了新的第41条"戳记",将2021版《国际客协办事细则》的第22条"戳记"列入新的第41条。在条文内容上,对第1项修改了关于车站日期戳信息中关于车站名称的表述。

第13章 承运人间的信息交换

第42条 公务通信

条文对照

2022版《国际客协办事细则》	2016版《国际客协办事细则》
第42条　公务通信	第22条　公务电报的拍发和电话通讯
承运人间通过电报渠道或其他确认事实及获悉日期的方式进行信息交换。 公务电报的拍发应根据铁组约891备忘录《使用铁组成员国铁路电报通信网交换国际公务电报和电报通信线路日常维护的细则》办理。	公务电报的拍发应根据约-891备忘录《使用铁组成员国铁路电报通讯网交换国际公务电报和电报通讯线路日常维修的细则》办理。

修订解读

本条规定了承运人间公务通信的方式和办理依据。

本条在2016版《国际客协办事细则》的基础上做过两次修订：

(1)在2017版《国际客协办事细则》中，将本条标题修改为“公务电报的拍发”。

(2)在2022版《国际客协办事细则》中，补充了新的第13章“承运人间的信息交换”。补充了新的第42条“公务通信”，将2021版《国际客协办事细则》的第23条“公务电报的拍发”列入新的第42条。在条文内容上，增加了关于承运人间公务通信方式的要求；完善了关于公务通信办理依据的表述。

附　　件

（2022 版《国际客协办事细则》）

附件第 1 号

《国际客协》参加国承运人代号

阿塞拜疆共和国	AZ
阿富汗伊斯兰共和国	ARA
阿尔巴尼亚共和国	HSH
白俄罗斯共和国	BC
保加利亚共和国	BDZ
越南社会主义共和国	VZD
格鲁吉亚	GR
哈萨克斯坦共和国	KZH
中华人民共和国	KZD
朝鲜民主主义人民共和国	ZC
吉尔吉斯共和国	KRG
拉脱维亚共和国	LDZ
立陶宛共和国	LTG Link
摩尔多瓦共和国	CFM
蒙古国	MJD
波兰共和国	PKP
俄罗斯联邦	RZD
斯洛伐克共和国	ZSSK

塔吉克斯坦共和国	TDZ
土库曼斯坦	TRK
乌兹别克斯坦共和国	UTI
乌克兰	UZ
捷克共和国	CD
爱沙尼亚共和国	EVR

修订解读

本附件列明了《国际客协》参加国承运人代号，在2016版《国际客协办事细则》的基础上做过四次修订：

(1)在2017版《国际客协办事细则》中，更新了斯洛伐克共和国承运人代号。

(2)在2018版《国际客协办事细则》中，更新了阿富汗伊斯兰共和国和蒙古国承运人代号。

(3)在2021版《国际客协办事细则》中，更新了立陶宛共和国承运人代号。

(4)在2022版《国际客协办事细则》中，将原附件第1号"国际客协参加国承运人代号及乘车票据和运送票据样式"拆分为2个附件，附件第1号和附件第2号，其中附件第1号为"《国际客协》参加国承运人代号"。

附件第 2 号

乘车票据和运送票据样式

2.1 RCT2-标准样式（含各栏、各行、各列所代表的意义）

(CIV-MDI/UIC or SMPS)

RCT2

EDGE OF BOOKLET

C I V

1

2

DATE | TIME | DEPARTURE / FROM | ➔ ARRIVAL / TO | DATE | TIME | CLASS

P | P | | | P | P |

3 | 3 | 3 | ➔ 3 | 3 | 3 | 4

3 | 3 | 3 | ➔ 3 | 3 | 3 | *

5

6

7

8

= Logo / name of ticket bearer and rail company code

= Positions designated as "blank" in *UIC Leaflet 918*

= Position of stock control number

1 - 8 = Fields

P = Also as pictogram (calendar sheet, clock)

2.2 联合乘车票据 RCT2-标准

2.3 联合乘车票据 RCT2-快速

RZD КОНТРОЛЬНЫЙ КУПОН

МС 20 к проездному документу
без проездного документа
для проезда недействителен

ОБРАЗЕЦ

•2041000748016З•

А 20 41 000 748016

2.4 乌(克)铁联合乘车票据 RCT2-快速 ASU PP UZ

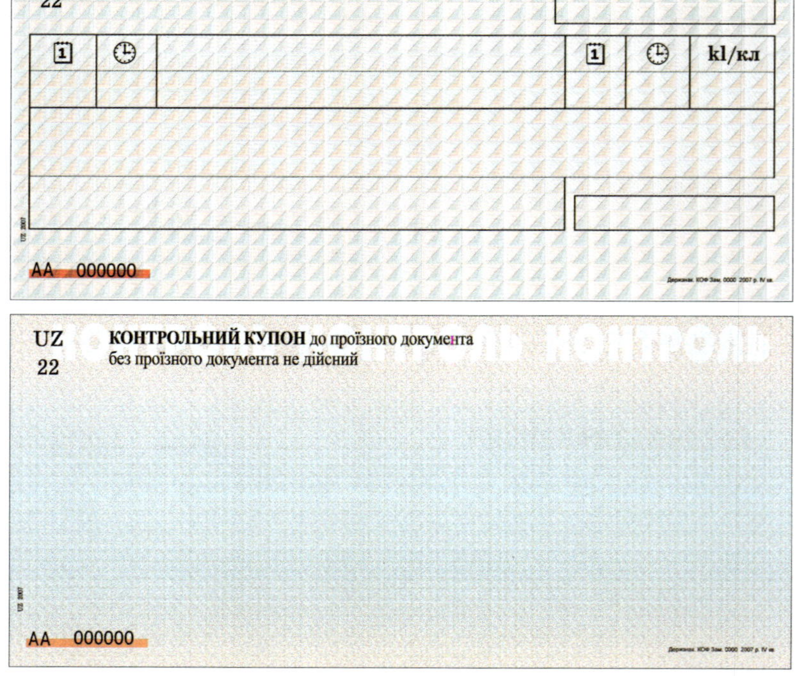

UZ
22

kl/кл

AA 000000

UZ
22
КОНТРОЛЬНИЙ КУПОН до проїзного документа
без проїзного документа не дійсний

AA 000000

2.5 空白客票

LG-24
KELIONĖS BILIETAS
БИЛЕТ - КУПОН
STRECKENFAHRSCHEIN
LB
0097500

Data, kasos antspaudas
Штемпель места выдачи с датой
Tagesstempel der Ausgabestelle

Kel. sk. / Для / Für ______ человек / Reisende(n)

Nuo/от/von

iki / до / nach — 1 kl. / кл. / Kl. — 2 kl. / кл. / Kl.

per/через/über

Nuolaida ______ % / Скидка / Ermässigung
Pažymėjimas Nr. ______ / Удостоверение № / Bescheinigung
Vieno keleivio važiavimo kaina / Плата за проезд одного пассажира / Preis für einen Person

Kontrolinės kortelės / Контрольные купоны / Kontrollkarten
nuo Nr. ______ / с № / von Nr. — iki Nr. ______ / до № / bis Nr.
Visa važiavimo kaina / Общая стоимость / Gesamtbetrag

LG-24
KELIONĖS BILIETAS
БИЛЕТ - КУПОН
STRECKENFAHRSCHEIN
LB
0097500

Data, kasos antspaudas
Штемпель места выдачи с датой
Tagesstempel der Ausgabestelle

Kel. sk. / Для / Für ______ человек / Reisende(n)

Nuo/от/von

iki / до / nach — 1 kl. / кл. / Kl. — 2 kl. / кл. / Kl.

per/через/über

Nuolaida ______ % / Скидка / Ermässigung
Pažymėjimas Nr. ______ / Удостоверение № / Bescheinigung
Vieno keleivio važiavimo kaina / Плата за проезд одного пассажира / Preis für einen Person

Kontrolinės kortelės / Контрольные купоны / Kontrollkarten
nuo Nr. ______ / с № / von Nr. — iki Nr. ______ / до № / bis Nr.
Visa važiavimo kaina / Общая стоимость / Gesamtbetrag

ŠAKNELĖ - КОРЕШОК - STAMM

册 页 客 票

MC
UZ

КВИТОК-КУПОН
БИЛЕТ-КУПОН
STRECKENFAHRSCHEIN

A 000000

Штемпель місця видачі з датою
Штемпель места выдачи с датой
Tagesstempel der Ausgabestelle

для
для
für ______ осіб
человек
Reisenden

від/от/von		
до до nach	1 кл. кл. kl.	
	2 кл. кл. kl.	

через/через/über ______

Знижка Скидка Ermässigung ______ %	Посвідчення Удостоверение Bescheinigung № ______	Плата за проїзд 1 пасажира Плата за проезд 1 пассажира Preis für eine Person	В тар.вал. В тар.вал. In der Tarifwährung	
Контрольні купони/ Контрольные купоны/ Kontrollkarten			В нац.вал. В нац.вал. In der Nationalwährung	
з/с/ von № ______	по/по/bis № ______	Загальна вартість в нац.вал. Общая стоимость в нац.вал. Gesamtbetrag in der Nationalwährung		

Держзнак. КОФ. Зам. 0000 2009 р. IV кв.

MC
UZ

КВИТОК-КУПОН
БИЛЕТ-КУПОН
STRECKENFAHRSCHEIN

A 000000

Штемпель місця видачі з датою
Штемпель места выдачи с датой
Tagesstempel der Ausgabestelle

для
для
für ______ осіб
человек
Reisenden

корінець/корешок/Stamm

від/от/von		
до до nach	1 кл. кл. kl.	
	2 кл. кл. kl.	

через/через/über ______

Знижка Скидка Ermässigung ______ %	Посвідчення Удостоверение Bescheinigung № ______	Плата за проїзд 1 пасажира Плата за проезд 1 пассажира Preis für eine Person	В тар.вал. В тар.вал. In der Tarifwährung	
Контрольні купони/ Контрольные купоны/ Kontrollkarten			В нац.вал. В нац.вал. In der Nationalwährung	
з/с/ von № ______	по/по/bis № ______	Загальна вартість в нац.вал. Общая стоимость в нац.вал. Gesamtbetrag in der Nationalwährung		

Держзнак. КОФ. Зам. 0000 2009 р. IV кв.

2.6 卧 铺 票

LG-24

MIEGAMOSIOS VIETOS BILIETAS
ПЛАЦКАРТА
BETTKARTE

LB
0076000

Data, kasos antspaudas
Штемпель места выдачи с датой
Tagesstempel der Ausgabestelle

Bilieto Nr. . . . . kel. sk. . . . .
К билету № для человек
Zum Fahrausweis für Reisende(n)

Nuo/от/von iki/до/nach

per/через/über

Išvykimas 19 . . . . val. . . . . . . min. : traukinys Nr. . . . . vagonas Nr. . . .
Отправление в час мин. : поезд № вагон №
Abfahrt Std. Min. : Zug Wagen

Glžk. Klasė ir kategorija Vietų Nr. . . . .
Жел. дор. Класс и категория Места №
Eisenbahn Klasse und Kategorie Plätze

Vieno keleivio važiavimo kaina Плата за одного пассажира Preis für einen Person			Išdavimo šalies valiuta В валюте страны выдачи In der Währung des Ausgabelandes		
Visa važiavimo kaina Общая стоимость Gesamtbetrag			Paslaugos rinkliava Комиссионный сбор Provision		
Paslaugos rinkliava Комиссионный сбор Vormerkgebühr			Važiuota . . . . geležinkelio vagone Использована в вагоне жел. дор. Im Wagen der Eisenbahn benutzt		

ŠAKNELĖ - КОРЕШОК - STAMM

LG-24

MIEGAMOSIOS VIETOS BILIETAS
ПЛАЦКАРТА
BETTKARTE

LB
0076000

Data, kasos antspaudas
Штемпель места выдачи с датой
Tagesstempel der Ausgabestelle

Bilieto Nr. . . . . kel. sk. . . . .
К билету № для человек
Zum Fahrausweis für Reisende(n)

Nuo/от/von iki/до/nach

per/через/über

Išvykimas 19 . . . . val. . . . . . . min. : traukinys Nr. . . . . vagonas Nr. . . .
Отправление в час мин. : поезд № вагон №
Abfahrt Std. Min. : Zug Wagen

Glžk. Klasė ir kategorija Vietų Nr. . . . .
Жел. дор. Класс и категория Места №
Eisenbahn Klasse und Kategorie Plätze

Vieno keleivio važiavimo kaina Плата за одного пассажира Preis für einen Person			Išdavimo šalies valiuta В валюте страны выдачи In der Währung des Ausgabelandes		
Visa važiavimo kaina Общая стоимость Gesamtbetrag			Paslaugos rinkliava Комиссионный сбор Provision		
Paslaugos rinkliava Комиссионный сбор Vormerkgebühr			Važiuota . . . . geležinkelio vagone Использована в вагоне жел. дор. Im Wagen der Eisenbahn benutzt		

LG-24

MIEGAMOSIOS VIETOS BILIETAS
ПЛАЦКАРТА
BETTKARTE

LB
0076000

KVITAS. КВИТАНЦИЯ. QUITTUNG

Data, kasos antspaudas
Штемпель места выдачи с датой
Tagesstempel der Ausgabestelle

Bilieto Nr. / К билету № / Zum Fahrausweis kel. sk. / для / für человек / Reisende(n)

Nuo/от/von iki/до/nach

per/через/über

Išvykimas 19 / Отправление / Abfahrt val. / час / Std. min. / мин. / Min. traukinys Nr. / поезд № / Zug vagonas Nr. / вагон № / Wagen

Gžk. / Жел. дор. / Eisenbahn Klasė ir kategorija / Класс и категория / Klasse und Kategorie Vietų Nr. / Места № / Plätze

Vieno keleivio važiavimo kaina Плата за одного пассажира Preis für einen Person			Išdavimo šalies valiuta В валюте страны выдачи In der Währung des Ausgabelandes	
Visa važiavimo kaina Общая стоимость Gesamtbetrag			Pardavimo rinkliava Комиссионный сбор Provision	
Paslaugos rinkliava Комиссионный сбор Vormerkgebühr			Važiuota ... geležinkelio vagone Использована в вагоне жел. дор. Im Wagen der Eisenbahn benutzt	

卧 铺 票

MC
UZ

ПЛАЦКАРТА
ПЛАЦКАРТА
BETTKARTE

Спеціальні вказівки
Специальные указания
Besondere Angaben

A 000000

Штемпель місця видачі з датою
Штемпель места выдачи с датой
Tagesstempel der Ausgabestelle

До квитка
К билету
Zum Fahrausweis

осіб
человек
reisenden

від/от/von	до/до/nach
через/через/über	

30

Залізниця
Жел.дорога
Eisenbahn

Клас та категорія
Класс и категория
Klasse und Kategorie

Плата за проїзд 1 пасажира в тар.вал. Плата за проезд 1 пассажира в тар.вал. Preis für eine Person in der Tarifwährung		в нац.вал. в нац.вал. in der Nationalwährung	грн.	
Загальна вартість в тар.вал. Общая стоимость в тар.вал. Gesamtbetrag in der Tarifwährung		в нац.вал. в нац.вал. in der Nationalwährung	грн.	
Комісійний збір в нац.вал. Комиссионный сбор в нац.вал. Kommissionsgebühr in der Nationalwährung	грн.	Використано у вагоні залізниці Использована в вагоне жел.дор. Im Wager der Eisenbahn benutzt		

Держзнак. КОФ. Зам. 0000 2009 р. IV кв.

MC
UZ

ПЛАЦКАРТА
ПЛАЦКАРТА
BETTKARTE
КВИТАНЦІЯ
КВИТАНЦИЯ
QUITTUNG

Спеціальні вказівки
Специальные указания
Besondere Angaben

A 000000

Штемпель місця видачі з датою
Штемпель места выдачи с датой
Tagesstempel der Ausgabestelle

До квитка
К билету
Zum Fahrausweis

осіб
человек
reisenden

від/от/von	до/до/nach
через/через/über	

30			

Залізниця
Жел.дорога
Eisenbahn

Клас та категорія
Класс и категория
Klasse und Kategorie

Плата за проїзд 1 пасажира в тар.вал. Плата за проезд 1 пассажира в тар.вал. Preis für eine Person in der Tarifwährung		в нац.вал. в нац.вал. in der Nationalwährung	грн.	
Загальна вартість в тар.вал. Общая стоимость в тар.вал. Gesamtbetrag in der Tarifwährung		в нац.вал. в нац.вал. in der Nationalwährung	грн.	
Комісійний збір в нац.вал. Комиссионный сбор в нац.вал. Kommissionsgebühr in der Nationalwährung	грн.	Використано у вагоні залізниці Использована в вагоне жел.дор. Im Wagen der Eisenbahn benutzt		

Держзнак. КОФ. Зам. 0000 2009 р. IV кв.

MC
UZ

ПЛАЦКАРТА
ПЛАЦКАРТА
BETTKARTE

Спеціальні вказівки
Специальные указания
Besondere Angaben

A 000000

Штемпель місця видачі з датою
Штемпель места выдачи с датой
Tagesstempel der Ausgabestelle

До квитка
К билету
Zum Fahrausweis

осіб
человек
reisenden

корінець/корешок/stamm

від/от/von	до/до/nach
через/через/über	

30			

Залізниця
Жел.дорога
Eisenbahn

Клас та категорія
Класс и категория
Klasse und Kategorie

Плата за проїзд 1 пасажира в тар.вал. Плата за проезд 1 пассажира в тар.вал. Preis für eine Person in der Tarifwährung		в нац.вал. в нац.вал. in der Nationalwährung	грн.	
Загальна вартість в тар.вал. Общая стоимость в тар.вал. Gesamtbetrag in der Tarifwährung		в нац.вал. в нац.вал. in der Nationalwährung	грн.	
Комісійний збір в нац.вал. Комиссионный сбор в нац.вал. Kommissionsgebühr in der Nationalwährung	грн.	Використано у вагоні залізниці Использована в вагоне жел.дор. Im Wagen der Eisenbahn benutzt		

Держзнак. КОФ. Зам. 0000 2009 р. IV кв.

2.7 补加费收据

LG-24

PRIEMOKOS KVITAS
ДОПЛАТНАЯ КВИТАНЦИЯ
NACHLÖSEQUITTUNG

LB 0004500

Data, kasos antspaudas
Штемпель с датой выдачи
Stempel und Datum
der Ausgabe

Prie miegamosios vietos bilieto Nr. ....
К билету/плацкарте №
Zum Fahrausweis/zur Bettkarte

Glžk. / Жел. дор. / Eisenbahn .... klasė / класс / Klasse .... для / für .... ; kel. sk. / человек / Reisenden .... nuolaida / скидка / Ermässigung ...... %

nuo/от/von .... iki/до/nach ....

per/через/über ....

Priemoka / Доплата для / Nachzahlung für .... kel. sk. / человек / Reisenden .... nuolaida / скидка / Ermässigung .... %

nuo/от/von .... iki/до/nach ....

per/через/über ....

Papildomai išieškota Взыскано дополнительно Erhobener Zuschlag	Perėjimas į aukštesnės kategorijos vagoną Переход в 1-й класс Klassenwechsel	Maršruto pakeitimas Изменение пути следования Streckenwechsel	Miegamosios vietos bilieto kainos skirtumas Разница в стоимости плацкарты Unterschied in der Bettkarte nuo/из/von .... iki/в/in ....
Už vieną keleivį За одного пассажира Für einen Person			
Visa važiavimo kaina Общая стоимость Gesamtbetrag			

LG-24

PRIEMOKOS KVITAS
ДОПЛАТНАЯ КВИТАНЦИЯ
NACHLÖSEQUITTUNG

LB 0004500

Data, kasos antspaudas
Штемпель с датой выдачи
Stempel und Datum
der Ausgabe

SAKNELĖ - КОРЕШОК - STAMM

Prie miegamosios vietos bilieto Nr. ....
К билету/плацкарте №
Zum Fahrausweis/zur Bettkarte

Glžk. / Жел. дор. / Eisenbahn .... klasė / класс / Klasse .... для / für .... ; kel. sk. / человек / Reisenden .... nuolaida / скидка / Ermässigung ...... %

nuo/от/von .... iki/до/nach ....

per/через/über ....

Priemoka / Доплата для / Nachzahlung für .... kel. sk. / человек / Reisenden .... nuolaida / скидка / Ermässigung .... %

nuo/от/von .... iki/до/nach ....

per/через/über ....

Papildomai išieškota Взыскано дополнительно Erhobener Zuschlag	Perėjimas į aukštesnės kategorijos vagoną Переход в 1-й класс Klassenwechsel	Maršruto pakeitimas Изменение пути следования Streckenwechsel	Miegamosios vietos bilieto kainos skirtumas Разница в стоимости плацкарты Unterschied in der Bettkarte nuo/из/von .... iki/в/in ....
Už vieną keleivį За одного пассажира Für einen Person			
Visa važiavimo kaina Общая стоимость Gesamtbetrag			

2.8 票　　皮

LG-24

LIETUVOS GELEŽINKELIAI
ЛИТОВСКИЕ ЖЕЛЕЗНЫЕ ДОРОГИ
LITAUISCHE EISENBAHNEN

KELIONĖS BILIETŲ KNYGELĖ
КУПОННАЯ КНИЖКА
BUCHFAHRKARTE

1
4

АЧАА ТЭЭШИЙН ТАСАЛБАР
ТОВАРОБАГАЖНАЯ КВИТАНЦИЯ
EXPRESSGUTSCHEIN

A № 014450

ТӨМӨР ЗАМУУД
ЖЕЛЕЗНЫЕ ДОРОГИ
EISENBAHNEN

БҮГД ХУРААСАН
ВСЕГО ВЗЫСКАНО
INSGESAMT ERHOBEN

Олон Улсын суудлын харилцааны тухай хэлэлцээрээс
/ОСХХ/

1.Илгээгч нь ачаа тээшийн тасалбарыг хүлээн авахдаа тасалбарыг зөв бичигдсэнийг магадлана /ОСХХ 25-р зүйлийн § 5/.

2.Илгээгч нь дагалдах баримт байхгүй, бүрэн бус буюу буруугаас гарсан бүх хохиролд төмөр замын өмнө хариуцлага хүлээнэ /ОСХХ 26-р зүйл § 1/.

3.Ачаа тээшийг ачаа тээшийн тасалбар үзүүлэхгүйгээр ачаа тээшийн замын хуудсанд заасан хүлээн авагчид олгоно. Ачаа тээшийг олгож байгаа замд тогтоосон журмын дагуу хүлээн авагчийн итгэмжлэх бүхий өөр этгээдэд ачаа тээшийг олгож болно. Энэ хоёр тохиолдолд ачаа тээш хүлээн авагч этгээд нь хувийн баримт бичгээ заавал үзүүлэх хэрэгтэй /ОСХХ 28-р зүйлийн § 5/.

4.Өртөөн дээр ачаа тээш олгоход саад тохиолдвол саад тохиолдсон тухай явуулах өртөөгөөр дамжуулан илгээгчид цахилгаанаар мэдэгдэж түүний шийдвэрийг асууна. Илгээгч шийдвэр өгөхдөө ачаа тээшийн тасалбарыг үзүүлэх хэрэгтэй. Ачаа тээшийн тасалбарыг үзүүлэхгүй бол илгээгчийн шийдвэр нь хүчингүйд тооцогдоно. Хэрэв хүлээн авагч нь ачаа тээшийг авахаас татгалзсан учрапд илгээгч нь ачаа тээшийн тасалбарыг үзүүлэхгүйгээр шийдвэр өгч болно. Хэрэв хүлээн авагч нь ачаа тээш ирсэн тухай мэдэгдсээр байхад 5 хоногийн дотор түүнийг авахаар ирэхгүй бол ачаа тээшийг нэхэмжлээгүйд тооцож очих замын дотоод дүрмийн дагуу нэг тийш болгоно. Ачаа тээшээр тээвэрлэгдэж байгаа гэрийн хэрэглэлийг ирснээс хойш 30 хоног өнгөрсний дараа нэг тийш болгоно. Ачаа тээш нэг тийш болгосон тухай илгээгчид мэдээлнэ /ОСХХ 28-р зүйлийн 2 ба § 6/.

5.Төмөр зам нь ачаа тээшийг үрэгдүүлсэн байвал зарласан үнээр төлнө /ОСХХ 33-р зүйлийн § 2/.

Извлечения из Соглашения о международном пассажирском сообщении
/СМПС/

1.Отправитель при получении товаробагажной квитанции должен удостовериться в том, что квитанция составлена правильно /§ 5 статьи 23 СМПС/.

2.Отправитель несет ответственность перед железной дорогой за все убытки, которые могут возникнуть вследствие отсутствия, недостаточности или неправильности сопроводительных документов /§ 1 статьи 26 СМПС/.

3.Товаробагаж выдается получателю, указанному в дорожной товаробагажной ведомости, без предъявления им товаробагажной квитанции. Товаробагаж может быть выдан другому лицу, если у него имеется доверенность получателя, удостоверенная порядком, действующим на дороге, где выдается товаробагаж. В обоих случаях лицо, получающее товаробагаж, обязано предъявить свои личные документы /§ 5 статьи 28 СМПС/.

4.При возникновении препятствия к выдаче товаробагажа станция, на которой возникло препятствие телеграфно через станцию отправления извещает о препятствии отправителя и запрашивает его указания. При указании отправитель должен предъявить товаробагажную квитанцию. Без предъявления товаробагажной квитанции указания отправителя считаются недействительными. В случае, если получатель отказался получить товаробагаж, отправитель может дать указание без предъявления товаробагажной квитанции. В случае, если получатель, несмотря на уведомление о прибытии товаробагажа, не явится в течение пяти суток за получением его, товаробагаж считается невостребованным и ликвидируется по внутренним правилам дороги назначения. Домашние вещи, перевозимые товаробагажом, подлежат ликвидации по истечение 30 дней со дня прибытия. О ликвидации товаробагажа извещается отправитель /§ 2 и 6 статьи 28 СМПС/.

5.При утрате товаробагажа железная дорога уплачивает как возмещение сумму объявленной ценности /§ 2 статьи 33 СМПС/.

Auszud aus dem Adkaeimen uber Internaliaralen Personenverkehr
(SMPS)

1.Beim Empfang des Expeßgutscheines hat sich der Absender davon zu uderzeugen, daß der Schein richting aufgestelt ist (4 5 Artikel 23 SMPS).

2.Der Absender haftet gegenuber der Eisendahn für alle Schaden, die aus dem Fehlen, der Unvollstandigkeit oder der Urichtigkeit der Begleitpapiere entstehen konnen (4 1 Artikel 26 SMPS).

3.Das Expre gut wird an ben im Expreßgutbegleitschein angegebenen Empfanger ohne Vorlage des expreßgutscheines ausgeliefert. Das Expreßgut kann an eine andere Person ausgehandigt werden, wenn sie eine beglaubigte Vollmacht des Empfanders besitzt, die den Bestimmungen der Empfangsbahn entsprechen muß. In beiden Fallen mu sich der Abholer durch Vorlage des Personalausweises ausweisen (* 5 Artikel 28 SMPS).

4.Wenn die Ablieferung des Expreßgutes auf Hindernisse stoßt, verstandigt der Bahnhof auf dem das Hindernis entstanden ist, telegraphish davon den Absender uber den Versandbahnhof undersucht ihn um Anweisung Der Absender hat bei der Anweisung den Expreßgutschein vorzulegen. Ohne Vorlage des Expre gutscheines sind die Anweisungen des Absenders ungultig. Falls der Empfanger die Annahme des Expreßgutes verweigert, kann der Absender seine Anweisungen ohne Vorlage des Expre gutscheines erteilen Erscheint der Empfander trotz der Benachrichtigung uber den Eingang des Expregutes nicht innerhalb von 5 Tagen, um es abzuhoben so gilt das Expreßgut als unbestellbar und wird nach den Vorschriften des Binnenverkehrs der Bestimmungsbahn verwertet. Umzugsgut, das als Expre gut befordert wird, wird erst nach Ablauf von 30 Tage nach Eintreffen des Gutes verwertet. Der Absender wird von der Verwertung benachrichtigt (* 2 u 6 Artikel 28 SMPS).

5.Bei Verlust von Expregut zahlt die Eisenbahn eine Entschadigung bis zur Hone des entsprechenden Werres (* 2 Artikel 33 SMPS).

A № 014450

ДОРОЖНАЯ ТОВАРОБАГАЖНАЯ

ВЕДОМОСТЬ

ЖЕЛЕЗНЫЕ ДОРОГИ

EISENBAHNEN

Ирсэн тухай тэмдэглэл
Отметка о прибытии
Vermerk uder die Ankunft

Ирсний бүртгэх дэвтрийн дэс дугаар
Порядковый №________
книги прибытия
Ordnungsnummer
des Ankinftsbuches

/Очих өртөөний хуанлин тэмдэг
календарный штемпель станции назначения
datumstempel der Bestimmungsstation/

Замд үүсэх хураамж Сборы возникшие в пути Gebuhren die unterwegs etstanden sind	Рублээр Рубли R u b e l	Копейкаар К о п е й к и Kopeken
014450		
Хүлээн авагчаас хурааваал зохих дүн Итого подлежит взысканию с получателя Insgesamt vom Empfanger zu erheben		

Хүлээн авагчийн гарын үсэг
Расписка получателя
Bestatigung des Empfangers

Ачаа тээшийг, ачаа тээшийн замын хуудасны нүүрэн талд нэрлэсэн нэг ба тогтмол итгэмжлэхтэй
Товаробагаж, поименованный на лицевой стороне дорожной товаробагажной ведомости по разовой или постоянной доверенности
Das auf der Vorderseite der Expressgutfachkarte bezeichnete Expressgut laut einmaliger oder standiger Vollmacht

№________ от____________ 19____ г.
von
тул
для____________________
fur

Хүлээн авсан
Получил____________________
empfangen
/Ачаа тээшийг хүлээн авсан хүний гарын үсэг-подпись получившего товаробагаж-
Unterschift des Emfangers des Expressgutes/

____________ 19____ г.

Хувийн баримт
Личный документ №________
Personalausweis

Хот
город________
Stadt

Гудамж
улица________
Strasse

Байшин
дом №________
Haus

Байр
квартира №________
Wohnung

Хүлээн авагчийн хаяг
Адрес получателя________
Abresse des Empfangers

Гудамж
улица________
Strasse

Байшин
дом №________
Haus

Байр
квартира №________
Wohnung

Ачаа тээшийг олгосон тухай тэмдэглэл
Отметка о выдаче товаробагажа
Vermerk uber die Ablieferung des Expressgutes

Бусад тэмдэглэл
Другие отметки
Andere Vermerke

/Очих өртөөний хуанлин тэмдэг
календарный штемпель станции назначения
Datumstempel der Abgangsstation/

ОЛОН УЛСЫН ТӨМӨР ЗАМЫН СУУДЛЫН ХАРИЛЦАА
МЕЖДУНАРОДНОЕ ЖЕЛЕЗНОДОРОЖНОЕ
ПАССАЖИРСКОЕ СООБЩЕНИЕ
INTERNATIONALER ELSENBAHN-PERSONENVERKEHR
АЧАА ТЭЭШИЙН ТАСАЛБАРЫН ҮЛДЭХ ХУВЬ
КОРЕШОК ТОВАРОБАГАЖНОЙ КВИТАНЦИИ
STAMM DES EXPRESSGUTSCHEINES

A №014450

Явуулах замын орны нэр
Наименование страны дороги отправления ______
Staat der Abgangsbahn

Галт тэрэг / Поезд N ______ / Zug
Явуулсан он, сар, өдөр / Дата отправления ______ 19___ г. / Abgangsdatum

Явуулах зам ба өртөө
Станция и дорога отправления ______
Abgangsbahn und Abgangsstation

Очих зам ба өртөө
Станция и дорога назначения ______
Bestimmungsbahn und Bestimmungsstation

Замнал
Путь следования ______
Beförderungsweg /хилийн өртөөнүүд-пограничные станции-Grenzstationen/

Илгээгч ба түүний хаяг
Отправитель и его адрес ______
Absender und seine Anschrift /овог, нэр-фамилия, имя, отчество-Vor-und Zuname/

Хүлээн авагч ба түүний хаяг
Получатель и его адрес ______
Empfänger und seine Anschrift /овог, нэр-фамилия, имя, отчество-Vor-und Zuname/

Зарласан үнэ
Объявленная ценность ______
Angegebener Wert /рублиэр-бичгээр-прописью в рублях-in Worten in Rubel/

Гаалийн ба бусад ёсыг гүйцэтгэхэд зориулсан баримтыг хавсаргасан тухай тэмдэглэл ______
Отметка о приложении документов для выполнения таможенных и прочих формальностей ______
Vermerk über beigegebene Begleitpapiere zur Erfüllung der Zoll-und anderer Formalitäten ______

Байрын тоо Число мест Stückzahl	Баглааны төрөл Род упаковки Art der Verpackung	Ачааны нэр Наименование груза Bezeichnung des Gutes	Жин кг-аар Вес в кг Gewicht in kg Жинхэнэ действительный Wirkliches	Жин кг-аар Тээврийн хөлсийг тооцоолох для исчисления провозной платы Zur Berechnung der Fracht	Зарим байрны зарласан үнэ Объявленная ценность отдельных мест (в местной валюте) Angegebener Wert der einzelnen Stücke (in der Landeswährung)
	Дүн Итого Insgesamt				

ТӨМӨР ЗАМУУД ЖЕЛЕЗНЫЕ ДОРОГИ ELSENBAHNEN	Тээврийн хөлс Провозная плата Fracht	Нэмэгдэл хураамж Дополнительные сборы Nebengebühren			Бүгд Всего Insgesamt
	шв. фр.	Үнэ зарласанд за объявленную ценность Für Wertangabe			
БҮГД ХУРААСАН ВСЕГО ВЗЫСКАНО INSGESAMT ERHOBEN					

Хураасан
Взыскано
Erhoben
/Бичгээр-прописью-In Worten/

Тээшийн нярав
Багажный кассир ______
Gepäckkasierer /гарын үсэг гаргацтайгаар-подпись разборчиво-leserliche Unterschrift/

Ачаа тээшийн байдал буюу баглаанд дутагдал тухай явуулсан өртөөний тэмдэглэл
Отметка станции отправления о недостатках в упаковке или о состоянии товаробагажа
Vermerk der Versandstation über mangelhafte Verpackung oder den Zustand des Expressgutes

Өртөөний тэмдэг
Штемпель станции
Stationsstempel

Пүүлэгч-Весовщик-Wiegemeister

/гарын үсэг-подпись-Unterschrift/

Ачаа тээшийг тээвэрлэлтэнд хүлээн авсан тухай тэмдэглэл
Отметка о приеме товаробагажа к перевозке
Vermerk über die Annahme des Expressgutes zur Beförderung

/явуулах өртөөний хуанлин тэмдэг
Календарный штемпель станции отправления
Datumsstempel der Abgangsstation/

ОЛОН УЛСЫН СУУДЛЫН ХАРИЛЦАА
МЕЖДУНАРОДНОЕ ПАССАЖИРСКОЕ СООБЩЕНИЕ
INTERNATIONALER PERSONENVERKEHR

ТЭЭШИЙН ЗАМЫН ХУСНЭГТ
ДОРОЖНАЯ БАГАЖНАЯ ВЕДОМОСТЬ
GEPÄCKFRACHTKARTE

У 321925

Явуулах замын орны нэр
Наименование страны и дороги отправления ____________
Staat der Abgangsbahn

Галт тэрэг
Поезд № ____________
Zug

Явуулсан он, сар, өдөр
Дата отправления ____________ 19____г.
Abgangsdatum

Явуулах өртөө ба зам
Станция и дорога отправления ____________
Abgangsstation und Abgangsbahn

Очих өртөө ба зам
Станция и дорога назначения ____________
Bestimmungsstation und Bestimmungsbahn

Замнал
Путь следования ____________
Beförderungsweg (хилийн өртөөнүүд — пограничные станции — Grenzstationen)

Зарласан үнэ
Объявленная ценность ____________
Angegebener Wert (рублээр бичгээр — прописью в рублях — In Worten in Rubel)

Үзүүлсэн билетын № / Предъявлены билеты №№ / Nr Nr der vorgewiesenen Fahrscheine	Байрын тоо / Число мест / Stückzahl	Баглааны төрөл / Род упаковки / Art der Verpackung	Жин кг-аар — Вес в кг — Gewicht in Kg: жинхэнэ / действительный / wirkliches	Жин кг-аар — Вес в кг — Gewicht in Kg: тээварласний хөлсийг тооцоолох / для исчисления провозной платы / zur Berechnung der Fracht	Зарим байрын зарласан үнэ (нутгийн мөнгөн тэмдэгтээр) / Объявленная ценность отдельных мест (в местной валюте) / Angegebener Wert der einzelnen Gepäckstücke (in der Landeswährung)
Дүн / Итого / Insgesamt					

ТӨМӨР ЗАМУУД / ЖЕЛЕЗНЫЕ ДОРОГИ / EISENBAHNEN	Тээврийн хөлс / Провозная плата / Fracht: төг. / руб. / Rub.	Тээврийн хөлс / Провозная плата / Fracht: мөн. / коп. / Kop.	Нэмэлт хураамж (төг. мөн.) / Дополнительные сборы (руб. коп.) / Nebengebühren (Rub. Kop.): үнэ зарласанд / за объявленную ценность / für Wertangabe			Бүгд / Всего / Insgesamt
БҮГД ХУРААСАН / ВСЕГО ВЗЫСКАНО / INSGESAMT ERHOBEN						

Хураасан
Взыскано ____________
Erhoben (бичгээр — прописью — In Worten)

Тээшийн нярав
Багажный кассир ____________
Gepäckkassierer (гарын үсэг гаргацтайгаар — подпись разборчиво — leserliche Unterschrift)

Тээшийн байдал буюу савланд дутагдсан тухай явуулах өртөөний тэмдэглэл
Отметка станции отправления о недостатках в упаковке или о состоянии багажа
Vermerk der Versandstation über mangelhafte Verpackung oder den Zustand des Reisegepäcks

Өртөөний тамга
Штемпель станции
Stationsstempel

Пүүлэгч — Весовщик — Wiegemeister

____
(гарын үсэг — подпись — Unterschrift)

Тээшийг тээвэрлэлтэнд хүлээн авсан тухай тэмдэглэл
Отметка о приеме багажа к перевозке
Vermerk über die Annahme des Reisegepäcks zur Beförderung

Явуулах өртөөний хуанлийн тамга
Календарный штемпель станции отправления
Datumstempel der Abgangsstation

Ирсэн тухайн тэмдэглэл
Отметка о прибытии
Vermerk über die Ankunft

Ирсэний бүртгэх
дэвтрийн дэс дугаар
Порядковый №__________
книги прибытия
Ordnungsnummer
des Ankunftsbuches

(Очих өртөөний хуанли тэмдэг)
(календарный штемпель станции назначения)
(Datumstempel der Bestimmungsstation)

Олгосон тухайг тэмдэглэх
Отметка о выдаче
Vermerk über die Ablieferung

(Очих өртөөний хуанли тэмдэг)
(календарный штемпель станции назначения)
(Datumstempel der Bestimmungsstation)

Замд үүссэн хураамж Сборы, возникающие в пути Gebühren, die unterwegs entstanden sind	Рублээр Рубли Rubel	Копейкоор Копейки Kopeken	
1.__________			
2.__________			
Хүлээн авагчаас хураавал зохих дүн Итого подлежит взысканию с получателя Insgesamt vom Empfänger zu erheben			

Бусад тэмдэглэлүүд:
Другие отметки:
Andere Vermerke:

ОЛОН УЛСЫН СУУДЛЫН ХАРИЛЦАА
МЕЖДУНАРОДНОЕ ПАССАЖИРСКОЕ СООБЩЕНИЕ
INTERNATIONALER PERSONENVERKEHR

ТЭЭШИЙН ТАСАЛБАРЫН
БАГАЖНАЯ КВИТАНЦИЯ
GEPÄCKSCHEIN

У 321925

Явуулах замын орны нэр
Наименование страны и дороги отправления ______
Staat der Abgangsbahn

Галт тэрэг
Поезд №
Zug ______

Явуулсан он, сар, өдөр
Дата отправления
Abgangsdatum ______ 19____ г.

Явуулах өртөө ба зам
Станция и дорога отправления ______
Abgangsstation und Abgangsbahn

Очих өртөө ба зам
Станция и дорога назначения ______
Bestimmungsstation und Bestimmungsbahn

Замнал
Путь следования ______
Beförderungsweg
(хилийн өртөөнүүд — пограничные станции — Grenzstationen)

Зарласан үнэ
Объявленная ценность ______
Angegebener Wert
(рублээр бичгээр — прописью в рублях — In Worten in Rubel)

Үзүүлсэн билетын № / Предъявлены билеты №№ / Nr Nr der vorgewiesenen Fahrscheine	Байрын тоо / Число мест / Stückzahl	Баглааны төрөл / Род упаковки / Art der Verpackung	Жин кг-аар — Вес в кг — Gewicht in Kg		Зарим байрын зарласан үнэ (нутгийн мөнгөн тэмдэгтээр) / Объявленная ценность отдельных мест (в местной валюте) / Angegebener Wert der einzelnen Gepäckstücke (in der Landeswährung)
			жинхэнэ / действительный / wirkliches	тээвэрлэсний хөлсийг тооцоолох / для исчисления провозной платы / zur Berechnung der Fracht	
Дүн / Итого / Insgesamt					

ТӨМӨР ЗАМУУД / ЖЕЛЕЗНЫЕ ДОРОГИ / EISENBAHNEN	Тээврийн хөлс / Провозная плата / Fracht		Нэмэлт хураамж (төг. мөн.) / Дополнительные сборы (руб. коп.) / Nebengebühren (Rub. Kop.)			Бүгд / Всего / Insgesamt
	төг. / руб. / Rub.	мөн. / коп. / Kop.	үнэ зарласанд / за объявленную ценность / für Wertangabe			
БҮГД ХУРААСАН / ВСЕГО ВЗЫСКАНО / INSGESAMT ERHOBEN						

Хураасан
Взыскано ______
Erhoben
(бичгээр — прописью — In Worten)

Тээшийн нярав
Багажный кассир ______
Gepäckkassierer (гарын үсэг гаргацтайгаар — подпись разборчиво — leserliche Unterschrift)

Тээшийн байдал буюу савлагаа дутагдсан тухай явуулах өртөөний тэмдэглэл
Отметка станции отправления о недостатках в упаковке или о состоянии багажа
Vermerk der Versandstation über mangelhafte Verpackung oder den Zustand des Reisegepäcks

Өртөөний тэмдэг
Штемпель станции
Stationsstempel

Пүүлэгч — Весовщик — Wiegemeister

______
(гарын үсэг — подпись — Unterschrift)

Тээшийг тээвэрлэлтэнд хүлээн авсан тухай тэмдэглэл
Отметка о приеме багажа к перевозке
Vermerk über die Annahme des Reisegepäcks zur Beförderung

Явуулах өртөөний хуанлийн тэмдэг
Календарный штемпель станции отправления
Datumstempel der Abgangsstation

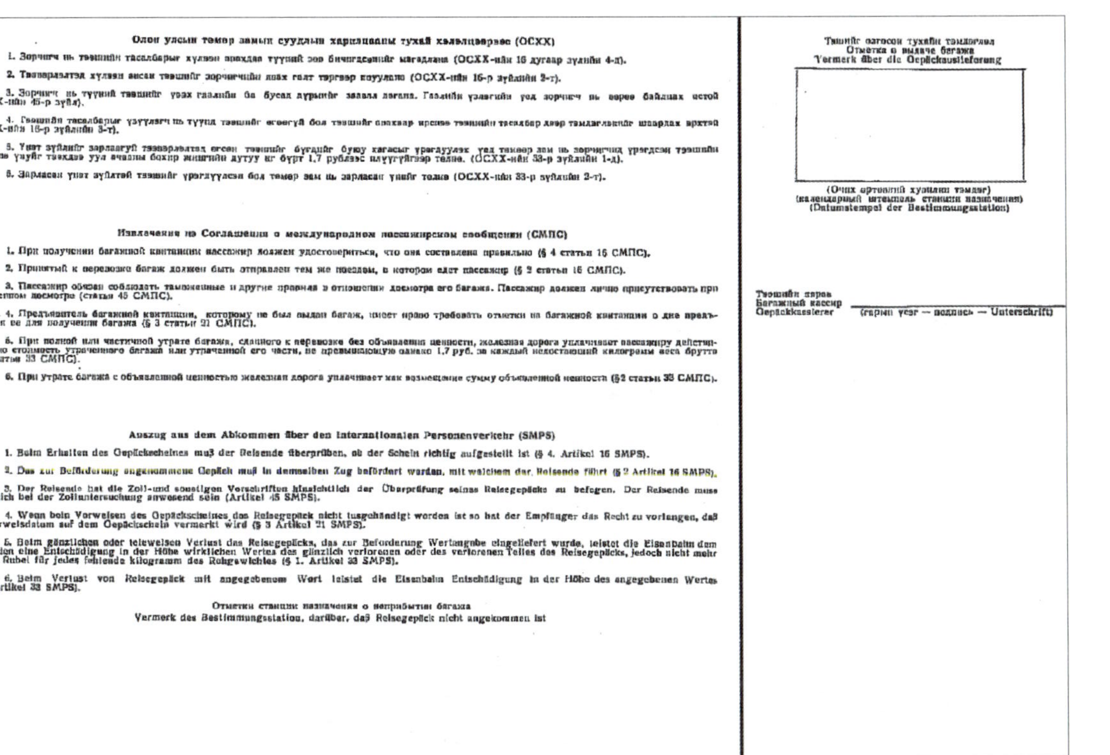

Олон улсын төмөр замын суудлын харилцааны тухай хэлэлцээрээс (ОСХХ)

1. Зорчигч нь тээшийн тасалбарыг хүлээн авахдаа түүний зөв бичигдсэнийг магадлана (ОСХХ-ийн 16 дугаар зүйлийн 4-д).

2. Тээвэрлэлтэд хүлээн авсан тээшийг зорчигчийн явах галт тэргээр илгээнэ (ОСХХ-ийн 16-р зүйлийн 2-т).

3. Зорчигч нь түүний тээшийг үзэх гаалийн ба бусад дүрмийг зааавал дагана. Гаалийн үзлэгийн үед зорчигч нь өөрөө байлцах естой (ОСХХ-ийн 45-р зүйл).

4. Тээшийн тасалбарыг үзүүлэгч нь түүнд тээшийг өгөөгүй бол тээшийг олохоор ирсэн тээшийн тасалбар дээр тэмдэглэхийг шаардах эрхтэй (ОСХХ-ийн 16-р зүйлийн 3-т).

5. Үнэт зүйлийг зарлаагүй тээвэрлэлтэд өгсөн тээшийг бүгдийг буюу хагасыг үрэгдүүлэх үед төмөр зам нь зорчигчид үрэгдсэн тээшийн жинхэнэ үнийг тээшдээ уул ачааны бохир жингийн дутуу кг бүрт 1,7 рублээс илүүгүйгээр төлнө. (ОСХХ-ийн 33-р зүйлийн 1-д).

6. Зарласан үнэт зүйлтэй тээшийг үрэгдүүлсэн бол төмөр зам нь зарласан үнийг төлнө (ОСХХ-ийн 33-р зүйлийн 2-т).

Извлечения из Соглашения о международном пассажирском сообщении (СМПС)

1. При получении багажной квитанции пассажир должен удостовериться, что она составлена правильно (§ 4 статьи 16 СМПС).

2. Принятый к перевозке багаж должен быть отправлен тем же поездом, в котором едет пассажир (§ 2 статьи 16 СМПС).

3. Пассажир обязан соблюдать таможенные и другие правила в отношении досмотра его багажа. Пассажир должен лично присутствовать при таможенном досмотре (статья 45 СМПС).

4. Предъявитель багажной квитанции, которому не был выдан багаж, имеет право требовать отметки на багажной квитанции о дне предъявления ее для получения багажа (§ 3 статьи 21 СМПС).

5. При полной или частичной утрате багажа, сданного к перевозке без объявления ценности, железная дорога уплачивает пассажиру действительную стоимость утраченного багажа или утраченной его части, не превышающую однако 1,7 руб. за каждый недостающий килограмм веса брутто (§ 1 статьи 33 СМПС).

6. При утрате багажа с объявленной ценностью железная дорога уплачивает как возмещение сумму объявленной ценности (§2 статьи 33 СМПС).

Auszug aus dem Abkommen über den Internationalen Personenverkehr (SMPS)

1. Beim Erhalten des Gepäckscheines muß der Reisende überprüfen, ob der Schein richtig aufgestellt ist (§ 4. Artikel 16 SMPS).

2. Das zur Beförderung angenommene Gepäck muß in demselben Zug befördert werden, mit welchem der Reisende fährt (§ 2 Artikel 16 SMPS).

3. Der Reisende hat die Zoll-und sonstigen Vorschriften hinsichtlich der Überprüfung seines Reisegepäcks zu befolgen. Der Reisende muss persönlich bei der Zolluntersuchung anwesend sein (Artikel 45 SMPS).

4. Wenn beim Vorweisen des Gepäckscheines das Reisegepäck nicht ausgehändigt worden ist so hat der Empfänger das Recht zu verlangen, daß das Vorweisdatum auf dem Gepäckschein vermerkt wird (§ 3 Artikel 21 SMPS).

5. Beim gänzlichen oder teilweisen Verlust des Reisegepäcks, das zur Beförderung Wertangabe eingeliefert wurde, leistet die Eisenbahn dem Reisenden eine Entschädigung in der Höhe wirklichen Wertes des gänzlich verlorenen oder des verlorenen Teiles des Reisegepäcks, jedoch nicht mehr als 1,7 Rubel für jedes fehlende Kilogramm des Rohgewichtes (§ 1. Artikel 33 SMPS).

6. Beim Verlust von Reisegepäck mit angegebenem Wert leistet die Eisenbahn Entschädigung in der Höhe des angegebenen Wertes (§ 2. Artikel 33 SMPS).

Отметки станции назначения о неприбытии багажа
Vermerk des Bestimmungsstation, darüber, daß Reisegepäck nicht angekommen ist

Тээшийг олгосон тухайн тэмдэглэл
Отметка о выдаче багажа
Vermerk über die Gepäckauslieferung

(Очих өртөөний хуанлин тэмдэг)
(календарный штемпель станции назначения)
(Datumstempel der Bestimmungsstation)

Тээшийн нярав
Багажный кассир
Gepäckkassierer

(гарын үсэг — подпись — Unterschrift)

ОЛОН УЛСЫН СУУДЛЫН ХАРИЛЦАА
МЕЖДУНАРОДНОЕ ПАССАЖИРСКОЕ СООБЩЕНИЕ
INTERNATIONALER PERSONENVERKEHR

ТЭЭШИЙН ТАСАЛБАРЫН ҮЛДЭХ ЭХ
КОРЕШОК БАГАЖНОЙ КВИТАНЦИИ
STAMM DES GEPÄCKSCHEINES

У 321925 ❋

Явуулах замын орны нэр
Наименование страны и дороги отправления ____________
Staat der Abgangsbahn

Галт тэрэг
Поезд №
Zug ____________
Явуулсан он, сар, өдөр
Дата отправления
Abgangsdatum ____________ 19____ г.

Явуулах өртөө ба зам
Станция и дорога отправления
Abgangsstation und Abgangsbahn ____________

Очих өртөө ба зам
Станция и дорога назначения
Bestimmungsstation und Bestimmungsbahn ____________

Замнал
Путь следования
Beförderungsweg ____________
(хилийн өртөөнүүд — пограничные станции — Grenzstationen)

Зарласан үнэ
Объявленная ценность
Angegebener Wert ____________
(рублээр бичгээр — прописью в рублях — In Worten in Rubel)

Үзүүлсэн билетын № Предъявленны билеты №№ Nr Nr der vorgewiesenen Fahrscheine	Байрын тоо Число мест Stückzahl	Баглааны төрөл Род упаковки Art der Verpackung	Жин кг-аар — Вес в кг — Gewicht in Kg: жинхэнэ действительный wirkliches	Жин кг-аар — Вес в кг — Gewicht in Kg: тээврийн хөлсийг тооцоолох для исчисления провозной платы zur Berechnung der Fracht	Зарим байрын зарласан үнэ (нутгийн мөнгөн тэмдэгтээр) Объявленная ценность отдельных мест (в местной валюте) Angegebener Wert der einzelnen Gepäckstücke (in der Landeswährung)
Дүн Итого Insgesamt					

ТӨМӨР ЗАМУУД ЖЕЛЕЗНЫЕ ДОРОГИ EISENBAHNEN	Тээврийн хөлс / Провозная плата / Fracht: төг. руб. Rub.	Тээврийн хөлс / Провозная плата / Fracht: мөн. коп. Kop.	Нэмэлт хураамж (төг. мөн.) / Дополнительные сборы (руб. коп.) / Nebengebühren (Rub. Kop.): үнэ зарласанд за объявленную ценность für Wertangabe			Бүгд Всего Insgesamt
БҮГД ХУРААСАН ВСЕГО ВЗЫСКАНО INSGESAMT ERHOBEN						

Хураасан
Взыскано
Erhoben ____________
(бичгээр — прописью — in Worten)

Тээшийн нярав
Багажный кассир
Gepäckkassierer ____________
(гарын үсэг гаргацтайгаар — подпись разборчиво — leserliche Unterschrift)

Тээшийн байдал буюу савлагаа дутагдсан тухай явуулах өртөөний тэмдэглэл
Отметка станции отправления о недостатках в упаковке или о состоянии багажа
Vermerk des Versandstation über mangelhafte Verpackung oder den Zustand des Reisegepäcks

Өртөөний тэмдэг
Штемпель станции
Stationsstempel

Пүүлэгч — Весовщик — Wiegemeister

____
(гарын үсэг — подпись — Unterschrift)

Тээшийг тээвэрлэлтэнд хүлээж авсан тухай тэмдэглэл
Отметка о приеме багажа к перевозке
Vermerk über die Annahme des Reisegepäcks zur Beförderung

Явуулах өртөөний хуанлийн тэмдэг
Календарный штемпель станции отправления
Datumstempel der Abgangsstation

2.9 团体旅客证

<table>
<tr>
<td>
MC
КЖД/KZD

团体旅客证
Контрольный купон

等级/Класс__________

属于册页客票　第______号
К билету-купону　№______
</td>
<td>
仅当同团体旅客册页客票使用时有效

Годен только с билетом-купоном для групповой поездки
</td>
</tr>
<tr>
<td>
MC
MJD

团体旅客证
Контрольный купон

册页客票　第______号
Билет-купон　№______

名______________　姓______________
Имя______________　фамилия__________
车厢　第______号　席位______________
Вагон №__________　Место____________
</td>
<td>
仅当同团体旅客册页客票使用时有效

Годен только с билетом-купоном для групповой поездки
</td>
</tr>
</table>

修订解读

本附件列明了乘车票据和运送票据的样式，包括：RCT2-标准样式、联合乘车票据 RCT2-标准样式、联合乘车票据 RCT2-快速样式、乌（克）铁联合乘车票据 RCT2-快速 ASU PP UZ 样式、空白客票样式、册页客票样式、卧铺票样式、补加费收据样式、票皮样式、行李和包裹运送票据样式，以及团体旅客证样式。

本附件在 2016 版《国际客协办事细则》的基础上做过一次修订：

在 2022 版《国际客协办事细则》中，将原附件第 1 号"国际客协参加国承运人代号及乘车票据和运送票据样式"拆分为 2 个附件，附件第 1 号和附件第 2 号，其中附件第 2 号为"乘车票据和运送票据样式"，规范了部分乘车票据的名称表述，并补充了 2.9 团体旅客证样式。

附件第 3 号

自动方法办理乘车票据时规定的减成代号

旅客种类 Категория пассажиров	“理由”栏内的减成代号 Условное обозначение скидок в графе «Мотив»
单独或团体乘车的 4～12 周岁的儿童 Дети в возрасте от 4 до 12 лет, следующие индивидуально и в составе группы	儿童 Детская
成人旅客团体 Группа взрослых пассажиров	团体 Группа
混合团体(儿童、成人) Смешанная группа (дети, взрослые)	儿童(　)* ＋成人(　)* Дет. (　)* ＋взр. (　)*

注：* 括号内注明旅客人数。

* В скобках указывается количество пассажиров

修订解读

本附件规定了自动方法办理乘车票据时的减成代号，在 2016 版《国际客协办事细则》的基础上做过一次修订：

在 2020 版《国际客协办事细则》中，修改了“旅客种类”栏第二行表述，修改为“成人旅客团体”。

附件第 4 号

服务人员乘务书样式

承运人____________

перевозчик ____________

乘 务 书 第________号

МАРШРУТ №________

____________________________车厢 第________________________号

Для ________________________ Вагона №________________________

挂于________________次________________次________________次列车

Курсирующего в поезде №____________№____________№____________

自________________________站 ________________________铁路往返

От ст. ____________________ ____________________ ж. д. и обратно

乘务人员的姓名 职 务

Фамилии лиц служебного персонала Должность

________________________________ ______________________________

________________________________ ______________________________

________________________________ ______________________________

________________________________ ______________________________

________年______月______日 发放乘务书机关的名称和戳记

Год месяц число Название и штемпель организации, выдавщей маршрут

签 字

подпись

____

每辆车厢分别编制乘务书

Маршрут составляется отдельно на кждый вагон

(乘务书背面)

	车次 № поезд	日、时、分 Число, часы, минуты	戳记和授权代表签字 Штемпель, подпись уполномоченного
自始发站出发 Отправление с начальной станции			
到达终点站 Прибытие на конечную станцию			
自终点站出发 Отправление с конечной станции			
到达始发站 Прибытие на начальную станцию			
附　注 Примечания			
____年____月____日 Год　месяц　число		____________ 卧车车厢列车员或餐车主任签字 Подпись проводника спального вагона или заведующего вагоном-рестораном	

修订解读

本附件规定了服务人员乘务书的样式,本附件未做过内容上的修订。

附件第 5 号

运行报单(卧铺使用通知书)格式说明

运行报单(卧铺使用通知书)的格式纸根据承运人国内法律印制。

Изготовление бланка дорожной ведомости (карты-диаграммы) производится в соответствии с национальным законодательством государства перевозчика.

印制格式纸时,采用印刷方法在其正面使用两种语文,即车辆配属国语文和英文、中文、德文或俄文中的一种,印制下列要项:

При изготовлении бланка на лицевой стороне наносятся типографским способом на двух языках: на языке государства приписки вагона, а также на одном из языков(английском, китайском, немецком или русском) обязательные реквизиты:

——格式纸名称;

название бланка;

——车号________;

вагон №________;

——车辆发出日期;

дата отправления вагона;

——车辆到达日期;

дата прибытия вагона;

——列车长姓名;

фамилия и имя начальника поезда;

——车厢列车员姓名;

фамилия и имя проводника вагона (проводников вагона);

——车辆运行经路:

маршрут следования вагона:

自________车站至________车站;

от станции ________ до станции ________;

——乘车时交付:

выдано в поездку:

卧铺票自________号至________号,

плацкарт с №________ по №________,

补加费收据自________号至________号,

доплатных квитанций с №________ по №________,

卧具套数。

количество комплектов постельного белья.

采用印刷方法在格式纸正面印制有关向旅客收取办理乘车、卧具等费用的补充信息和不触及其他承运人利益的该承运人信息。

На лицевой стороне бланка может быть нанесена типографским способом дополнительная информация, касающаяся приема денежных средств, полученных от пассажиров за оформленный проезд, за постельное белье либо другая информация перевозчика, не затрагивающая интересы других перевозчиков.

采用印刷方法在格式纸背面使用两种语文,即车辆配属国语文和英文、中文、德文或俄文中的一种,印制下列要项(由 9 列组成的表格):

На оборотной стороне бланка наносится типографским способом на двух языках: на языке государства приписки вагона, а также на одном из языков (английском, китайском, немецком или русском), таблица из 9 столбцов с обязательными реквизитами:

1——旅客发站;

станция отправления пассажира;

2——旅客到站;

станция назначения пассажира;

3——席位号;

номер места;

4——客票号;

номер билета;

5——卧铺票号;

номер плацкарты;

6——旅客人数;

число пассажиров;

7——卧铺票费进款;

выручка за плацкарты;

8——卧具费进款;

выручка за постельное белье;

9——其他。

другое.

行数由承运人确定。

Количество строк определяется перевозчиком.

运行报单(卧铺使用通知书)样式

ОБРАЗЕЦ ДОРОЖНОЙ ВЕДОМОСТИ

(КАРТЫ-ДИАГРАММЫ)

第__________号

№__________

出发日期______________________ 到达日期__________________

Дата отправления ______________ Дата прибытия ______________

列车长____________________________________

Начальник поезда ____________________________

车厢列车员________________________________

Проводник(и) вагона ________________________

自____________________站

от станции ______________

经 路

Маршрут

至____________________站

до станции ______________

____

____

____

____

____

乘车时交付:

Выдано в поездку:

1. 卧铺票自________________号

Плацкарты с №______________

至________________号

по №________________

已使用:

Израсходовано:

1. 卧铺票自________________号

Плацкарты с №______________

至________________号

по №________________

2. 补加费收据自________________号
Доплатные квитанции с №______
至____________________号
по №____________________

3. 卧具套数______________________
Количество комплектов
постельного белья ______________

2. 补加费收据自________________号
Доплатные квитанции с №______
至____________________号
по №____________________

3. 卧具套数______________________
Количество комплектов
постельного белья ______________

进款移交 СДАЧА ВЫРУЧКИ	货币名称和金额 Наименование валюты и сумма			
1. 售卧铺票费 За проданные плацкарты				
2. 车厢高等级席位补加费 Доплата за места в вагоне высшей категории				
3. 卧具费 За постельное белье				
4. ________(其他) ________(другое)				
合计________ ИТОГО ________				

交付____________________________ 接收____________________________

Сдал ____________________________ Принял ________________________

从发站乘车至到站

Поездка от пункта отправления до пункта назначения

发 站 Станция отправления	到 站 Станция назначения	编 号 №			旅客人数 Число пассажиров	乘务员进款 Выручка проводников		
		占用席位 Занятых мест	客票 Билетов	卧铺票 Плацкарт		货币名称 Наименование валюты	卧铺票费 Заплацкарты	卧具费 Запостельное белье

返 程 乘 车

Поездка в обратном направлении

发 站 Станция отправления	到 站 Станция назначения	编 号 №			旅客人数 Число пассажиров	乘务员进款 Выручка проводников		
		占用席位 Занятых мест	客票 Билетов	卧铺票 Плацкарт		货币名称 Наименование валюты	卧铺票费 Заплацкарты	卧具费 Запостельное белье

修订解读

本附件规定了运行报单(卧铺使用通知书)的格式说明,包括:运行报单(卧铺使用通知书)格式纸的印制规定,以及运行报单(卧铺使用通知书)样式。

本附件在2016版《国际客协办事细则》的基础上做过一次修订:在2018版《国际客协办事细则》中,对运行报单(卧铺使用通知书)格式纸可以使用的文字增加了英文。

附件第 6 号

不同承运人车厢更换记录样式

20 ______年____月____日

在__________(铁路)________车站，第______次列车，______________承运人的第________号车厢因技术不良更换为__________________承运人的第______号车厢，于 20 ________年______月______日编制本记录。

на станции ______(ж. д.) в поезде №__________ вагон №______ перевозчика ____ по технической неисправности был заменен вагон на №______ перевозчика ______ Составлен в том, что «________»________ 20 ______ г.

乘车票据原始售票信息 Информация о первоначальной продаже проездного документа										
序号 № п/п	乘车票据号* № проездного документа*	席位等级 Категория места	运价种类 Вид тарифа	办理日期 Дата оформления	合同承运人代码 Условное обозначение договорного перевозчика	旅客人数 Количество пассажиров	车站 Станция		发车日期 Дата отправления	资质代码 Референционный номер
							发站 отправления	到站 назначения		

* 记载乘车票据或卧铺票号，或电子乘车票据号。

* Указывается номер проездного документа или плацкарты, или электронного проездного документа.

被摘车厢列车员签字：____________(签字)

Подпись проводника отцепленного вагона __________________

代替被摘车厢的车厢列车员签字：____________(签字)

Подпись проводника вагона, предоставленного взамен отцепленного ____________

修订解读

本附件规定了不同承运人车厢更换记录的样式。

本附件在2016版《国际客协办事细则》的基础上做过一次修订：在2017版《国际客协办事细则》中，将“加挂车厢列车员签字”字样修改为“代替被摘车厢的车厢列车员签字”字样。

附件第 7 号

乘车票据、行李票或包裹票最常用的记载事项一览表

1. 客票有效期延长至______________________

Срок годности билета продлен до ______________________

2. 共______________________人乘车出发

В поездку отправилось ______________ человек

3. 包车

Специальный вагон

4. 专列

Специальный поезд

5. 第______号车厢于 20______年______月______日在______站摘下

Вагон №______отцеплен на станции ______числа ______месяца ______

20 ____г.

6. 卧铺票自__________站至__________站已在车厢内使用

Плацкарта от станции ______ до станции ______ была использована в вагоне

7. 席位售重。卧铺票自__________站到____________站在________承运人的______种类车厢内使用

Двойная продажа мест. Плацкарта от станции _______ до станции _______ использована в вагоне _______перевозчика _______категории __________

8. 本卧铺票更换为第______号卧铺票。该票在________承运人卧车内有效

Плацкарта заменена на плацкарту № _____________ действительную в спальном вагоне перевозчика __________

9. 由于承运人过错,客票完全未使用

Билет не использован полностью по вине перевозчика

10. 由于个人原因,客票完全未使用

Билет не использован полностью по причине личного характера

11. 由于承运人过错,客票从____________站到______________站未使用

Билет использован от станции ________ до станции ________ по вине перевозчика

12. 由于个人原因,客票从______________站到______________站未使用

Билет не использован от станции __________до станции ___________по причине личного характера

13. 客票在______站至______站的区段上,在______等级车厢内使用

Билет на участке от станции ____________ до станции ____________ использован в вагоне ________класса

14. 客票(卧铺票)在____站失效

Действие билета (плацкарты) прекращено по станции _______________

15. 在____________________________________站恢复客票(卧铺票)的有效期

Срок действия билета (плацкарты) возобновлен на станции ___________

16. 根据《国际客协》第6条第4项第__________款解除运送合同

Договор перевозки расторгнут согласно пункту ________ § 4 статьи 6 СМПС

17. ____________(日期)在____________站(站名)中途下车

Перерыв поездки на __________дата _________________

(название станции)

18. 行李运到期限延长_________________________________天

Срок доставки багажа продлен на ________________суток

19. 行李托运至__________________________站

Багаж сдан до станции __________________

20. 属于第______________________号行李

К багажной отправке №______________

21. 行李

Багаж

22. 手提行李

Багаж на руках

23. 行李在____________________站交付

Багаж выдан на станции ___________

24. ____________________(日期,时分)行李未到

Багаж не прибыл _______________ (дата, часы)

25. 原行李票第________________________________号

Первоначальная багажная квитанция №___________

26. 返还,运送费用向领收人核收

Возврат, провозные платежи взыскать с получателя

27. 包裹属于第______________________________号客票的旅客

Товаробагаж принадлежит пассажиру, билет №___________

28. 属于第____________________号包裹

К товаробагажной отправке №_________

29. 本人不声明价格__________________

От объявления ценности отказываюсь _______

修订解读

本附件规定了乘车票据、行李票或包裹票最常用的记载事项。

本附件在2016版《国际客协办事细则》的基础上做过两次修订:

(1)在2017版《国际客协办事细则》中,删除了第30项“拾物”和第31项“狗的运费”记载;补充了新的第30项“根据国际客协第5条第4项第____款解除运送合同”记载;将第32项编号改为第31项。

(2)在2022版《国际客协办事细则》中,将附件名称修改为“乘车票据、行李票或包裹票最常用的记载事项一览表”。在条文内容上,删除了2021版《国际客协办事细则》的第16项“由于旅客的过失拒绝运送”和第17项“由于旅客的过失客票失效”记载,将第30项和第31项记载的编号相应更改为16和17。

附件第 8 号

行李标签样式

<table>
<tr><td>MC
RZD
 行　李　标　签
НАКЛЕЙКА НА БАГАЖ </td></tr>
<tr><td>行李票号码
Номер багажной квитанции</td></tr>
<tr><td>发站名称和发送国代号
Наименование станции и условное обозначение государства отправления</td></tr>
<tr><td>到站名称和到达国代号
Наименование станции и условное обозначение государства назначения</td></tr>
</table>

经由(国境站)

Через пограничные станции

本批行李件数

Число мест в багажной отправке

修订解读

本附件规定了行李标签的样式。

本附件在 2016 版《国际客协办事细则》的基础上做过两次修订:

(1)在 2017 版《国际客协办事细则》中,将“发站和发送国名称”字样修改为“发站名称和发送国代号”字样;将“到站和到达国名称”字样修改为“到站名称和到达国代号”。

(2)在2018版《国际客协办事细则》中,将“出口国境站”字样修改为“国境站”。

附件第 9 号

包裹标签样式

<table>
<tr><td>MC
RZD
 包　裹　标　签
НАКЛЕЙКА НА ТОВАРОБАГАЖ </td></tr>
<tr><td>包裹票号码
Номер товаробагажной квитанции</td></tr>
<tr><td>发站名称和发送国代号
Наименование станции и условное обозначение государства отправления</td></tr>
<tr><td>到站名称和到达国代号
Наименование станции и условное обозначение государства назначения</td></tr>
</table>

经由(国境站)

Через пограничные станции

本批包裹件数

Число мест в товаробагажной отправке

修订解读

本附件规定了包裹标签的样式。

本附件在 2016 版《国际客协办事细则》的基础上做过两次修订:

(1)在 2017 版《国际客协办事细则》中,将"发站和发送国名称"字样修改为"发站名称和发送国代号"字样;将"到站和到达国名称"字样修改为"到站名称和到达国代号"字样。

(2)在2018版《国际客协办事细则》中,将“出口国境站”字样修改为“国境站”。

附件第 10 号

包裹交付阻碍通知书样式

国　际　旅　客　联　运
包裹交付阻碍通知书
МЕЖДУНАРОДНОЕ ПАССАЖИРСКОЕ СООБЩЕНИЕ
ИЗВЕЩЕНИЕ О ПРЕПЯТСТВИИ К ВЫДАЧЕ ТОВАРОБАГАЖА

1. 20 ______年____月____日发送人______________________________

（发送人地址和名称）

Отправка, сданная ______ 20 ______ отправителем ________________

（наименование отправителя и его адрес）

所托运以____为领收人

（领收人地址和名称）

на имя получателя ____

（наименование получателя и его адрес）

按包裹运送报单第____号

следовавшая товаробагажом по дорожной ведомости №________________

从____________________________站运到____________________________站

со станции ____________ на станции ______________________________

的包裹一批计______________________________件重量________________公斤

состоящая из ________________________ мест массой ________________кг,

至今未交付领收人,原因是____

до сих пор не выдана получателю вследствие того, что ________________

按这批包裹算出:运费、杂费和途中发送的费用________________________

По отправке числятся провозная плата, сборы и издержки, возникшие в пути

____

如需返还包裹时:

в случае возвращения товаробагажа обратно

里程______________________(公里)的运费约计________________(款额)

провозная плата за протяжение __________________(км) _______(сумма)

请您将关于包裹的处理意见,填入本通知书第 2 项,并迅速返还我们。

Просим изложить ваше распоряжение относительно товаробагажа на этом бланке, под пунктом 2 и возвратить нам таковое возможно скорее.

_______年_____月_____日

_______ Год ___ месяц ___ число

________________________ ________________________

(车站戳记) (签字)

(штемпель станции) (подпись)

2. 原件返还站长____

Возвращается в подлиннике начальнику станции _________________

发送人处理意见____

____

Распоряжение отправителя ____

____

_______年_____月_____日

_______ Год ___ месяц ___ число

__________(签字)

________(подпись)

修订解读

本附件规定了包裹交付阻碍通知书的样式。本附件未做过内容上的修订。

附件第 11 号

《国际客协》商务记录样式

商 务 记 录　　　第　　　号
(《国际客协》)
КОММЕРЧЕСКИЙ АКТ　　№
(СМПС)

1. 承运人代号________________________

   Условное обозначение перевозчика __________

2. 20 ____年____月____日编制

   Составленный ____ 20 ____ г.

3. 车站(戳记)________________________

   Станцией ______________(штемпель станции)

4. 补充______铁路______站 20 ____年____月____日编制的第____号商务记录

   В дополнение к Коммерческому акту (далее-КА) №____ от ____ 20 ____ г. Станции ____ железной дороги __________

5. 按行李票、包裹票第________号在 20 ____年____月____日发送

   По багажной, товаробагажной квитанции №____ от ____ 20 ____ г.

6. 发站__________________发送路__________________

   Станция отправления ________ железной дороги ________

7. 到站__________________到达路__________________

   Станция назначения ________ железной дороги ________

8. 发送人________________

   Отправитель ______________

9. 领收人________________

   Получатель ______________

10. 车辆号码______________

    Вагон №________________

11. 承运人(车辆经营人)代号________

    Условное обозначение перевозчика (оператора вагона)________

12. 20 ____年____月____日到达

Прибыл ________ 20 ________ г.

13. 第____________次列车

Поездом №______________

14. 随乘人员____________

В сопровождении ________

15. 商务记录附有下列文件：

К КА приложены следующие документы:

____

____

16. 车辆技术状态良好/不良，技术记录第____号 20 ____年____月____日编制

Вагон оказался в техническом отношении исправным/неисправным, о чём составлен технический акт №________ от ________ 20 ________ г.

17. 声明价格__________________________

Объявленная ценность __________________

18. 行李票、包裹票检查结果与实际情况记录：

Результаты проверки по багажной, товаробагажной квитанции и запись о действительности :

项目 пункты	记号、标记和号码 Знаки, марки и номера	件数 Число мест	包装种类 Род упаковки	行李/包裹名称 Наименование багажа/товаробагажа	总重量(千克) Общая масса, кг.	标准包装的一件重量(千克) Масса одного местапри стандартной упаковке, кг
Значится по багажной, товаробагажной квитанции	19	20	21	22	23	24
В действительности оказалось	25	26	27	28	29	30
В том числе поврежденного багажа, товаробагажа	31	32	33	34	35	36

37. 编制商务记录情况。关于行李、包裹(包括损毁行李、包裹)状态的说明,并注明短少或多出的数量

Обстоятельства составления КА. Описание состояния багажа, товаробагажа (в том числе поврежденного) с указанием количества недостачи или излишка

____

____

车站日期戳记 Календарный штемпель станции	签　字 Подпись	站　长 Начальник станции
	签　字 Подпись	领收人 Получатель

参加编制商务记录人员的签字和职务______________

____

______________ Подписи и должности лиц,

______________ участвующих в составлении КА

38. 鉴定书已编制/未编制

Акт экспертизы составлен/не составлен

39. 到站对附有中途站商务记录到达行李或包裹状态的记录：

Отметка станции назначения о состоянии багажа или товаробагажа, прибывшего с КА попутной станции：

____

____

车站日期戳记 Календарный штемпель станции	签　字 Подпись	站　长 Начальник станции
	签　字 Подпись	领收人 Получатель

参加编制商务记录人员的签字和职务____________________

____

____________________ Подписи и должности лиц,

____________________ участвующих в составлении КА

40. 本商务记录由________编制并于 20 ______年______月______日寄往________

КА направляется ____________________ от ________ 20 ____ г.

修订解读

本附件明确了《国际客协》商务记录的样式。

本附件在 2016 版《国际客协办事细则》的基础上做过两次修订：

（1）在 2018 版《国际客协办事细则》中，将原附件名称"国际客协/国际货协商务记录样式"修改为"《国际客协》商务记录样式"；将第 1 项"铁路简称"修改为"承运人代号"；将第 8 项和第 9 项的"发货人"和"收货人"修改为"发送人"和"领收人"；增加了第 11 项"承运人（车辆经营人）代号"的记录；删除了涉及《国际货协》和货物运送的事项记录和表述，包括"车辆种类""集装箱类型和号码""所属路简称""标记载重""封印情况"等事项记录和"运单""慢运运单""快运运单""集装箱""货物"等表述，保留关于"行李、包裹""行李票、包裹票"的事项记录和表述；增加了领收人签字事项；增加了参加编制商务记录人员的签字和职务事项。

（2）在 2019 版《国际客协办事细则》中，将原附件中"检查结果""行李票、包裹票记载""实际情况"和"其中损毁行李、包裹情况"四个事项记录合并为一个事项记录，事项名称修改为"行李票、包裹票检查结果与实际情况记录"。

附件第 12 号

《国际客协》商务记录填写说明

商 务 记 录　　　　第　　　号

(《国际客协》)

КОММЕРЧЕСКИЙ АКТ　　　№

(СМПС)

编制商务记录的承运人,根据自方的国内规章,填上号码。

1. 承运人代号 ______________________________

Условное обозначение перевозчика ______________________________

印上编制商务记录的承运人代号,即《国际客协办事细则》附件第 1 号第 1 项规定的承运人代号。

2. 20 ________年______月______日编制

Составленный ____________ 20 ______ г.

记载编制商务记录的日期。

3. 车站______________

Станция ____________

加盖商务记录编制站的戳记。

4. 补充________铁路________站 20 ______年____月____日编制的第________号商务记录

В дополнение к КА № ________ станции ________ железной дороги ________ от ________ 20 ______ г.

行李票、包裹票上附有中途站商务记录时填写;注明该商务记录号码、中途站和铁路的名称以及商务记录编制日期。

如行李票、包裹票中记载在运送途中编有商务记录,但该商务记录并未附于行李票、包裹票，则注明“未附”。

如运送途中未编制商务记录，则不需填写。

5.~9. 按行李票、包裹票第______号在20 ______年____月____日发送

5. - 9. По багажной, товаробагажной квитанции № ______ от ______ 20 _____ г.

发站________________________________发送路_________________________

Станция отправления ___________________ железной дороги ___________

到站________________________________到达路_________________________

Станция назначения ____________________ железной дороги ___________

发送人________________________________

Отправитель __________________________

领收人________________________________

Получатель ____________________________

按行李票、包裹票中的记载填写要求的事项。

如果行李、包裹到达时没有行李票、包裹票，则在这五项中记载：“行李、包裹到达无行李票、包裹票”。

但是如根据行李、包裹上的表示牌或标记可以获得必要的资料，则需填写发现的事项并补充：“(根据行李、包裹上的表示牌/标记)”，作为上述记载的补充。

10. 车辆号码____________________________

Указывается инвентарный (заводской) номер вагона ______________

记载车辆在册(出厂)号码。

11. 承运人(车辆经营人)代号____

Условное обозначение перевозчика (оператора вагона) ____________

根据《国际客协办事细则》附件第1号第1项，印上承运人(车辆经营人)代号。

12. 20 ______年______月______日到达

Прибыл _________________ 20 ______ г.

记载编有商务记录的行李、包裹所装车辆到达日期。

13. 第__________________次列车

Поездом №____________________

记载编有商务记录的行李、包裹所装车辆的到达车次。

14. 随乘人员__________________

В сопровождении _______________

商务记录编制承运人国内规章规定需要随乘时填写。

填写随乘人员职务和姓名。

15. 随商务记录附有下列文件____________________________________

К КА приложены следующие документы _______________________

注明所添附文件。

16. 车辆技术状态良好/不良(技术记录第________号 20 ________年______月______日编制)

Вагон оказался в техническом отношении исправным/неисправным, о чем составлен технический акт №____________ от ________ 20 ______ г.

如已编制车辆技术状态记录,记载其号码和编制日期。

17. 声明价格___________________________

Объявленная ценность ___________________

根据行李票、包裹票的记载填写。

如行李票、包裹票中没有关于声明价格的事项,则记载“未声明价格”。

18. 行李、包裹票检查结果与实际情况记录

Результаты проверки

分别根据下列内容填写检查结果:

——行李票、包裹票记载(19～24 项);

——实际情况(25～30 项);

——实际毁损行李、包裹情况(31～36 项)。

19.～24. 行李票、包裹票记载

19. - 24. Значится по багажной, товаробагажной квитанции

在相应项内,填写行李票、包裹票中原有的记载事项。行李票、包裹票中缺少的记载事项,不需填写。

如行李票、包裹票丢失，则在 19～21 项内记载："行李、包裹到达时无行李票、包裹票"。

25.～30. 实际情况

25. - 30. В действительности оказалось

根据实有行李、包裹，填写有关事项。

第 30 项不填写。

31.～36. 其中毁损行李、包裹情况

31. - 36. В том числе поврежденного багажа, товаробагажа

根据 31～35 项的内容，记载毁损行李、包裹的有关情况。

第 36 项不填写。

37. 编制商务记录情况。关于行李、包裹（包括毁损行李、包裹）状态的说明，并注明短少或多出的数量。

Обстоятельства составления КА. Описание состояния багажа, товаробагажа (в том числе поврежденного) с указанием количества недостачи или излишка

记载在什么情况下确定行李、包裹不良，例如"卸车时""交付时""将行李、包裹换装到另一轨距车辆时""因车辆技术状态不良而换装时""中转时"，同时记载车辆开启原因和启封原因，如行李、包裹从车辆中漏出或流出等。

记载商务记录的编制原因，详细说明检查时车辆中实有行李、包裹的状态，并注明造成行李、包裹毁损或腐坏的原因。不准在商务记录中填写有关发货人或铁路对行李、包裹不良的责任的推测或结论。

在说明毁损情况时，不得使用笼统的说法，如"行李、包裹毁损""容器破碎"。

发现车辆不良造成行李、包裹不完整时，记载车辆的这一不良情况，同时援引商务记录所附的车辆技术状态记录。

发现行李、包裹重量不足时，注明确定行李、包裹重量时使用的是何种衡器（轨道衡、1/100 衡器、1/10 衡器）。

签字

商务记录由所有参加编制的人员签字，并加盖车站日期戳证明。

38. 鉴定书已编制/未编制

Акт экспертизы составлен/не составлен

如已编制鉴定书，则应将鉴定书附于供到站留存的那份商务记录上。如不能将鉴定书附于商务记录上，则在该项中注明鉴定书的编制日期、号码和鉴定书编制部门的名称。

39. 到站对附有中途站商务记录到达行李、包裹状态的记载____________

Отметка станции назначения о состоянии багажа или товаробагажа, прибывшего с КА попутной станции ____________

如在检查行李、包裹时，未发现行李、包裹的实有数量和状态同随行李、包裹到达的中途站商务记录中的有关记载之间有任何出入，则在到站填写。到站不编制新的商务记录，仅在中途站商务记录中证实行李、包裹的状态与该商务记录的记载相符。

签字

商务记录由所有参加编制的人员签字，并加盖车站日期戳证明。

40. 本商务记录由________编制并于20______年____月____日寄往________

КА направляется ____________ от ________ 20 ________ г.

根据《国际客协办事细则》附件第1号第1项，记载编制商务记录的承运人和所寄往的承运人代号，及商务记录寄出日期。

修订解读

本附件规定了《国际客协》商务记录的填写说明。

本附件在2016版《国际客协办事细则》的基础上做过两次修订：

(1)在2018版《国际客协办事细则》中，将原附件名称“国际客协/国际货协商务记录填写说明”修改为“《国际客协》商务记录填写说明”；将标题说明中的“车站”修改为“承运人”；将第1项“铁路简称”修改为“承运人代号”；将第5~9项的“发货人”和“收货人”修改为“发送人”和“领收人”；增加了第11项“承运人(车辆经营人)代号”的填写说明；删除了涉及《国际货协》和货物运送的事项记录填写说明和相关表述，包括“车辆种类”“集装箱类型和号码”“所属路简称”“标记载重”“封印情况”等事项记录填写说明和“运单”“慢运运单”“快运运单”“集装箱”“货物”等表述，保留关于“行李、包裹”“行李票、包裹票”的事项记录填写说明和表述；

（2）在 2019 版《国际客协办事细则》中，将原附件中“检查结果”“行李票、包裹票记载”“实际情况”和“其中损毁行李、包裹情况”四个事项记录填写说明合并为一个事项记录填写说明，名称修改为“行李票、包裹票检查结果与实际情况记录”；修改了“随乘人员”的填写说明；完善了“签字”的填写说明。

附件第 13 号

交接单样式

国 际 旅 客 联 运

МЕЖДУНАРОДНОЕ ПАССАЖИРСКОЕ СООБЩЕНИЕ

交　接　单

ПЕРЕДАТОЧНАЯ ВЕДОМОСТЬ

第______号

№________

下列各批 行李[①]/包裹 由__________铁路__________车站于_____年_____月_____日随第______次列车

по отправкам багажа/товаробагажа[1], передашым со станции ______ “______” ______ 20__ г. поездом №______

移交________________铁路________________车站

На станцию ________________ ж. д. ________________

顺号 № по порядку	海关检验证号码 № реестра таможни	发站 Станция отправления	到站 Станция назначения	发送日期 Дата отправления	运行报单号码 № дорожной ведомости	件数 Число мест	包装种类 Род упаковки	货物名称② Наименование груза[2]	重量（千克） Масса в кг	文件、记录（备忘录）中的备注 Примечание в документах, актах (протоколах) и пр.

交付承运人戳记

Штемпель сдающего перевозчика

交讫____________________

Сдал ____________________

接收承运人戳记

Штемпельпринимающего перевозчика

收讫____________________

Принял ____________________

①不用的划去。
1 Ненужное зачеркнуть.
②交接行李时，此栏不填。
2 При передаче багажа указанная графа не заполняется.

注：行李和包裹的交接单分别编制。
Примечание: Передаточные ведомости на багаж и товаробагаж составляются отдельно.

修订解读

本附件规定了国际旅客联运交接单的样式。本附件未做过内容上的修订。

附件第 14 号

普通记录样式

普 通 记 录　　　　第______号

АКТ ОБЩЕЙ ФОРМЫ　　　　№________

编写记录的承运人简称

Сокращенное наименование перевозчика, составившей акт

1. 车站

   Станция

2. 批号　　　　______年______月______日

   Отправка №　　　　от

3. 发站　　　　到站

   Станция оправления　　　　станция назначения

4. 车号　　　　种类　　　　承运人

   Вагон №　　　　род　　　　перевозчик

   到达车次

   прибывшей с поездом №

5. 编写记录的原因及状况

   Причины и обстоятельства составления акта

车站戳记　　站长　　参与编写记录的人员

Штемпеля станций　　Начальник станции　　职务和签字

Подписи и должности лиц,

участвующих в составлении акта

签字

Подпись

修订解读

本附件规定了普通记录的样式。本附件未做过内容上的修订。